KB233578

법의 그물망 ②

법창(法窓)으로 세상 엿보기

법의 그물망 [2]

법창(法窓)으로 세상 엿보기

오창수 지음

한국학술정보(주)

머리말

내가 20년간의 변호사 현업에서 잠시 떠나 대학으로 일터를 옮긴지 벌써 5년이라는 세월이 지났다. 학교라는 곳도 변호사 시절만큼이나 시간이 빨리 흘러가는 곳이다. 변호사를 할 때는 재판기일을 주기로 시간이 정신없이 흘러갔으나, 학교는 학기 내지 방학을 주기로 시간이 흘러간다. 대학은 졸업과 입학이 맞물려 돌아가면서 연연세세 새로운 사람들이 들어오고 캠퍼스는 젊음과 활력으로 넘치는 곳이다. 학교 밖에서 볼 때는 대학의 방학이 긴 것처럼 보였으나, 학교에 들어와 보니 방학은 방학대로 할 일도 많고 바삐 흘러가는 것은 대학 밖이나 안이나 변함이 없다.

나의 대학생활은 로스쿨 준비와 로스쿨 개원 그리고 제1기 로스쿨 생들의 졸업으로 이어졌을 정도로 거의 로스쿨과 함께한 시간이었다. 로스쿨은 우리나라 법학교육의 일대 전기를 마련한 법조인 양성시스템이다. 종래에는 법학과 출신이든 비법학과 출신이든 사법시험에 합격하고 사법연수원의 2년간 연수과정을 거쳐 판사, 검사, 변호사가 배출되는 시스템이었으나, 로스쿨은 다양한 학부 전공자들이 법학적성시험(LEET)을 거쳐 로스쿨 3년 과정에서 각 전문 분야의 역량을 발휘할 수 있는 변호사를 양성하는 시스템이다.

로스쿨이 설치된 전국의 25개 대학들은 로스쿨 체제를 처음으로 경험하다 보니 그동안 우왕좌왕 우여곡절도 많았고, 시행착오도 많았다. 우리나라에서 새로운 법조인 양성시스템으로서의 로스쿨 체제가 제대로 정착할 수 있을지는 좀 더 두고 보아야 할 것이다.

나는 학교로 자리를 옮기면서 학생들과의 소통의 장으로 나름대로의 카페(http://cafe.naver.com/homoviator)를 개설하여 유용하게 이용하고 있다. 이 카페에는 강의자료뿐만 아니라 산행 등 관심 분야 관련 정보들과 그때그때의 생각을 정리하여 올려두고 있는데, 그동안 써둔 로스쿨과 법률 관련 단상들이 상당한 양이 되었다. 이 글 중에는 내용을 요약하여 일간지의 '시론'으로 쓰인 글들도 꽤 있다.

나의 대학생활 5년을 중간 결산하는 의미로 그간의 생활을 회고하면서 그동안 써 두었던 잡문 형식의 글들을 모아 두 권의 에세이집으로 출간하기로 하였다. 학술서적이나 강의교재를 출간하는 것과는 달리 글재주가 없는 사람이 이런 책을 내는 것에 대한 두려움이 앞서는 것이 사실이나, 비판을 감수하고 로스쿨생들과 사회 일반인들에게 내가 경험한 법 세계의 일단을 알려주는 것이 전혀 무의미한 일이 아닐 수도 있겠다는 생각에 과감하게 책을 내보기로 하였다.

제1권에는 주로 로스쿨 안팎에서 겪은 이야기, 법학공부 방법에 관한 이야기, 법조와 변호사 내지 법률가에 관한 이야기 등으로 엮었고, 제2권에는 법의 그물망 속 인간들의 이야기, 법리와 현실, 법창(法窓)으로 보는 세상 등을 중심으로 엮어 보았다.

학술전문서적이 아님에도 불구하고 이 책을 발간해준 한국학술정보
(주)에 감사한다. 로스쿨생들을 위한 강의교재인『로스쿨 민사집행법
－이론과 실무－』,『로스쿨 민사소송법－사례와 판례－』,『민사실무
의 주요 쟁점』을 출간할 때와 마찬가지로 한국학술정보(주) 출판사업
부 권성용 대리님과 디자인편집부 담당자님들께서 많은 수고를 하여
주셨다.

내가 지금까지 살아오면서 신세를 진 분들이 너무나 많다. 변호사
생활을 할 때는 동아합동법률사무소의 원로 선배 변호사님들로부터
많이 배웠고, 신세도 많이 졌다. 내가 로스쿨에서 안착할 수 있는 기
회를 준 제주대학교의 신세도 많이 지고 있다. 이 책에 실명으로 언
급된 여러분들의 도움도 많이 받았다. 모든 분들에게 이 자리를 빌
려 감사의 말씀을 드린다.

앞으로 그동안 내가 받은 만큼 이 사회에 무엇을 어떻게 돌려드릴
까 하는 마음으로 살 생각이다. 사랑하는 나의 가족들에게도 말로
다할 수 없는 고마움을 표한다.

2012. 7. 31.
제주바다가 보이는 아라캠퍼스 연구실에서
오창수

목차

머리말 | 5

제1편 법의 그물망 / 13

1. 법의 그물망 / 15
2. 天網恢恢 疏而不漏 / 19
3. 漢字와 法 / 21
4. 年號와 법 / 40
5. 화장실과 법 / 45
6. 복권과 법 / 49
7. 이자와 법 / 55
8. 종중과 법 / 61
9. 파파라치(paparazzi)와 법 / 65
10. 보신탕과 법 / 69
11. 음주운전과 법 / 76
12. 자살과 법 / 78
13. 불륜과 법 / 89
14. 성매매와 법 / 98
15. 성희롱과 법 / 112
16. 성폭력과 법 / 121

제2편 법리와 현실 / 141

1. 직계존속과 형사법 / 143
2. 朝三暮四의 현대적 含意 / 146
3. 14년간의 재판의 迷路 / 153
4. 채무명의와 집행권원 / 166
5. 뜻대로 안 되는 친양자 / 171
6. 소목지서(昭穆之序)와 친양자 재론 / 176
7. 명의신탁과 부동산실명법의 핵심 / 180
8. 일파만파 '함바' / 192
9. 전관예우의 굴레 / 195
10. 간통과 고소 / 199
11. 친족, 친척, 가족 그리고 권당 / 203
12. 선의(善意) / 207
13. 벌금, 추징금, 과태료, 과징금, 이행강제금, 부과금,
    범칙금 / 210
14. 상속포기와 사해행위 / 214
15. 검사가 무죄를 구형하는 재정신청제도의 문제점 / 222
16. 법관재임용제도의 명암 / 229
17. 교수재임용제도의 명암 / 234

 ## 제3편 법창(法窓)으로 세상 엿보기 / 241

1. 법정스님의 유언과 법 / 243
2. 세금 내고 욕먹고 / 250
3. 이혼 후 친권자인 生母가 사망한 경우 生父의 친권이 부활하는가? / 255
4. "우리 엄마 좀 잡아 가세요" / 264
5. 成形美의 明暗 / 270
6. 원치 않은 임신, 원치 않은 출생, 원치 않은 삶 / 276
7. 사립학교의 종교교육과 학생의 학습권 / 288
8. 조위금의 귀속 / 299
9. 들킨 죄 / 302
10. 유골 다툼을 하는 세상 / 308

11. 배우자의 사망, 이혼과 상속—재산분할 / 312

12. 배우자의 사망, 이혼과 상속—간통 피해자의
    사망 / 315

13. 밀폐된 공간에서 에어컨을 켜놓고 자다가 사망할
    수 있을까? / 318

14. 형부와 처제, 형수와 시동생의 혼인? / 329

15. 애완견과 관련된 판결들 / 334

16. 사기당하는 법원 / 340

17. 뜻대로 되지 않는 死後 / 343

18. 부부 사이에 작성된 각서의 효력 / 347

19. 부러진 인격 / 350

20. 정치인 출판기념회 유감 / 357

| 법의 그물망 |

1. 법의 그물망

　법령을 검색하다 보니 엊그제 2010년 1월 27일 공포한 임금채권
보장법 개정법률(2010.7.1. 시행)이 법률 제9991호로 되어 있다. 이
제 9개의 법률이 추가로 공포되면 법령번호는 10,000호를 넘어서게
된다. 가히 우리는 법이 없으면 살 수 없는 촘촘한 법의 그물망[法
網] 시대에 살고 있다고 해도 과언이 아니다. 변호사가 제일 싫어하
는 사람이 '법 없이도 살 사람'이라고 하는데 이제 법 없이도 살 수
있는 사람은 산골 오두막집에서 칩거하고 있는 스님 정도밖에 없을
것이다.

　다 알다시피 일제시대에는 일본법(재산법)이 조선 땅에 依用되다
가 해방 후 미군정기를 거치고 1948년 8월 15일 대한민국정부가 수
립되면서 우리 대한민국의 법률제정 작업에 박차를 가하기 시작하였
다. 그 제1호 법률이 정부조직법이었다. 제1호 법률이 공포된 지 62
년 만에 1만여 개의 법률을 공포하기에 이르렀다.

　그동안 헌법은 10차례 개정되었다. 헌법 개정에 맞추어 1공화국부
터 5공화국까지 잘나가다가 1987년 개정헌법 체제에 따라 노태우 정
부를 '6공'으로 부르는 듯 마는 듯하더니, 이제는 공화국이라는 말은
슬그머니 사라지고, 문민정부(김영삼 대통령), 국민의 정부(김대중 대
통령), 참여정부(노무현 대통령), 이명박 정부로 이어져 왔다.

　법제처 국가법령정보센터(http://www.law.go.kr/main.html)에 들어
가 보니 2010년 1월 31일 현재 헌법 1개 외에 법률 1,242개, 대통

령령 1,687개, 총리령 72개, 부령 1,396개 합계 4,399개의 현행법령이 있고, 공포현황을 보니 법률 9,991개로 되어 있다. 헌법의 조문은 130개 조문으로 되어 있지만, 민법은 1,118개, 상법은 895개, 민사소송법은 502개, 채무자회생 및 파산에 관한 법률(통합도산법)은 660개 조문으로 이루어져 있는 대형법률들이다.

법률 이름이 가장 긴 것은 **83자**로 되어 있는 '대한민국과아메리카합중국간의상호방위조약제4조에의한시설과구역및대한민국에있어서의합중국군대의지위에관한협정의시행에따른국가및지방자치단체의재산의관리와처분에관한법률'(2009.1.30. 법률 9401호)이다. 요새는 긴 법률 이름에서 띄어쓰기를 하고 있는데 이 법률은 최근에 개정되었음에도 불구하고 띄어쓰기조차 되어 있지 아니하여 한 번에 다 읽으려면 숨이 찰 정도이다.

「대한민국과 아메리카합중국 간의 상호방위조약 제4조에 의한 시설과 구역 및 대한민국에 있어서의 합중국군대의 지위에 관한협정」은 약칭하여 '한미행정협정', '한미행협', 'SOFA'로 부르는 것이다. 민사소송법에서 민사재판권을 공부할 때 한미행정협정 관련 판례가 많이 나온다. 한미행정협정(SOFA) 제23조에 따라 주한미군의 구성원 및 내국인 아닌 고용원(카투사 포함)의 공무집행 중 불법행위에 관해서는 한국의 민사재판권이 면제되고 따라서 우리 국가배상법에 따라 대한민국을 피고로 제소하도록 되어 있다. 그러나 계약에 의한 청구권과 같이 주한미군의 공무집행에 관련 없는 불법행위로 손해를 입었을 경우에는 우리나라의 민사재판권이 미친다.

법률 이름이 20자를 넘어서는 법률이 100여 개에 이른다. 「국가보위에 관한 특별조치법 제5조 제4항에 의한 동원대상지역 내의 토지의 수용·사용에 관한 특별조치령에 의하여 수용·사용된 토지의 정리에 관한 특별조치법」(2009.1.30. 법률 제9401호)은 **66자**, 「일제하 일본군위안부 피해자에 대한 생활안정지원 및 기념사업 등에 관한 법률」(2010.1.18. 법률 제9932호)은 **32자**, 「지상파 텔레비전 방송의 디지털 전환과 디지털 방송의 활성화에 관한 특별법」(2009.4.22. 법률 제9638호)은 **31자**, 「군사정전에 관한 협정 체결 이후 납북피해자의 보상 및 지원에 관한 법률」(2008.2.29. 법률 제8852호)은 **29자**로 되어 있다.

목하 정치권의 뜨거운 감자로 되어 있는 '세종시법'의 원 법률명은 **34자**로 되어 있는 「신행정수도 후속대책을 위한 연기·공주지역 행정중심복합도시 건설을 위한 특별법」(2010.1.18 법률 제9932호)이다. 노무현의 과거 권력, 이명박의 현재 권력, 박근혜의 미래 권력이 충돌하는 현장이 바로 세종시이다. 참으로 가관이 아닐 수 없다.

법제처는 긴 법률 이름을 간략하게 바꾸는 작업을 하고 있다. 위 83자의 법률을 '주한미군 등에 관한 국·공유재산 관리법'으로 바꾸는 식이다. 법률들이 국민들에게 가까이 다가서기 위해서는 알기 쉽고 짧은 말로 바꾸어야 한다. 우리 법률에는 음수관리법(飮水管理法)이나 음용수관리법(飮用水管理法)으로 하지 않고 '먹는 물 관리법'으로 작명한 것이 있는데 이런 법률 이름은 꽤 괜찮은 예이다.

그런데 한글로 된 법률만 보고서는 헷갈릴 수 있는 법률도 있다. '장사 등에 관한 법률'을 점방에서 가게나 장사하는 법률로 오해할 수 있지만 이 법은 매장, 화장, 수목장 등 '葬事'(장사)에 관한 법이다. 이런 법은 아예 '장례에 관한 법률'로 했으면 어린 백성들이 더 잘 알아먹을 수 있을 것인데 너무 한자로 폼을 잡다가 이상한 법률 이름이 되고 말았다.

세상에서 제일 긴 단어는 'smiles'이라는 우스개 이야기가 있다. s

와 s 사이에 1마일이 들어 있으니 가장 긴 단어라는 것이다. 1마일
은 1,609.3m이다. 긴 것만이 좋은 것은 아니다. 요새와 같은 인터넷
세상에서 긴 것은 외면받기 쉽다.

축약의 선수는 아마도 경상도 남자들일 것이다. 하루에 딱 이 네
마디 말밖에 하지 않는다고 한다. "아는? 묵자, 자자, 존나?" 충청도
사람들도 짧은 말이라면 뒤지지 않는다. "춤 같이 추시겠습니까?"를
충청도 말로 하면? "출 텨?" "보신탕 드실 줄 아시나요?"는 "개 혀?"
가 된다. 그렇다고 짧은 것만이 능사는 아니다. 일전에 어떤 모임에서
모 국회의원에게 발언기회를 주면서 짧게 하라고 했더니 요새 아줌마
들은 짧게 하는 것을 제일 싫어한다고 하면서 할 말은 다하고 단상을
내려왔다. 국회의원 정도 하려면 그 정도의 뻔뻔함은 있어야 한다.

[2010. 2. 3]

[주]

2011. 7. 14. 법률 제10825호 「대한민국과 아메리카합중국 간의
상호방위조약 제4조에 의한 시설과 구역 및 대한민국에서의 합중국
군대의 지위에 관한 협정의 시행에 따른 국가 및 지방자치단체의 재
산의 관리와 처분에 관한 법률」은 띄어쓰기를 하고 있다.

2012년 6월 15일 현재 헌법 1개 외에 법률 1,240개, 대통령령
1,462개, 총리령 46개, 부령 1,098개, 기타 311개 등 4,158개의 현행
법령이 있다. 2012년 6월 1일 공포된 화물자동차운수사업법 개정법
률(2012.12.2. 시행)은 법률 제11,481호이다.

2. 天網恢恢　疏而不漏

勇於敢則殺　勇於不敢則活
此兩者　或利或害
天之所惡　孰知其故
是以聖人猶難之
天網恢恢　疏而不失

－老子 73장 任爲篇(임위편)

형 집행을 과감하게 하는 자는 사람을 죽이고, 과감하게 하지 못하는 자는 살린다.
이들 둘은 인간적 척도로서는 잘했다고도 하겠고 또 잘못했다고도 할 것이다.
그러나 하늘이 미워하는바가 무엇이며, 또 왜 미워하는지 그 이유는 아무도 알 수가 없다.
그러므로 성인도 역시 어렵게 여긴다.
하늘의 그물은 크고 넓어 엉성해 보이지만,
결코 빠뜨리는 일이 없다.

天網恢恢　疏而不漏(천망회회 소이불루) 또는 天網恢恢　疏而不失(천망회회 소이불실)은 "하늘의 그물은 크고 넓어 엉성한 듯하지만 결코 빠뜨리는 일이 없다"는 말로 노자 도덕경에 나오는 말이다.

이 말은 하늘은 사람의 선악을 잘 살펴서 빠뜨리는 일이 없다는 뜻으로 누구도 실정법의 그물은 벗어날 수 있을지 모르지만 양심의 그물은 쉬 뚫고 빠져나가지 못한다는 의미를 담고 있다. 결국 악한 사람들이 악한 일로 한때 세도를 부리고 영화를 누리는 것처럼 보이지만, 언젠가는 자기가 저지른 죄의 값을 치르게 된다는 말이다.

사회가 복잡해질수록 법망도 복잡하고 촘촘하게 다층적 규제를 하고 있지만 그래도 법망을 빠져나가는 구멍은 있다. 얄밉게도 그런 구멍을 잘 찾는 사람들이 있다. 법망이 더없이 치밀하면 치밀할수록 피라미가 빠져나가는 것이 아니라 큰 고기가 그물망을 뚫고 요리조리 빠져나가는 아이러니를 볼 때가 많다.

노자는 법의 그물망을 빠져나가는 그런 사람들도 결국 하늘의 그물, 양심의 가책을 빠져나갈 수는 없다고 하고 있다. 물론 법망을 빠져나가 양심의 가책에 괴로워하는 사람도 있겠지만 양심의 가책은커녕 더 떵떵거리고 사는 사람들을 보노라면 과연 하늘이 있기나 있는 것인지 의심스러울 때도 있다.

노자의 도덕경에 나오는 天網恢恢 疏而不失의 이미지로 "하늘의 그물"을 노래한 정호승의 시를 읽어본다. 인간은 하늘의 그물을 빠져나가지 못하지만 어린 새끼들을 데리고 날아가는 기러기는 하나 둘 떼를 지어 하늘의 그물을 빠져나간다.

하늘의 그물은 성글지만
아무도 빠져나가지 못합니다.
다만 가을밤에 보름달 뜨면
어린 새끼들을 데리고 기러기들만
하나 둘 떼 지어 빠져나갑니다.

– 정호승, "하늘의 그물"

[2008. 5. 4]

3. 漢字와 法

1) 表見代理 : 표현대리인가, 표견대리인가?

학교에 들어와 법학 강의를 하다 보니 대학생이나 법학전문대학원 학생이나 漢字實力이 형편없음을 알고 놀라게 된다. 요새는 어린 초등학교 학생들도 전에 비해 한자공부를 많이 하는 편인데 어쩌다 대학생들이 이 지경이 된 것인지 이 나라 어문정책의 현주소를 보는 것 같아 씁쓸하다. 어쩌면 요새 대학생들에게 한자는 함께 할 수 없는 '머나먼 당신'일지도 모른다.

그러나 아무리 한글전용의 시대라고는 하지만 동양문화권에 살면서 한자를 모르면 文盲의 지위를 벗어나기 어렵다. 요새는 가족관계등록부에 한글 중심으로 인명이 표기되고는 있지만(괄호 안에 한자를 병기한다) 선조묘의 비석은 말할 것도 없고 제적등본이나 구 등기부등본, 족보 등에는 대부분 한자로 되어 있다. 그리고 어쩌다 공부하게 될 일본어나 중국어를 익히기 위해서도 한자는 필수불가결한 존재이다. 또한 한자의 의미를 알아야만 우리가 쓰는 말의 본뜻도 이해하기 쉬운 경우가 많다.

나는 한자에 관해서는 거의 맹탕인 학생들에게 "늦었다고 생각할 때가 가장 빠른 때"라는 말까지 하면서 하루에 한자 5자씩만 익히면 1년이면 1,800자가 되고, 2년이면 3,600자가 되어 웬만한 한자는 다

익힐 수 있음을 강조하고 있으나, 학생들은 이 말 역시 馬耳東風으로 흘려듣는 것 같아 안타깝다. 그러나 어쩌랴! 소나 말을 물가에 끌고 갈 수는 있으나 억지로 물을 마시게 할 수는 없는 법이다(물론 억지로 소에게 물을 먹여 고기값을 많이 받는 사기꾼들은 있다).

학생들에게 민사소송법 교재에 나오는 '元隻'은 옛말이라서 그렇다 치고 많이 나오는 '瑕疵', '出捐', '拘束力'과 '羈束力'의 차이 등을 묻는 쪽지시험을 내어보았으나 제대로 아는 학생들이 많지 않았다. 책의 제일 앞 페이지에 나와 있는 '緖論'을 제대로 읽은 학생도 많지 않았다. 사실 우리가 쓰는 법을 제대로 알기 위해서도 한자 읽기는 필수적이다.

그런데 법률에 나오는 한자를 제대로 읽기 어려운 것들도 있어 법률가들도 헷갈리는 한자들이 꽤 있다. 表見代理를 '표견대리'로 읽어야 할지 **표현대리**로 읽어야 할지 확신이 서지 않는다. 見 자가 '볼' 見도 되고 '나타날' 見도 된다는 사실을 모르는 바 아니다. 고등학교 국어시간에 외었던 '讀書百遍義自見'(독서백편의자현)이 '책을 백 번 읽으면 뜻이 스스로 나타난다'는 뜻이라는 사실도 대부분 안다.

1970년대까지만 해도 대부분 表見代理를 표견대리로 읽었고 당시의 법률학사전에도 표견대리로 되어 있었다. 그런데 1970년대 후반부터 곽윤직 교수가 『민법총칙』에서 여기서의 見 자는 '볼 견'이 아니라 '나타날 현'이므로 表見代理를 표현대리로 읽어야 한다고 주장하면서 표현대리파가 세를 얻게 되었다. 급기야 곽 교수의 제자들이나 곽 교수의 책을 보고 공부한 사람들이 판사의 다수를 점하면서 판결문에서도 표현대리로 쓰게 되었고(대부분의 교과서도 표현대리로 쓰고 있다), 대법원판결도 당연한 것처럼 표현대리로 쓰게 된 것이 저간의 사정이다.

　최근 이에 대해서는 표견대리로 읽어야 한다고 주장하는 양창수 대법관 같은 분들이 생기면서 대법원판결에도 표견대리로 쓰는 예가 나타나기 시작했다. 다음과 같은 대법원 2009.2.12. 선고 2006다23312 판결을 보자.

> "비법인사단인 교회의 대표자는 총유물인 교회 재산의 처분에 관하여 교인총회의 결의를 거치지 아니하고는 이를 대표하여 행할 권한이 없다. 그리고 교회의 대표자가 권한 없이 행한 교회 재산의 처분행위에 대해서는 민법 제126조의 **표견대리**에 관한 규정이 준용되지 아니한다(대법원 2002.2.8. 선고 2001다57679 판결, 대법원 2003.7.11. 선고 2001다73626 판결 등 참조). 원심이 같은 취지에서 이 사건 제2, 제3 부동산에 관한 원고의 **표견대리** 주장을 받아들이지 아니한 조치는 정당하다. 원심 판결에는 상고이유의 주장과 같은 민법 제126조의 **표견대리**에 관한 법리오해 등의 위법이 없다."

　판결문을 보니 역시 위 사건의 주심은 양창수 대법관이다. 양 대법관은 대법원에 들어가기 전 서울대 교수 시절부터 表見代理를 표견대리로 읽고 있었다. 김용호 변호사도 표현은 속에 있는 것을 겉으로 드러내어 나타내는 것이고, 표현대리라면 속에 있는 대리권을 겉으로 나타내는 것이니, 겉보기에 대리 같으나 실제는 無權代理인 경우 즉 표견상 대리의 책임에 관한 제도라면 표견대리라고 함이 자연스럽다고 주장하고 있다(김용호, 『아빠는 판사라면서』, p.146).

　그러면 여기서 문제가 생긴다. 대법관 한 사람이 表見代理를 표견대리로 읽고 쓴다고 이것이 대법원의 공식견해이거나 대법관 전원의 견해로 볼 수 없음은 위 대법원판결 직후에 선고된 다음과 같은 대법원 2009.2.26. 선고 2007다30331 판결에서는 표현대리로 쓰고 있는 데서 알 수 있다(주심 차한성 대법관).

"민법 제126조에서 말하는 권한을 넘은 **표현대리**의 효과를 주장하려면 자칭 대리인이 본인을 위한다는 의사를 명시 또는 묵시적으로 표시하거나 대리의사를 가지고 권한 외의 행위를 하는 경우에 상대방이 자칭 대리인에게 대리권이 있다고 믿고 그와 같이 믿는 데 정당한 이유가 있을 것을 요건으로 하는 것인바, 여기서 정당한 이유의 존부는 자칭 대리인의 대리행위가 행하여질 때에 존재하는 모든 사정을 객관적으로 관찰하여 판단하여야 하고(대법원 1987.7.7. 선고 86다카2475 판결, 대법원 2002.6.28. 선고 2001다49814 판결 등 참조), 금융기관이 채무자 본인의 서명날인 또는 채무자의 보증의사 확인 등 계약체결에 관한 사무처리규정을 마련하여 둔 경우에는 연대보증계약을 체결하면서 그와 같은 사무처리규정을 준수하였는지가 **표현대리**에서 정당한 이유가 있는지를 판단하는 요소가 될 수 있다(대법원 1999.3.12. 선고 98다51626 판결 참조, 대법원 2000.1.28. 선고 99다57461 판결 등 참조)."

한자 한 글자 읽고 쓰는 것을 가지고 대법원 전원합의체로 돌릴 수도 없고 참으로 갑갑한 일이 아닐 수 없다. 학생들에게는 시험답안지를 작성할 때에는 그냥 表見代理 한자로 써버리라고 하고는 있으나, 말로 강의를 할 때에는 어떻든 소리를 내어야 하니 '표현'과 '표견' 사이에서 오락가락하고 있다.

2) 表見代表理事 : 표현대표이사인가, 표견대표이사인가?

2011.4.15.자 판례공보를 보니 '표견대표이사'라는 용어가 눈에 확 들어온다. 역시 '表見代理'를 '표현대리'가 아닌 '표견대리'로 읽는 양창수 대법관이 주심인 사건이다(대법원 2011.3.10. 선고 2010다100339 판결).

이 사건 대법원판결의 판결요지는 "표견대표이사의 행위로 인한 주식회사의 책임에 대하여 정한 상법 제395조는 표견대표이사가 자신의 이름으로 행위한 경우는 물론이고 대표이사의 이름으로 행위한 경우에도 적용된다. 그리고 이 경우에 상대방의 악의 또는 중대한 과실은 표견대표이사의 대표권이 아니라 대표이사를 대리하여 행위를 할 권한이 있는지에 관한 것이다"로 되어 있다.

甲 회사 표견대표이사 乙이 대표이사를 대리하여 자신의 채권자 丙에게 차용증을 작성해 준 사안에서, 상대방인 丙의 악의 또는 중과실은 乙에게 대표권이 있는지가 아니라 그에게 대표이사를 대리하여 위 차용증을 작성함으로써 채무를 부담할 권한이 있는지에 따라 판단되어야 하므로, 乙이 甲 회사의 대표이사가 아님을 丙이 알았다고 하더라도 그 점은 丙의 악의 또는 중과실을 판단하는 데 결론을 좌우할 만한 의미가 있는 사정이 된다고 할 수 없고, 상법 제395조의 취지와 중과실의 의미 내지 판단기준 등에 비추어 보면, 乙이 甲 회사의 표견대표이사에 해당하는 한 그에게 대표권 등 권한이 있는지 당연히 의심하여 보아야 하는 객관적 사정이 있는 등의 경우가 아닌 이상 甲 회사에 乙이 대표이사를 대리하여 위 차용증을 작성할 권한이 있는지에 관하여 확인하지 않았다는 사정만으로 丙의 악의 또는 중과실을 쉽사리 인정할 수는 없다고 한 사례이다.

위 판결은 상법 제395조의 表見代表理事를 '표견대표이사'로 쓰고 있다. 그런데 우리나라 상법책은 대부분은 표현대표이사로 쓰고 있고, 법제처 국가법령정보센터에서도 표현대표이사로 쓰고 있다. 최근의 다른 대법원판결에서는 표견대표이사로 쓴 예가 거의 없었고, 표현대표이사로 써 왔다.

"상법 제395조가 규정하는 **표현대표이사**의 행위로 인한 주식회사의 책임이 성립하기 위하여 제3자의 선의 이외에 무과실까지도 필요로 하는 것은 아니지만, 그 규정의 취지는 회사의 대표이사가 아닌 이사가 외관상 회사의 대표권이 있는 것으로 인정될 만한 명칭을 사용하여 거래행위를 하고, 이러한 외관이 생겨난 데에 관하여 회사에 귀책사유가 있는 경우에 그 외관을 믿은 선의의 제3자를 보호함으로써 상거래의 신뢰와 안전을 도모하려는 데에 있다 할 것인바, 그와 같은 제3자의 신뢰는 보호할 만한 가치가 있는 정당한 것이어야 할 것이므로, 설령 제3자가 회사의 대표이사가 아닌 이사에게 그 거래행위를 함에 있어 회사를 대표할 권한이 있다고 믿었다 할지라도 그와 같이 믿음에 있어서 중대한 과실이 있는 경우에는 회사는 그 제3자에 대해서는 책임을 지지 아니하고, 여기서 제3자의 중대한 과실이라 함은 제3자가 조금만 주의를 기울였더라면 표현대표이사의 행위가 대표권에 기한 것이 아니라는 사정을 알 수 있었음에도 만연히 이를 대표권에 기한 행위라고 믿음으로써 거래통념상 요구되는 주의의무에 현저히 위반하는 것으로서, 공평의 관점에서 제3자를 구태여 보호할 필요가 없다고 봄이 상당하다고 인정되는 상태를 말한다(대법원 2003.9.26. 선고 2002다65073 판결 등 참조)."(대법원 2009.9.10. 선고 2009다34160 판결)

見 자를 나타날 현으로 읽기도 하고 볼 견으로 읽기도 하는 것을 모르는 사람은 없다. 지금까지 '表見代理'를 표견대리가 아닌 표현대리로 대부분 읽어왔는데 양창수 대법관이 주심인 사건에서 대법원판결에도 표견대리로 쓰는 예가 나타나기 시작했다(위 대법원 2009.2.12. 선고 2006다23312 판결). 그럼에도 불구하고 대법원은 최근 판결에서도 표견대리가 아닌 표현대리로 쓰고 있다(대법원 2010.9.9. 선고 2009다10003 판결). 유독 대법관 혼자의 소신으로 법률용어를 달리 읽고 쓰는 것을 어떻게 평가할 것인가? 학문의 세계에서는 용어를 어떻게 쓰든 그것은 학자의 소신에 맡길 수 있는 것이지만 대법원판결이라면 사정이 다르다.

양창수 대법관이 주심인 사건의 다른 관여 대법관들이 과연 표견대리를 쓰고 있는지도 의문이다. 여기서 우리 대법원운영의 파행을 본다. 주심 혼자 판결하는 시스템이라는 것이다. 대법원사건의 대부분에서 '합의'라는 것은 명목이고 形骸일 뿐이라는 사실이 극명하게 나타난다. 위 대법원 2010.9.9. 선고 2009다10003 판결의 재판장은 이홍훈 대법관이고, 관여 대법관은 김영란, 안대희 대법관이다. 그런데 이홍훈, 김영란, 안대희 대법관은 다른 사건의 판결에서는 전부 표현대리, 표현대표이사로 쓰고 있다. 당최 이게 말이 되는 이야기인가? 대법관들이 줏대 없이 '표현'으로 읽어도 되고 '표견'으로 읽어도 된다는 이야기인가?

3) 更新과 更改

漢字 읽기가 까다로운 것에 '更'이라는 글자가 있다. 채권의 소멸원인의 하나로 규정하고 있는 민법 제500조는 표제가 '更改의 要件, 效果'이고, 조문은 "당사자가 채무의 중요한 부분을 변경하는 계약을 한 때에는 구채무는 更改로 인하여 소멸한다"로 되어 있다. 요새 나온 한글법전에는 '경개'로 나와 있는 것들이 있는데 更改를 '경개'로 읽을 것인가, '갱개'로 읽을 것인가? 경개로 읽는 교수도 있고, 갱개로 읽는 교수도 있으니, 학생들은 헷갈릴 수밖에 없다.

먼저 우리가 많이 쓰는 법률용어 중 '判決更正'(민사소송법 제211조)을 '판결경정'으로 읽고 '판결갱정'으로 읽지 않으며, '被告의 更正'(민사소송법 제260조)을 '피고의 경정'으로 읽고, '피고의 갱정'으로 읽지 않음은 분명하다. 그리고 민소항소심에서 제1심 변론결과를 진술하는(민사소송법 제407조) '辯論更新'이나 판사의 경질이 있는 경우에 하는 '辯論更新'을 '변론갱신'으로 읽지 '변론경신'으로 읽지 않음도 명백하다. 형사소송절차에 하는 '공판절차의 更新'도 '공판절차의 갱신'이지 '공판절차의 경신'이 아니다. 이는 다툼이 없다.

漢字 更은 '고칠 경', '다시 갱'으로 읽으면 그 뜻이 그대로 와 닿는다. 判決更正은 판결을 다시 하는 것이 아니고 판결에 잘못된 계산이나 기재, 그 밖에 이와 비슷한 잘못이 있음이 분명한 때에 직권 또는 당사자의 신청으로 판결문의 잘못된 부분을 고치는 것이므로 판결갱정이 아니라 판결경정이다. 원고가 피고를 잘못 지정한 것이 분명한 경우에 피고를 다시 지정하는 것이 아니라 피고를 A에서 B로 바로 고치는 것이므로 피고의 갱정이 아니라 피고의 경정이 된다. 변론을 고치는 것이 아니라 다시 여는 것이므로 변론경신이 아니라 변론갱신이다. 공판절차의 갱신도 마찬가지다.

그러면 契約更新은 계약갱신인가, 계약경신인가? 계약을 고치는 것인가, 계약을 다시 맺는 것인가? 뜻 자체로만 본다면 재계약과 같이 계약을 고치지 않고 계약을 다시 체결하는 것으로 보면 계약갱신이 맞을 것이고, 계약조건을 바꾸는 등 고치는 것이면 계약경신이 될 것이다.

그런데 법령에는 면허증을 '경신'하여 교부하는 것으로 된 것도 있고(주세법시행령), 운전면허증을 '갱신'하는 것으로 되어 있는 것(도로교통법 등)도 있다.

법제처 국가법령정보센터에서 검색을 해보니 '갱신'이 들어가 있는 법령이 304건이 나오고, '경신'이 들어가 있는 법령은 20건에 지나지 않고 그나마 경신이 들어가 있는 법률은 없다. 가맹사업거래의 공정화에 관한 법률, 공유재산 및 물품관리법, 농지법, 변호사법, 주택임대차보호법, 상가건물임대차보호법 등에서 계약의 경신이 아닌 갱신으로 되어 있다. 민법에는 갱신이라는 말이 자주 나온다(지상권자의 갱신청구권, 전세권의 갱신, 임대차존속기간의 갱신, 묵시의 갱신 등). 그렇다면 통상 기간만료로 계약을 다시 맺는 계약갱신으로 읽어도 무방할 것이다.

여기서 처음으로 돌아가 更改를 어떻게 읽어야 할 것인가를 보자. 국가법령정보센터에서는 경개로 되어 있다. 그러면 更改의 의미를 따져보자. 독일민법에는 更改라는 것이 없다. 우리 민법상의 更改는 채무의 중요한 부분(요소)을 변경함으로써 신채무를 성립시키는 동시에 구채무를 소멸케 하는 유상계약이다(민법 제500조). 여기서 신·구 채무 사이에는 동일성이 없다. 구채권을 없애고 새로운 채권을 만드는 계약이므로 '다시 짓는다'는 뜻의 갱개로 읽는 것이 대세이다. 그러나 대법원판례는 그동안 경개와 갱개를 혼용해왔다.

*기존 채권·채무의 당사자가 그 목적물을 소비대차의 목적으로 할 것을 약정한 경우 그 약정을 **갱개**로 볼 것인가 또는 준소비대차로 볼 것인가는 일차적으로 당사자의 의사에 의하여 결정되고, 당사자의 의사가 명백하지 않을 때에는 의사해석의 문제로서, 기존 채무와 신 채무가 동일성을 상실함으로써 채권자가 담보를 잃고 채무자가 항변권을 잃게 되는 것과 같이 스스로 불이익을 초래하는 의사를 표시하였다고는 볼 수 없으므로 일반적으로 준소비대차로 보아야 하지만, 신 채무의 성질이 소비대차가 아니거나 기존 채무와 동일성이 없는 경우에는 준소비대차로 볼 수 없다(대법원 2006.12.22. 선고 2004다37669 판결).*

*수급사업자가 직접지급청구권을 행사하기 전에 그 기초가 되는 원사업자의 발주자에 대한 도급대금채권이 **경개**에 의하여 소멸되었다고 보아, 발주자가 하도급대금의 직접지급의무를 지지 않는다고 한 사례(대법원 2009.7.9. 선고 2008다21303 판결).*

경개, 갱개 어느 장단에 맞추어 춤을 추어야 할 것인지 아리송해진다. 어쨌든 경개가 계약을 단순히 고치는 정도를 넘어 신·구채무 사이에 동일성이 없는 것이라면 한자의 의미상 갱개로 읽어야 일관성이 있다.

오래전에 모 법과대학의 민법 교수가 독일에서 오래 공부하고 국내에 들어와 채권법 강의를 하면서 민법 제531조(隔地者間의 契約成立時期) "隔地者間의 계약은 승낙의 통지를 발송한 때에 성립한다"고 되어 있는데, 학생들 앞에서 '隔地者'를 '융지자'로 읽는 바람에 학생들이 웅성거렸고, 그 교수의 별명이 융지자가 된 서글픈 사례가 있다(아마 지금쯤 그 교수는 정년퇴직했을 것이다). '隔' 자와 '融' 자가 비슷하게 생겨먹었으니 헷갈릴 만도 하겠으나, 그렇다면 그 교수는 학창시절에 채권법 공부를 하나도 하지 않았다는 결론이 된다. 未嘗不 그 교수는 학부에서 법학을 전공하지 않고 독일에서 법학을 공부하여 박사학위를 따고 귀국한 것이었다. 모 교수는 어떤 학회에서 연구발표를 하면서 이혼에 있어서 破綻主義와 관련하여 '破綻'을 '파정'으로 읽는 바람에 그 교수의 호가 '파정'이 되었다는 이야기도 들린다.

4) 한자 이름이 어려운 법률가들

한자 법률용어 읽기를 잠시 쉬고, 법률가들의 이름도 법률용어 못지않게 어려운 漢字가 많다. 30년도 더 전에 대학에 들어갔을 때 처음으로 법학책을 접하면서 보니 저자들의 이름이 어려운 한자로 되어 있는 것이 꽤 있었다.

당시는 민법교과서는 金曾漢 교수와 郭潤直 교수의 교재밖에 없었는데, 어떤 사람은 우리나라 민법학의 기초를 세운 金曾漢을 '김

회한'으로 잘못 읽기도 하였고, 중앙도서관의 도서목록에까지 김회한 으로 되어 있는 것이 있었다. 金曾漢 교수는 연탄가스를 마시고 비교적 일찍 작고하였고, 그 후는 郭 교수의 독무대가 되었다(郭 교수의 채권법강의를 들었는데 名不虛傳의 명강의였다).

金曾漢 교수는 조카사위인 安二濬 교수와 해방 후 일본의 我妻榮 교수의 민법시리즈를 편역하여 출판함으로써 국내 민법교과서를 처음으로 출판하였다. 金曾漢 교수의 아들인 金學東 교수가 서울시립대학교의 교수로 부친의 遺業을 이어받아 부친의 민법 저서를 공저 형식으로 이어가고 있다. 金曾漢 교수의 사위가 崔沿熙 국회의원이다. 최 의원은 모 신문사 여기자와의 음주회식 자리에서의 성희롱 문제로 여성단체의 집중포화를 맞고 隱身할 수밖에 없었다.

또 당시에는 상법학의 태두로 徐燉珏 교수가 있었는데(동국대, 경북대총장을 지내고 경희대 교수로 재직 후 몇 년 전 작고함) '서돈옥' 교수로 잘못 읽는 사람이 있었다. 대학원 다닐 때 서 교수님 강의를 들었는데 서 교수님은 독실한 불자로 댁에는 웬만한 절간보다 더 많은 불교용품들이 있었다. 珏 자가 들어가 있는 이름을 쓴 분 중에 金珏泳 전 검찰총장이 있다. 노무현 정부가 들어선 후 새까만 후배인 姜錦實이가 법무부장관이 되면서 총장 옷을 벗었다.

지금은 작고하였지만 행정법학의 태두로 金道昶 교수가 있었다. 이 이름 역시 제대로 읽지 못하고 '김도영'으로 읽는 사람이 있었다. 이분이야말로 우리나라의 오토마이어 같은 사람이었다. 당시의 행정법 교재로는 金道昶 교수와 李尙圭 교수의 저서가 주를 이루고 있었다. 그런데 김 교수의 책은 깨알 같은 글씨에다 각주가 새까맣고 해서 책만 사두고 거의 읽지 못했다. 김 교수의 책을 출간한 출판사는 김 교수의 부인이 대표로 있던 靑雲社였다. 李尙圭 교수는 문교부(현 교육부) 관료로 중앙도서관장을 거쳐 차관까지 지내고 변호사를 하면서 대학에 강의를 나갔다. 이 교수의 아들은 나와 사법연수원 동기생인 이진우 변호사이고, 이 교수님과는 같은 서소문의 명지빌딩에서 변호사사무실을 열고 있어서 이 교수님과 점심도 몇 차례 같이 먹은 적이 있는데 꽤 깐깐한 분이다. 이 변호사의 사무장이 양복 윗도리 주머니에 만년필을 꽂고 다니다가 혼이 나기도 하였다. 이 변호사님 曰 "양복 주머니에 그런 것 꽂고 다니는 것 아니다!"

민법 교수 중에 서울대 교수로 있던 黃迪仁 교수의 이름을 '황유인'으로 유유하게 읽는 어처구니없는 일도 있었다. 어떤 학생이 종로서적에서 황 교수의 책을 가리키며 점원에게 황유인 책을 달라고 했을 때 점원도 한자를 몰라 멀뚱멀뚱했다. 지도교수였던 權五乘 교수(노무현 정부 당시 공정거래위원장을 지냄)가 黃 교수의 제자라 몇 번 뵌 적이 있다. 迪 자가 들어가는 인물로 조선조 대학자인 회재 李彦迪(1491~1553)이 있다.

李彦迪 이야기가 나왔으니 잠시 샛길로 빠지면 李彦迪은 이황, 조광조, 정여창, 김굉필과 함께 동방五賢의 한 사람이다. 낙동정맥 줄기에 도덕산이라는 산이 있는데 이 산이 조선조 대학자인 회재(晦齋) 李彦迪과 관계가 깊은 산이다. 산 이름도 옛날에는 '도독산'이라고 하였는데 회재(晦齋) 이언적 선생이 이 산에서 공부하여 성공하였다고 하여 후인들이 '도덕산'으로 부르는 산이다. 도덕산 기슭의 옥산리에는 이언적 선생의 뜻을 기리는 옥산서원(玉山書院, 사적 제154호)이 있고, 이언적이 조정에서 물러나 고향집에 지은 사랑채인 독락당(獨樂堂, 보물 제413호)도 있다. 이언적의 호는 주희의 호가 '회암(晦菴: 어두운 집)'인 것을 따라 '회재(晦齋: 어두운 집)'로 지었다. 주희의 이 호는 "땅속은 어둡지만, 그곳에 뿌리를 깊이 박은

나무가 밝은 세상에 아름다운 꽃을 피운다"는 뜻이고, 獨樂堂은 이 언적의 어두운 집에서 나왔다.

요새 젊은 법학 교수 중에 한자가 어려운 교수로는 경희대의 全京暈 교수(민법), 동국대 金溁謙 교수(헌법), 서울대 全鍾杙 교수(헌법), 서울시립대 崔敝貴 교수(노동법), 성대 崔埈璿 교수(상법), 연세대 南馨斗 교수(지재법), 인하대 李溦精 교수(헌법), 중앙대 金炳圻 교수(행정법) 등이다. 웬만한 옥편에는 나오지 않는 한자가 들어간 이름도 있다.

내가 현업에서 학교로 일터를 옮기기까지 오랫동안 근무했던 동아 합동법률사무소의 멤버였던 金鍾彪 변호사님을 김종호 변호사로 잘못 읽는 사람도 있었다. 법원에서 국선변호인 선정통지를 하면서 김종호 변호사 앞으로 선정결정서를 보내는 일도 있었다. 이 彪 자를 쓰는 중국의 인물 중에 모택동과의 권력투쟁에서 밀려난 林彪가 있었다. 또 같은 합동법률사무소에 朴炳岐 변호사님이 계신데 박병지로 잘못 읽는 사람이 있었다. 이분들은 나의 부친 이상의 연세에도 불구하고 현역 변호사 업무에 종사 중이시다.

변호사 중에 제일 어려운 한자를 쓰는 사람은 아마도 부산의 朴在丰 변호사일 것이다. 마지막 한자 '丰' 자는 전봇대 같기도 하고 쓰디 만 한자 같은데 이 한자를 제대로 읽는 변호사나 교수를 거의 보지 못했다. 아마 이 글을 읽은 사람 중에 한자 실력이 출중한 사람도 이 한자만은 읽지 못할 것이라고 단언한다. 알고 싶으면 옥편을 한번 찾아보시라.

지금은 작고한 분 중에 韓宓 변호사가 있었다. 초창기 국제거래 전문 변호사로 꽤 일가견이 있던 분이다. 이분이 대표자로 있던 합동법률사무소의 이름이 '한복합동' 법률사무소였다. 자기 이름도 알릴

겸 합동법률사무소의 이름으로 자신의 이름을 썼다. 한복을 '한필'로 읽는 사람이 많았다.

판사로 재직하다가 지금은 영산대학교 총장으로 있는 夫龜旭을 부균욱, 부구욱, 부귀욱 어느 것으로 읽어야 할지 난감할 경우가 많았다. 판사 재직 중에 어떤 공부 모임에서 부 판사님으로부터 연말에 연하장이 많이 오는데 각양각색으로 자기 이름을 쓰고 있어서 골치 아프다고 이야기하는 것을 들은 적이 있다. 그러나 이는 읽는 사람의 잘못이 아니고 세 가지로 발음되는 한자로 작명한 분의 잘못이라고 해야 할 것이다.

판사 중에는 우동과 국수가 있었다. 대법관을 지낸 朴禹東 변호사와 朴國洙 부장판사이다. 변호사 중에 金武植 변호사가 있는데 한자는 좋은데 한글로는 무식한 변호사로 오인될 염려가 있어 부모들이 작명을 할 때는 신중을 기할 필요가 있다.

왜들 이렇게 어려운 한자들을 붙여놓아 세상 사람들을 어지럽게 만드는지 모르겠다. 내 이름같이 昌洙라면 얼마나 쉽고 간단한가? 조선작의 「영자의 전성시대」에 나오는 영자의 애인인지 둥기(기둥서방을 속어로 '둥기'라 함)가 창수였다. 昌洙는 백범 金九 선생의 본명이기도 하다. 너무 쉽다 보니 서울전화번호부에 김창수와 이창수는 몇백 명씩 있을 정도로 별 징표가 없는 이름이 되고 말았다.

5) 세계 각국의 한자 나라이름

아마도 우리나라의 전통 법학에 가장 영향을 많이 미친 나라는 '독일'일 것이다. 특히 우리나라의 현행 헌법재판제도에는 독일의 제도가 결정적으로 영향을 미쳤다. 독일에서 공부를 많이 한 허영 교수 등의 영향이기도 하다. 해방 후 사회 곳곳에 미국의 영향이 미치지 않은 곳이 없지만 어찌하여 독일이라는 나라의 법제도가 동북아 변방에 있는 한반도에 그리 지대한 영향을 미치고 있는지를 추적해 보는 것은 법제사상 의미 있는 일일 것이다. 그러한 일은 법제사가들에게 맡기고 여기서는 세계 각국의 나라이름이 한자어로 불리게 된 연원을 간단히 따져보기로 하자.

우리나라의 대부분의 교과서나 문헌에서 독일의 원전을 인용할 때에는 독일(獨逸)이라는 한자이름을 쓰고 있는데 정동윤 교수만은 '독일'이 아닌 '도이칠란트'로 쓰고 있다(정동윤/유병현, 민사소송법[제3판], 법문사, 2009). 독일의 국가명은 '*die Bundesrepublik Deutschland*'이고, 우리말로는 '도이칠란트 연방공화국'이다.

그런데 우리가 유심히 말하고 있는 독일(獨逸)이라는 나라이름은 어떻게 유래된 것일까? 청말 당시 중국 사람들은 독일을 덕국(德國)으로 불렀고 우리도 이 말을 쓰다가 청일전쟁 후 일본 사람들이 도이칠란트를 'ドイツ'로 借字한 '獨逸'을 쓰기 시작하였고, 우리도 생각 없이 이를 따라 부르면서 Deutschland는 발음이 긴 도이칠란트 대신 독일이라는 말이 일상용어가 된 것이다. 고종 때 최초의 서양인 고문으로 활동했던 묄렌도르프는 목인덕(穆麟德)으로 불렸고, 한독우호통상조약 체결(1883) 등 당시의 외교정책을 좌지우지한 것으로 알려져 있다.

따라서 법학의 대가들조차 일본사람들이 借字하여 쓰고 있는 독일이라는 말을 무비판적으로 쓰고 있는 것에 대해서는 반성이 있어야 할 것이 아닌가? 그런 의미에서 다소 길기는 하지만 원어 그대로 '도이칠란트'로 쓰고 있는 정동윤 교수는 그러한 문제의식을 소유한 것으로 보인다. 도이칠란트가 길어서 불편하다면 Deutschland에서

land(땅, 나라)를 뺀 ‘도이치’라고 불러도 좋지 않을까?

　Deutschland의 수도는 Berlin이다. 지난 1960년대 말 ‘동백림’사건이 있었다. 유럽의 한국인 유학생과 교민들이 동베를린의 북한대사관과 평양을 오가며 간첩교육을 받고 대남 적화활동을 했다는 사건인데 이 사건에 연루된 인물 중에는 재독 작곡가 윤이상이 있었다. 지금도 충무(옛 통영)지역의 초·중학교 교가 중에는 유치환이 작사하고 윤이상이 작곡한 교가들이 꽤 있다. 시대를 풍미했던 유명한 시인과 작곡가가 만든 노래를 교가로 가질 수 있다는 것에서 충무사람들은 문화적 자부심을 가질만한 일이다. 여기서 동백림(東伯林)의 백림(伯林)은 베를린이다. 동백나무 숲을 뜻하는 동백림(冬柏林)이 아니다. 중국 사람들이 ‘베를린’을 ‘柏林’으로 적고 ‘보린’ 정도로 읽던 것을 우리는 한자음 그대로 읽은 것이 백림이다.

　민법총칙 책에서 근대민법 이야기를 할 때 나오는 서서(瑞西)민법은 스위스 민법이고, 오지리(墺地利)는 오스트리아이다. 스웨덴은 서전(瑞典), 스페인은 서반아(西班牙), 네덜란드는 화란(和蘭), 폴란드는 파란(波蘭), 핀란드는 분란(芬蘭), 아일랜드는 애란(愛蘭), 스코틀랜드는 소격란(蘇格蘭), 덴마크는 정말(丁抹), 노르웨이는 낙위(諾威), 오스트레일리아는 호주(濠洲), 뉴질랜드는 신서란(新西蘭), 베트남은 월남(越南), 타일랜드는 태국(泰國), 인디아는 인도(印度), 몽골은 몽고(蒙古), 벨기에는 백이의(白耳義), 터키는 토이기(土耳其), 포르투갈은 포도아(葡萄牙)이다. 페르시아는 파사(波斯)이다. 모두 그럴듯한 한자어들이다.

　다시 그리스는 희랍(希臘)이고, 이집트는 애급(埃及)이다. 그리스 신화를 아직도 희랍신화라고 하는 사람이 많다. Exodus인 ‘출애급기(出埃及記)’는 구약성서의 한 책으로, 모세가 이스라엘 백성을 이끌고 이집트를 탈출한 기록이다(출애급기 또는 출애굽기로 표기하기도 한다). 옛날에 출애급기를 빗댄「출에덴기」라는 어떤 신진 작가의 소설을 재미있게 읽은 적이 있는데 그 작가는 신춘문예에 당선된 이후에는 별다른 활약을 보여주지 못했다. 이런 말들은 모두 다 중국 사람들이 부르던 국가이름이다.

러시아를 로서아(露西亞) 또는 아라사(俄羅斯) 이를 줄여서 여기서 아국(俄國)이라고도 했는데, 구한말의 아관파천(俄館播遷)의 아관(俄官)은 '아라사공관' 즉 러시아공사관을 뜻한다. 아관파천은 쉽게 말하면 고종이 러시아공사관으로 도망갔던 사건이다. 현재의 정동, 옛 러시아공사관 터에는 이제 주한러시아대사관이 위용을 자랑하며 서 있다. 한국과 러시아가 수교 후 러시아가 서울 정동의 금싸라기 땅에 거대한 대사관을 지은 것을 보면 분통이 터진다. 당초 우리나라가 러시아에게 대사관 부지의 제공을 거부하자 러시아는 아관파천 당시의 러시아 공사관의 부지에 대한 고종의 땅문서를 지금도 보관하고 있다가 우리나라에게 공사관 부지의 반환을 요구하여 당시 1,000억대의 정동 땅을 차지한 것이다. 반면에 우리는 러시아 상트페테르부르크의 주러시아 한국공사관 부지를 아직도 찾았는지 못 찾았는지 알 수 없다. 지금도 모스크바의 한국대사관은 초라하기 그지없다.

중국 사람들은 England를 英國으로, France를 法國으로, 이탈리아를 이태리(伊太利)로 불렀다. France를 불란서(佛蘭西)로 쓰기도 한다. 이들 역시 중국에서 외국어를 한자어로 음차하면서 만든 말들이다. 유럽은 구라파(歐羅巴)가 되었고(구파발이 아니다), 아시아는 아세아(亞細亞)가 되었다. 아프리카는 아불리가(阿弗利加)가 되었고, 아메리카는 미국(美國)이 되었다.

the United States of America는 중국에서는 미리견공화국(美利堅

共和國), 일본에서는 쌀 미(米) 자를 써서 미합중국(米合衆國), 줄여서 미국(米國)으로 부른다. 미국이라는 나라가 아름다운 나라인지 쌀이 많이 나는 나라인지 모르지만 생각만큼 아름다운 나라는 아니다. 뉴욕의 할렘가 같은 음습한 곳들이 많다. 미국 변호사들의 음습한 모습은 존그리샴의 법률소설에 잘 나타나 있다. 우리나라에서는 이 나라를 아름다운 나라, 미국(美國)으로 쓰고 있는데 이 말에 은연중에 이 나라를 사모하고 짝사랑하는 한국인들의 속내가 투영된 것은 아닌지 모르겠다.

그 밖의 도시이름을 보더라도 프랑스 파리는 소리 나는 그대로 파리(巴里), 로마는 라마(羅馬), 홍콩은 향항(香港), 싱가포르는 성항(星港), 로스앤젤레스는 나성(羅城)이다. 요새는 로스앤젤레스를 L.A.로 부르는 게 일상사가 되었지만 예전에 얼굴은 기억나지만 이름은 기억나지 않는 여자가수가 부른 "나성에 가면 편지를 띄우세요!"라는 노래가 있었다. 샌프란시스코는 상항(桑港), 할리우드는 Holly Wood(성스러운 숲)을 한자어로 쓴 성림(聖林)이다. 뉴욕은 뉴육(紐育), 워싱턴은 화성돈(華盛頓), 제네바는 수부(壽府), 런던은 윤돈(倫敦)이다. ICJ(국제사법재판소), ICC(국제형사재판소)가 있는 네덜란드 헤이그는 해아(海牙)이다. 고종 당시 이준 열사에 의한 '해아밀사사건'이 있었다. 시베리아횡단열차의 시발점인 블라디보스토크는 해삼위(海蔘威)이다.

옛날에 책을 읽다 보면 '나전어'라는 말이 나왔는데 라전(羅典)은 라틴을 말한다. 나전어는 라틴어이다. 법학자 중에 라틴어에 능통한 학자로는 조규창 교수가 있었다. 중국의 영어는 China인데 이는 최초의 통일제국 진(秦)나라에서 온 말이다. 지나(支那)도 여기서 유래한 것이다. china는 보통명사로 '차(茶)'를 끓이는 '도자기'라는 뜻도 있다. 중국이라는 나라에서는 물을 그냥 마실 수 없을 정도로 수질이 형편없다. 그 사람들은 옛날부터 물을 반드시 끓여 마셔야 되다 보니 차(茶)문화가 발달할 수밖에 없었고, china는 그 자체로 차(茶)를 데우는 도자기가 된 것이다.

현행 맞춤법에 의하면 외국의 인명이나 지명을 실제 발음에 가깝게 적도록 되어 있다. 따라서 앞에서 본 중국식·일본식 음차 내지 취음어(取音語)는 실제 발음에 맞게 고쳐 적고 고쳐 쓰는 훈련을 해야 하지 않겠는가?

[2010. 2. 9]

4. 年號와 법

우리들 대부분은 지난 1월 1일에 경인년(庚寅年)이 된 것으로 알고 연하장이나 문자메시지 신년인사로 "庚寅年 새해 복 많이 받으시라"는 인사를 주고받았으나, 그때는 己丑年이었고, 정확하게는 2월 14일 설날이 됨으로써 庚寅年이 된다. 설을 앞둔 섣달그믐(음력 12월 30일)을 '해[歲]가 저문다[暮]'는 뜻으로 '세모(歲暮)'라는 말을 쓴다. 그런데 張三李四들이 설이나 추석 등 명절이나 제사는 음력으로 지내고 일상생활은 양력을 쓰다 보니 음력과 양력을 헷갈리고 있는 것이다.

소송실무에 종사하다 보면 우리나라나 중국, 일본의 연호를 접할 때가 많고, 이 연호와 연대를 정확히 알고 있어야 함은 상식에 속한다. 토지 관련 소송을 하면서 옛 토지조사부나 구 등기부, 구 토지대장을 볼 때나 구 제적등본이나 호적등본을 읽을 때 정확한 일시 연대를 파악하기 위해서는 한국, 중국, 일본의 연호와 연대를 제대로 숙지하고 있어야 한다.

태조 이성계가 위화도회군으로 결정적 승기를 잡고 조선을 건국한 것은 1392년 壬申年이었다. 1392년이 바로 '開國 1년'이다. 옛날 제적등본 같은 것을 보면 개국 연수가 기재되어 있는 것을 자주 보게 된다. 이로부터 정확하게 200년이 지난 1592년(선조 25년)에 壬辰倭亂이 일어났다. 조선시대에는 조선 고유의 연호를 쓰지 못하고 사대국인 중국(明나라와 淸나라)의 연호를 썼다.

예컨대, 1662년(현종 3년)은 聖祚(康熙) 1년이고, 1723(경종 3년)년은 世宗(擁正) 1년이다. 1736년(영조 12년)은 高宗(乾隆) 1년이다. 1796년(정조 20년)은 仁宗(嘉慶) 1년이고, 1821년(순조 21년)은 宣宗(道光) 1년이다. 1851년(철종 2년)은 文宗(咸豊) 1년이고, 1862년(고종 3년)은 穆宗(同治) 1년, 1875년은 德宗(光緖) 1년이다. 묘지의 비석 같은 것을 보면 이러한 중국식 연호가 적혀 있는 것을 자주 볼 수 있다.

1909년은 宣統 1년이고, 1912년은 孫文이 中華民國을 수립한 해이다. 중화민국은 1948년 대만으로 쫓겨나간 장개석에 의하여 계속 이어졌으나, 1949년 毛澤東에 의하여 중국본토에서 中華人民共和國이 수립되었고, 지난해(2009년) 중국 당국은 천안문광장에서 中華人民共和國 건국 60주년 행사를 거창하게 치른 바 있다.

고종은 1897년 大韓帝國을 선포하고 光武라는 연호를 썼다. 1896년에 建陽이라는 연호를 썼으나 수명은 1년이었다. 광무 1년에서 광무 10년(1906년)까지 이어지다가 1907년 순종이 즉위하면서 隆熙라는 연호를 썼으나, 1910년 한일합방이 되면서 隆熙 4년은 바로 日政 1년이 된다. 1910년은 조선 개국 519년이다. 1919년 3·1운동 후 대한민국 임시정부가 수립되었고, 1919년은 바로 임시정부 1년이다. 임시정부 27년인 1945년 8월 15일 광복을 맞았으나, 3년간의 美軍政기간을 거쳐 1948년 8월 15일 李承晩에 의하여 대한민국정부가 수립되었다.

2010년은 대한민국 정부수립 63년이고 임시정부 92년이다. 물론 이 연대를 周年으로 바꾸면 대한민국 정부수립 62주년이고, 임시정부 수립 91주년이다. 주년은 1년을 단위로 돌아오는 돌을 세는 단위이다. 예컨대 부부가 맞는 결혼 25주년을 은혼식, 50주년을 금혼식,

60주년을 금강혼식이라고 한다.

지난 2008년에 건국 60주년인지 광복 60주년인지, 아니면 건국 89주년인지 논란에 휩싸인 적이 있다. 건국 89년은 임시정부가 수립된 1919년을 기산점으로 삼은 것이고, 건국 60주년이나 광복 60주년은 1948년을 기산점으로 삼은 것이다. 여기서 우리의 헌법 전문을 읽어보자.

> 유구한 역사와 전통에 빛나는 우리 대한국민은 3·1운동으로 건립된 대한민국임시정부의 법통과 불의에 항거한 4·19민주이념을 계승하고, 조국의 민주개혁과 평화적 통일의 사명에 입각하여 정의·인도와 동포애로써 민족의 단결을 공고히 하고, 모든 사회적 폐습과 불의를 타파하며, 자율과 조화를 바탕으로 자유민주적 기본질서를 더욱 확고히 하여 정치·경제·사회·문화의 모든 영역에 있어서 각인의 기회를 균등히 하고, 능력을 최고도로 발휘하게 하며, 자유와 권리에 따르는 책임과 의무를 완수하게 하여, 안으로는 국민생활의 균등한 향상을 기하고 밖으로는 항구적인 세계평화와 인류공영에 이바지함으로써 우리들과 우리들의 자손의 안전과 자유와 행복을 영원히 확보할 것을 다짐하면서 1948년 7월12일에 제정되고 8차에 걸쳐 개정된 헌법을 이제 국회의 의결을 거쳐 국민투표에 의하여 개정한다(1987년 10월 29일).

헌법전문은 그동안의 수차례 헌법개정에도 불구하고 골격이 크게 바뀌지 않았다. 제헌헌법의 전문은 다음과 같이 되어 있다.

> 유구한 역사와 전통에 빛나는 우리들 대한국민은 기미 삼일운동으로 대한민국을 건립하여 세계에 선포한 위대한 독립정신을 계승하여 이제 민주독립국가를 재건함에 있어서… 우리들의 정당(正當) 또 자유로히 선거된 대표로써 구성된 국회에서 단기 4281년 7월 12일 이 헌법을 제정한다.

위와 같은 헌법전문에서 알 수 있는 바와 같이 1948년 대한민국의 정통성은 1919년 대한민국 임시정부에 있음은 명확하다. 따라서 3·1절은 대한민국 정통성의 시발점이고 이날은 3·1만세운동이 일어난 단순한 3·1절이 아니고 건국절이 되어야 한다. 그렇다고 1948년의 대한민국정부 수립이 아무런 의미가 없다는 말은 아니다. 제헌헌법이나 현행헌법 전문에 명확히 제시되어 있는 것처럼 1948년(단기 4281년) 7월 12일에 임시정부 헌법이 개정된 것이 아니고 대한민국 국민들의 자유의지에 의하여 대한민국헌법이 제정된 것임을 밝히고 있다. 결국 대한민국의 정통성은 1919년에 있지만 대한민국의 정당성은 1948년에 있다.

북한의 김일성은 1948년 9월 9일(9·9절) 조선민주주의인민공화국을 수립하고 요상한 나라를 만들기 시작하여 그 아들 김정일이 물려받고, 그의 손자 김정은이 또다시 대를 이어 요상한 공화국을 이어가려고 하고 있다. 김일성이 태어난 1912년을 '주체 1년'으로 쓰기 시작하여 2010년은 주체 99년이 된다. 참으로 골 때리는 나라다.

일본의 연호는 1868년 明治維新을 시발로 明治 1년이 시작되고 1912년 明治 45년이 됨과 동시에 大正 1년이 된다. 1926년 大正 15년과 동시에 昭和 1년이 시작된다. 1945년은 昭和 20년이고 1989년 昭和 64년 히로히토 천왕이 죽으면서 아키히토 천왕이 승계하여 平成의 연호를 쓰기 시작하였다. 2010년은 벌써 平成 22년이다. 平成이 시작된 게 엊그제 같더니 참 세월 빠르다.

[2010. 2. 12]

♣ 紀元對比表 ♣

西紀	干支	大韓民國			日本	비고
		檀紀	朝鮮(開國紀元)	大韓民國		
1864	甲子	4197	高宗1年(개국473년)			
1868	戊辰	4201	〃4年(개국477년)		明治1年	
1896	丙申	4229	〃33年(建陽1년)		〃29年	
1897	丁酉	4230	〃34年(光武1년, 대한제국1년)		〃30年	
1900	更子	4233	〃37年(〃4년)		〃33年	
1905	乙巳	4238	〃42年(〃9년)		〃38年	
1907	丁未	4230	純宗1年(개국516년, 隆熙1년)		〃40年	
1910	庚戌	4233	〃4年(〃519년, 日政1년)		〃43年	
1912	壬子	4245	개국521년, 日政3년		大正1年	
1918	戊午	4251	개국527년, 〃9년		〃7年	
1919	己未	4252	臨時政府 1년, 〃10년		〃8年	
1925	乙丑	4258	〃7년, 〃16년		〃14年	
1926	丙寅	4259	〃8年, 〃17년		昭和 1年	
1945	乙酉	4278	〃27年, 美軍政 1年		〃20年	
1948	戊子	4281		光復政府(李承晚)	〃23年	
1960	庚子	4293		(尹普善, 張勉)	〃35年	
1961	辛丑	4294		(朴正熙)	〃36年	
1972	壬子	4305		(維新)	〃47年	
1980	庚申	4313		(崔圭夏)	〃55年	
1981	辛酉	4314		(全斗煥)	〃56年	
1988	戊辰	4321		(盧泰愚)	〃63年	
1989	己巳	4322			平成 1年	
1994	甲戌	4327		(金泳三)	〃6年	
1998	戊寅	4331		(金大中)	〃10年	
2000	庚辰	4333			〃12年	
2001	辛巳	4334			〃13年	
2002	壬午	4335			〃14年	
2003	癸未	4336		(盧武鉉)	〃15年	
2005	乙酉	4338			〃17年	
2008	戊子	4341		(李明博)	〃20年	
2010	庚寅	4343			〃22년	
2012	壬辰	4345			〃24년	

5. 화장실과 법

사람에게 있어서 먹고 싸는 일만큼 중요한 일은 없다. 그게 바로 순환이고 소통이다. 순환과 소통이 없으면 생명력을 유지할 수 없다. 그러나 사람들은 먹는 일과는 달리 싸는 일에 대해서는 유쾌한 기억을 하지 않으려고 한다.

우리 선승들은 화장실을 근심을 잊는 解憂所로 치환하였다. 순천 조계산 태고총림 선암사에는 유명한 해우소가 있다. 호남정맥종주를 하면서 들렀던 선암사의 이 해우소 이름은 '깐뒤'였다. '깐뒤'라고 앞으로 읽어도 되고, '뒤깐'으로 뒤로 읽어도 그 뜻이 와 닿는다. 어쨌든 뒤로 까야 근심을 잊을 수 있다는 스님들의 해학이 들어 있다.

시인 정호승은 "선암사"에서 "눈물이 나면 기차를 타고 선암사로 가라/선암사 해우소로 가서 실컷 울어라/…/눈물이 나면 걸어서라도 선암사로 가라/선암사 해우소 앞/등 굽은 소나무에 기대어 통곡하라"고 노래했다.

외국을 다녀보아도 우리나라의 화장실은 이제 선진국 수준이다. 수원은 바로 화장실의 선진국이다. 아프리카나 동남아, 중국 능지들 여행하다 보면 그들 나라의 화장실이 아닌 변소의 모습이 실로 가관이다. 차마 말로 할 수 없을 정도의 目不忍見의 모습이다. 집안의 수세식 화장실은커녕 집 밖에 공중변소조차 갖지 못한 사람이 세계 인구의 40%인 26억 명에 달한다고 한다.

그런데 여기서 생각할 문제가 있다. 우리가 아무 생각 없이 일을

보는 수세식 화장실 수세식 변기의 1회 물 소비량은 8~15L에 이른
다고 한다. 하루에 다섯 번 정도 사용한다면 한 사람이 50L는 소비
한다는 이야기이다. 수세식 화장실의 물 낭비는 지구촌의 심각한 물
부족 사태를 부채질하고, 수세식으로 버려진 분뇨는 대장균이 득실
거리는 수질 오염의 주범이 된다. 수세식 화장실에서 정화조를 거쳐
하수관으로 흘러든 희석수로 말미암아 도시의 하수가 온통 병원균의
온상이 되고 있다. 세계 질병의 80%가 이러한 배설물에서 비롯된다
는 연구결과가 있다. 대변덩어리는 평균 250g. 똥 1g에는 바이러스
1,000만 개, 박테리아 100만 개, 기생충 알 100개가 들어 있다. 위
생상태가 좋지 않은 26억 명은 하루에 10g의 배변을 섭취하는 것으
로 추정된다.

수세식 화장실은커녕 집 밖에 공중변소조차 갖지 못한 26억 명의
후진국 사람들에게 화장실은 위생의 차원을 넘어 생사가 걸린 문제
인 것으로 밝혀진 셈이다. 한마디로 똥이나 오줌을 배설하는 시설
자체가 잘사는 나라의 사람들만이 누릴 수 있는 특권이 되어 있다(이
인식의 멋진 과학, 조선일보 2008. 12. 6).

일본의 로봇 화장실에서는 배변하는 일본인의 엉덩이를 씻어주기
위해 로봇 변기에서 물이 나오는 각도를 정확히 맞추려고 노력한다.
오줌을 눌 때 독일남성은 앉아서 일을 보려고 하는 반면에 스웨덴
여성은 일어서려고 하는 문화적 생태도 있다. 직접 보지는 못했지만
일본의 시골 여자도 서서 일을 보는 경우가 있다는 말을 들었다.

매년 11월 19일은 2001년 세계화장실기구(WTO)가 설립된 날을
기념하기 위해 제정된 '세계 화장실의 날'이기도 하다.

여기서 좀 냄새가 나기는 하지만 화장실과 법 이야기를 해보자.

먼 곳으로 산행을 가기 위해 들른 고속도로 휴게소 화장실은 대만

원이다. 특히 가을 행락철이면 화장실 앞에 늘어진 긴 줄을 보고 발을 동동 구르는 사람들이 많다. 이런 경우에는 주유소 화장실을 이용하면 기다리는 사람들도 없고 편하다. 공중화장실 등에 관한 법률에 의하면 자연공원, 도시공원, 관광단지, 터미널, 백화점, 시장, 전문상가, 고속도로 휴게소, (도시)철도역, 항만터미널, 공항, 주유소, LPG 충전소, 체육관이나 운동장, 공연장 등에는 공중화장실 설치를 명할 수 있도록 되어 있다.

'공중화장실'이라 함은 공중의 이용에 제공하기 위하여 국가·지방자치단체·법인 또는 개인이 설치하는 화장실을 말하고, 화장실의 설치·관리자가 이용자에게 이용료를 받을 수 있는 유료화장실과 구별된다. 위 법에 의하면 유료화장실을 설치·운영하고자 하는 법인 또는 개인은 시장·군수 또는 구청장에게 신고하여야 하고, 유료화장실의 설치·운영자는 시장·군수 또는 구청장에게 신고를 한 후 15일 이내에 공중이 알 수 있는 위치에 유료화장실을 나타내는 표지를 부착하여야 한다. 이 규정을 위반하여 유료화장실을 설치·운영한 자는 6월 이하의 징역 또는 500만 원 이하의 벌금에 처한다. 이제 우리나라에 유료화장실은 거의 찾아보기 어렵다.

오래전(1994년경)에 EU 연수 중 스웨덴의 스톡홀름에 들렀다가 동전을 넣어야 화장실 문이 열리는 공중화장실을 보고 도대체 이해할 수가 없었다. 어떻게 복지국가라는 나라가 시민의 돈을 받으면서 화장실을 이용하도록 하는 것이 말이 되느냐, 이런 복지국가는 싫다고 항변했더니 그쪽 사람들로부터 화장실 관리를 위해서는 어쩔 수 없다는 말만 들었다.

우리나라의 경우 유료화장실이 아닌 공중화장실은 누구나 공짜로 이용할 수 있다. 주유소 화장실은 주유소에서 기름을 넣은 사람만 이용할 수 있는 화장실이 아니다. 길을 다니다 급한 상황이 오면 주유소에 차를 세우고 당당하게 화장실을 이용하면 된다.

공중화장실 등에 관한 법률에 의하면 공중화장실 등은 남녀화장실을 구분하여야 하며, 여성화장실의 대변기 수는 남성화장실의 대·소변기 수의 합 이상이 되도록 설치하여야 하고 1,000명 이상의 다중이용시설의 경우에는 여성화장실의 대변기 수는 남성화장실 대·소변기 수의 1.5배 이상이 되도록 설치하여야 하도록 되어 있다. 종래 휴게소 화장실 앞을 보면 여성화장실은 남성화장실에 비해 긴 줄이었다. 남성화장실에는 변기가 대변기와 소변기나 나누어지나 여성화장실에는 하나로 되어 있고, 신체구조상 여성들의 경우 남성들에 비해 일을 보는 데도 시간이 많이 걸리는 것은 불문가지이다. 이제 여성화장실의 대변기 수를 대폭 늘렸으므로 종래와 같은 불편은 어느 정도 사라지게 되었다.

이렇게 법을 알면 세상이 보인다. 법의 세계에서도 화장실은 인간의 욕망이 꿈틀거리는 공간임을 알 수 있다.

[유머] 화장실 명언

1. 젊은이여, 당장 일어나라. 지금 그대가 편히 앉아 있을 때가 아니다.
2. 내가 사색에 잠겨 있는 동안 밖에 있는 사람은 사색이 돼 간다.
3. 내가 밀어내기에 힘쓰는 동안 밖에 있는 사람은 조이기에 힘쓴다.
4. 신은 인간에게 '똑똑'할 수 있는 능력을 주셨다.

[2009. 3. 25]

6. 복권과 법

행운과 법이 과연 相容할 수 있는 것일까?

인생은 복불복(福不福)이라고 어느 날 갑자기 뜻하지 않은 행운이 찾아올 수 있다. 그런데 그 행운을 둘러싸고 법이 부득불 관여하면서 행운이 불행으로 바뀌는 경우를 보게 된다. 그동안 복권을 둘러싸고 몇 건의 재판례가 있었다.

현행 복권 및 복권기금법에 의하면 '복권'이라 함은 다수인으로부터 금전을 모아 추첨 등의 방법에 의하여 결정된 당첨자에게 당첨금을 지급하기 위하여 발행하는 표권으로서 추첨식인쇄복권, 즉석식인쇄복권, 추첨식전자복권, 즉석식전자복권, 온라인복권 등이 이에 해당한다. 기획재정부장관 소속하에 복권위원회가 설치되어 복권의 발행·관리·판매, 복권수익금의 배분·사용 등에 관한 업무를 수행하고 있다.

작년(2008년)에 남편의 로또 당첨금 18억여 원을 가로챈 아내에게 항소심에서도 실형이 선고된 사례가 있었다. 돈 앞에서는 부부간의 인연도 무너지고 만다. A 씨와 남편 B 씨는 2001년 결혼식을 올리고 함께 살기 시작했고 얼마 뒤 딸도 낳았지만 혼인신고는 하지 않은 상태였다. 그러나 사실혼관계로 4년 동안 함께 살던 두 사람은 경제 문제 등으로 갈등을 빚었고 경제적 문제로 사이가 벌어져 2005년 8월부터 별거가 시작됐다.

그런데 매주 2~4장의 로또를 사던 남편이 2005년 11월 로또 1등에 당첨돼 당첨금 27억 3,000만 원에서 세금을 빼고도 18억 8,000

만원을 타게 되는 대박이 터졌다. 결혼생활을 계속할 뜻이 있던 B 씨는 부인인 A 씨를 데리고 가 당첨금을 모두 그녀의 계좌에 넣어 보관했다.

그런데 그해 12월 B 씨는 A 씨에게 부모님 전셋돈으로 5,000만 원을 보내달라고 했는데 A 씨는 이를 거절했다. 복권 당첨 사실을 다른 가족에게 숨기자는 약속을 B 씨가 어겼다는 이유였다. A 씨는 한발 더 나아가 "6억 5,000만 원을 줄 테니 나머지는 내 돈이라는 공증을 해달라. 그렇지 않으면 이마저도 기부단체에 줘 버리겠다"고 했다. 돈을 모두 빼앗긴 B 씨는 부인인 A 씨를 상대로 형사고소도 하고 민사소송도 제기했다. 검찰은 A 씨를 횡령 혐의로 불구속 기소했다.

1심 법원(수원지법)은 "관련자 진술 등에 비춰보면 남편이 자기 돈으로 복권을 사 당첨금은 그의 소유이며 반환을 거부하는 것은 횡령"이라며 징역 1년 6개월을 선고하고 A 씨를 법정 구속했다.

항소심(서울고등법원) 재판부도 "사실혼이 지속될 것으로 믿고 맡긴 거액을 돌려주지 않았을 뿐 아니라 상당액을 숨기고 소비해 피해액이 큰데도 자진해 피해 변상을 위한 조치를 하지 않은 점 등에 비춰보면 원심의 형이 무겁다고 볼 수 없다"고 밝히고, A의 항소를 기각하였다. 재판부는 또 A 씨가 낸 보석청구도 기각했다. 구치소에 갇혀 있는 A 씨는 이번 판결에 불복해 대법원에 상고한 것으로 알려졌으나 아직 대법원판결은 나오지 않은 상태이다.

한편 최근 B 씨가 당첨금을 돌려달라며 A 씨를 상대로 낸 민사소송에서 1심 법원(서울중앙지법)은 A 씨가 B 씨에게 10억 원을 돌려줘야 한다고 원고 일부 승소 판결했다. 재판부는 "당첨금은 B 씨가 A 씨와 함께 살며 부부 공동으로 쓸 뜻으로 맡긴 것으로 봐야 한다"며 "A 씨가 별거 후에도 딸을 키운 점 등에 비춰보면 당첨금 가운데 10억 원을 뺀 나머지는 딸 양육비 등으로 A 씨에게 주려던 묵시적 뜻이 포함돼 있다고 봐야 한다"고 밝혔다.

그러나 항소심인 서울고등법원은 "B 씨가 A 씨와의 재결합을 기대하며 돈을 맡긴 점이 인정되지만 이런 사정만으로는 B 씨가 증여의 뜻으로 당첨금을 A 씨에게 줬다고 인정하기 부족하다"고 판시하여 원고 승소 판결했고, A 씨가 2심 판결에 불복하여 대법원에 상고한 상태이다. 대법원이 형사사건과 민사사건에서 어떤 판단을 내릴지는 두고 볼 일이다.

사실혼관계이지만 딸도 있는 부부 사이에서 로또가 부부를 완전히 갈라놓았다. 18억 원 앞에서 부부는 눈깔이 뒤집혀버린 것이다. 사실 인생에 있어서 '대박'과 '쪽박'은 종이 한 장 차이다. 로또에 거금이 당첨된 사람 중 상당수가 그 돈을 감당하지 못하고 쪽박신세로 전락한다는 것은 거의 공지의 사실이다. 그럼에도 사람들은 한순간의 부나방처럼 대박을 꿈꾸며 로또로, 경마로, 경륜으로, 카지노로, 빠찡꼬로 모여든다.

몇 년 전에 이런 사건도 있었다. 자신이 낸 돈으로 구입한 즉석복권을 같은 탁자에 앉아 있던 여러 사람이 나누어 긁은 경우 그 당첨금은 누구의 몫일까? 돈을 낸 사람의 몫일까? 아니면 긁은 사람의 몫일까? 아니면 그 자리에 있던 모든 사람들 것인가?

A 씨는 어느 토요일 오후 평소 단골로 자주 드나들던 서울의 한 다방에서 종업원으로 일하던 B에게 2,000원을 주며 500원짜리 즉석복권 4장을 사오도록 하여 이를 다방주인 C와 또 다른 종업원인 D 등 4명이 탁자에 둘러앉아 각자 한 장씩 나누어 복권을 긁었다. 처음엔 C와 D가 긁은 복권 두 장이 1,000원씩에 당첨됐고, 그 1,000원에 당첨된 복권 2장을 다시 복권 4장으로 교환하여 온 후 4명이

다방 탁자에 둘러앉아 A가 '한 장씩 골라잡아 땡!'이라고 하면서 한 장씩 골라잡게 하였고, 다시 복권을 긁은 결과 다방주인 C와 종업원 B가 각각 2,000만 원에 당첨되는 행운을 안았다.

B는 기쁜 나머지 복권을 들어 자랑을 하다가 다방업무를 보아야 하는 관계로 당첨된 복권 한 장을 탁자 위에 놓아두고 자리를 떴고, 그 사이에 A는 C로부터 받은 복권과 함께 B가 긁은 복권을 B의 허락도 받지 않고 가지고 나갔다. B가 월요일 다방에 온 A에게 당첨금을 달라고 하자 A는 은행에서 당첨된 복권 한 장당 세금을 공제하고 1,560만 원씩 합계 3,120만 원을 찾아 와서는 "최초 복권구입비를 내가 댔지만 함께 복권을 긁은 점을 감안하겠다"며 C에게 600만 원을, B와 D에게 각각 100만 원씩을 나눠줬다. 하지만 B는 자기 몫은 당첨된 한 장 몫인 1,560만 원이라며 수령을 거절하고 A 씨를 검찰에 고소, A 씨는 결국 횡령혐의로 법정에 서게 되는 처지가 되고 말았다.

이 사건에 대한 법원의 판단은 1, 2, 3심 제각각이었다. 1심 법원은 "A 씨가 처음에 자기 돈으로 복권을 구입해 고소인 B 씨 등에게 나눠준 만큼 복권을 A 씨 것으로 볼 수 없다"며 유죄를 인정하고 A에게 징역 8월에 집행유예 2년을 선고했다.

그러나 A가 항소를 제기하자 2심 재판부는 "A 씨가 자신의 돈으로 산 복권을 명시적으로나 묵시적으로 B 씨 등에게 양도 또는 증여했다고 볼 만한 증거가 없다"며 무죄를 선고했다. 재판부는 A 등 관련 당사자들 사이에는 A가 2,000원을 내어 사온 첫 번째 복권 4장 중 3장뿐만 아니라, 다시 교환하여 온 두 번째 복권 4장 중 3장을 B, C, D가 A를 대신하여 긁어 확인하여 주고 고액으로 당첨되면 A가 당첨금 중 일부를 B 등에게 은혜적으로 지급하여 주겠지 하는 내심의 생각이 있었을 정도라고 봄이 상당하고, 가사 그렇지 않다고 하더라도 위와 같이 2,000만 원에 당첨된 복권의 소유권 귀속이 법률전문가에게조차 분명하지 않다면, A가 2,000만 원에 당첨된 복권이 자신의 소유라고 생각하고 행동한 것에 대하여 횡령죄의 고의가 있다고 단정하기도 어렵다는 이유로 1심 판결을 파기하고 A에 대하여 무죄를 선고한 것이다.

검사가 2심 판결에 불복하여 상고를 제기하자 대법원은 "당첨금은 A 씨와 B 씨를 포함한 4명의 공유인 만큼 A 씨는 유죄"라고 판시하고 무죄를 선고한 원심을 파기하고 사건을 서울지법으로 환송하였다(대법원 2000.11.10. 선고 2000도4335판결).

대법원은 첫 번째 복권 당첨금으로 교환해온 복권을 한 장씩 골라 잡아 당첨 여부를 확인한 점 등에 비추어 보면 피고인과 피해자를 포함한 4명 사이에는 어느 누구의 복권이 당첨되더라도 당첨금을 공평하게 나누거나 공동으로 사용하기로 하는 묵시적인 합의가 있었다고 보아야 하므로 그 확인자가 누구인지를 따질 것 없이 그 당첨금 전액은 같은 4명의 공유라고 봄이 상당하여 피고인으로서는 피해자의 당첨금 반환요구에 따라 그의 몫을 반환할 의무가 있고 피고인이 이를 거부하고 있는 이상 불법영득의사가 있다는 이유로 횡령죄가 성립될 수 있다고 판시하였다. 따라서 대법원판결에 따르면 A 씨는 B 씨에게 당첨금의 4분의 1인 789만 원을 반환할 의무가 있다는 결과가 된다.

A는 수년간의 횡령죄 여부를 둘러싸고 법관들도 헷갈리는 판단을 하는 과정에서 유무죄를 오가면서 천당과 지옥을 오락가락하였고, 결국은 졸지에 전과자로 전락하였다. 그냥 넷이서 공평하게 나눠 가졌으면 아무 탈이 없었을 것을 복권구입비용 2,000원을 자신이 댔다고 남이 긁은 즉석복권 당첨금 2,000만 원에 그만 눈이 멀었다가 생

의 쓴 맛을 단단히 본 꼴이 되고 말았다.

최근에는 이런 사례가 보도되었다.

서울의 한 음식점에서 '참이슬 후레쉬' 경품행사의 250만 원 상당의 핀란드 여행 상품권 당첨자가 나왔다. 직장 동료 6명은 추석 연휴를 앞두고 단체 회식을 가졌는데, 주문한 소주병을 열던 일행 중 한 사람이 병뚜껑 안의 경품 당첨 문구를 발견했고 이를 본 일행은 환호성을 질렀다. 하지만 기쁨도 잠시, 곧 이들은 서로가 병뚜껑의 주인이라고 주장했다. '술병을 개봉한 사람' 또는 '술값을 낼 사람', '술을 주문한 사람'이 경품의 주인이라며 일행들 간에 뜨거운 설전이 오갔다. 과연 단체 회식 중 마시려던 소주의 병뚜껑이 해외여행 상품권에 당첨됐다면 누가 가져야 할까?

위 사례도 앞서 본 대법원의 즉석복권 사례를 유추하면 답이 나올 것이다.

성경에서 Money is the root of all evil(돈은 모든 악의 근원)이라고 했지만 Money is freedom(돈이 있으면 막힐 게 없고), Money commands respect(돈이 있으면 인정을 받고), Money talks(돈이면 다 된다). Money is power(돈은 힘이다). 현실이 그렇다는 말이다.

[2009. 4. 2]

7. 이자와 법

최근에 이자제한법이 개정되어(2011.7.25. 법률 제10925호) 2011년 10월 26일부터 개정법이 시행된다. 개정법에 의하면 제한이율을 종전의 40%(2007.3.29. 법률 제8322호)에서 30%로 인하하였다. 개정법 시행 전에 성립한 금전대차에 관한 계약상의 이자율에 관해서도 개정법 시행일 이후에는 이 법에 따라 이자율을 계산한다(개정법 부칙 제2조).

이자제한법 제2조 제1항의 최고이자율에 관한 규정(2007.6.28. 대통령령 제20118호)은 이자제한법 제2조 제1항에 따른 금전대차에 관한 계약상의 최고이자율은 **연 30퍼센트**로 규정하고 있으나, 2011년 10월 26일부터 시행되는 개정법은 연 30%의 범위 내에서 최고이자율을 대통령령으로 정하게 되어 있고, 종전 대통령령에 따라 최고이율은 연 30%이다.

그런데 종전의 이자제한법은 제한최고이율을 초과한 이자를 받는 경우에 형사처벌규정이 없었으나, 2011년 10월 26일부터 시행되는 개정법에 의하면 최고이자율을 초과하여 이자를 받은 자는 1년 이하의 징역 또는 1천만 원 이하의 벌금에 처하도록 되어 있다. 앞으로 이자제한법을 위반한 채권자들이 까딱하면 형사처벌될 위험에 놓여 있다.

사실 이자가 붙지 않는 돈거래는 거의 없다고 해도 과언이 아니다. 돈을 빌리는 대가인 이자는 노는 날도 없이 휴일이나 공휴일도 없이 붙어간다. 철학자 아리스토텔레스는 돈을 빌려주고 이자를 받는 것을 죄악시하고 터부시했다(화폐불임설). 중세의 교회도 마찬가지다. 옛날 고리대금업자는 그야말로 악의 화신이었다. 그러나 화폐경제가 뿌리를 내리면서 이자는 자연스러운 것이 되었고, 교회도 이를 인정하지 않을 수 없었다. 이제는 금리정책이야말로 중요한 통화운용정책이면서 경제활동의 나침반이 되었다.

아직도 이슬람교는 이자를 엄격히 금지한다. 이슬람금융이 이자규제를 회피해 내놓은 금융기법이 바로 수쿠크라는 것이다. 수쿠크는 돈을 빌려주는 것이 아니라 실물을 매개로 이자금지를 회피하는 채권 금융상품이다. 예컨대, 어떤 기계설비를 구매하기 위해 돈을 빌리려는 사람이 있다면 은행이 직접 기계설비를 사들여 제공하고 이자 대신 사용료를 받는 것이다. 사용료는 명목상 이자가 아니기 때문에 이자를 금지하는 이슬람 율법에 어긋나지 않는다는 것이다. '눈 가리고 아웅' 식이지만 이슬람권에서는 이러한 금융기법이 활성화되어 있다.

현행 소득세법상으로는 외화표시 채권에 붙는 이자에 대해서는 이자소득이 면세지만, 수쿠크의 경우 이자소득이 아니기 때문에 면세가 불가능하다. 또 이 과정에서 자산 매매와 리스(임대) 등 행위가 일어나다 보니 현행법에선 양도세와 취득·등록세, 부가가치세 등 다른 채권에 붙지 않는 다양한 세금이 붙게 되는 문제가 생긴다. 정부는 수쿠크금융상품에 대하여 자금 성격상 급격히 국외로 유출되지 않는다는 이유로 비과세 혜택을 주는 조세특례법 개정안을 제출했으나 순복음교회로 시끄러운 조용기 목사가 MB하야 운운하며 난리를 치고, 일부 개신교계의 강력한 반대로 결국은 통과되지 못했다. 종교가 너무 정치에 개입하는 것이 아닌가 하는 염려가 든다.

차제에 우리 법령상의 이자에 관한 규율을 잠시 살펴보기로 한다. 이자는 원본의 존재를 전제로 금전 기타의 소비물을 일정기간 동안 사용한 것에 대한 대가로서 그 원본액과 사용기간에 따라 일정비율(이율)로 계산되는 금전 기타의 대체물을 말한다. 이자를 청구하기 위해서는 원본채권의 발생사실에 대한 주장·증명이 필요하다.

이자부 소비대차는 차주가 목적물의 인도를 받은 때(대여당일)부터 이자를 계산한다(민법 제600조). 즉 돈을 빌린 당일부터 이자가 붙어간다. 예컨대, 甲이 2010년 2월 1일 乙에게 금 1,000만 원을 이자 월 2%, 변제기 1년으로 정하여 대여하였다면 2010년 2월 1일부터 2011년 1월 31일까지 발생하는 월 2%의 이자는 약정이자이고, 2011년 2월 1일부터 발생하는 이자는 지연손해금이다. 후자의 경우 약정이율에 의한 지연손해금이 된다. 금원을 대여한 경우 대여한 날(차용일)부터 이자가 발생하나, 원고가 이 날짜 이후부터 이자를 청구하는 경우에는 원고가 청구한 범위 내에서 이자를 계산하여야 한다.

약정이자의 이율은 당사자 간의 약정에 맡겨져 있으나, 법정이자는 다른 법률의 규정이나 당사자의 약정이 없으면 민사거래에서는 연 5푼(민법 제379조), 상거래에 있어서는 연 6푼이다(상법 제54조). 그리고 상인 간에서 금전의 소비대차를 한 때에는 대주는 약정이 없더라도 법정이자를 청구할 수 있다(상법 제55조 제1항).

일반 개인들 사이에서 이자약정이 없으면 변제기 내에는 이자를 청구할 수 없고, 변제기 이후에는 지연이자로서 법정이자를 청구할 수 있다. 지연이자는 이자가 아니라 손해배상이다. 소비대차에서 변제기 후의 이자약정이 없는 경우 특별한 의사표시가 없는 한 변제기가 지난 후에도 당초의 약정이자를 지급하기로 한 것으로 보는 것이 당사자의 의사이다(대법원 1981.9.8. 선고 80다2649 판결). 법정이율을 초과하는 약정이율에 의한 이자를 청구하는 경우에는 법정이율을 초과하는 이율의 합의를 한 사실을 주장·증명하여야 한다.

소비대차계약에서 이자의 약정이 반드시 수반되는 것은 아니므로 이자의 지급을 위해서는 이자의 약정사실을 따로 증명하여야 한다. 상인 간의 소비대차 경우에는 대주 및 차주가 당시 상인인 사실을 주장·증명하여 상사법정이율인 연 6%에 의한 이자를 청구할 수 있다(상법 제54조).

종전의 이자제한법은 금전대차에 관한 계약상의 최고이자율은 연 40퍼센트를 초과하지 아니하는 범위 안에서 대통령령으로 정하도록 하고, 대통령령은 최고이자율은 **연 30퍼센트**로 규정하고 있었다. 이를 초과한 이자는 무효로 하며, 이미 지급한 초과이자에 대해 반환청구가 가능하다.

대부업의 등록 및 금융이용자보호에 관한 법률(「대부업법」)은 대부업자가 개인이나 대통령령으로 정하는 소규모 법인에 대부를 하는 경우 그 이자율은 연 100분의 50의 범위에서 대통령령으로 정하는 율을 초과할 수 없고(제8조 제1항), 이에 따른 이자율을 산정할 때 사례금, 할인금, 수수료, 공제금, 연체이자, 체당금 등 그 명칭이 무엇이든 대부와 관련하여 대부업자가 받는 것은 모두 이자로 본다(동 조 제2항). 대부업의 등록 및 금융이용자보호에 관한 법률 시행령(2011.6.27. 대통령령 제22991호) 제5조 제3항은 법 제8조 제1항에서 '대통령령이 정하는 율'이라 함은 연 100분의 39를 말하며, 월이자율 및 일이자율은 연 100분의 39를 단리로 환산한다. 종전의 최고이자율은 연 66%였으나, 2007년 10월 4일부터 연 49%로 인하되었다가 <u>2011년 6월 27일부터 연 39%로 다시 인하되었다</u>.

대부업자가 제1항을 위반하여 대부계약을 체결한 경우 제1항에 따른 이자율을 초과하는 부분에 대한 이자계약은 무효로 한다. 채무자가 대부업자에게 위 이자율을 초과하는 이자를 지급한 경우 그 초과

지급된 이자 상당금액은 원본에 충당되고, 원본에 충당되고 남은 금액이 있으면 그 반환을 청구할 수 있으며, 대부업자가 선이자를 사전에 공제하는 경우에는 그 공제액을 제외하고 채무자가 실제로 받은 금액을 원본으로 하여 이자율을 산정한다.

여기서 이자제한법과 대부업법을 비교해보면, 이자제한법은 사인 간의 거래에 적용되나, 대부업법은 여신금융기관 및 등록·무등록 대부업자에 적용되고, 최고이자율은 이자제한법은 연 40%(시행령 연 30%)(2011.10.26.부터 연 30%의 범위 내에서 대통령령으로 정함), 대부업법은 연 50%(시행령 연 39%)이다. 이자제한법 및 대부업법 공히 초과 부분 무효, 초과지급이자 원본충당 가능, 초과지급이자 반환청구 가능하다. 이자제한법은 처벌규정이 없었으나, 2011년 10월 26일부터 시행되는 개정법에 의하면 최고이자율을 초과하여 이자를 받은 자는 1년 이하의 징역 또는 1천만 원 이하의 벌금에 처하고, 대부업법은 무등록영업은 5년 이하의 징역 또는 5,000만 원 이하의 벌금, 이자율 제한위반의 경우 3년 이하의 징역 또는 3,000만 원 이하의 벌금에 처한다.

소송촉진 등에 관한 특례법 제3조 제1항의 규정에 의한 법정이율은 2003년 6월 1일부터 연 2할이고, 법원이 금전채무의 전부 또는 일부의 이행을 명하는 판결을 선고할 경우에 금전채무불이행으로 인한 손해배상액산정의 기준이 되는 법정이율은 다툼이 있는 대부분의 사건은 특별한 사정이 없는 한 판결선고 시 이후에는 연 2할의 지연손해금의 지급을 명한다.

여기서 우려되는 것은 이자제한법 제한이율을 초과하여 이자를 받는 경우 형사처벌조항이다. 대부업자가 제한초과이자를 받는 경우 대부업법 위반으로 형사처벌받는 것은 그렇다 치고 일반 개인들이 이자제한법 제한이자를 초과한 이자를 받았다고 형사처벌하는 것은 문제가 있다. 민사적 규제로도 충분한데 개인들 사이의 이자를 주고받는 경제현상에 형사법이 개입하는 것은 자제를 요한다. 이 형사처벌 조항이 과잉금지의 원칙에 반하는 입법이 아닌지 면밀히 살펴보아야 한다.

[2011. 8. 15]

8. 종중과 법

추석을 맞아 본가에 내려와 신문을 보다 보니 종중에 관한 보도가
눈에 띈다.

'재산이 뭔지' 따로 종중 설립 형제간 송사

선친으로부터 물려받은 재산의 소유권을 둘러싸고 형제가 따로 종중을 만들
어 수년간 송사를 벌이는 안타까운 상황이 법정에서 벌어졌다.
수원지법 민사9부(재판장 최동렬 부장판사)는 "돌아가신 부친이 물려준 부동
산에 대한 법원의 소유권 이전 강제집행 처분을 취소하고 소유권 이전등기를
말소해달라"며 A 씨가 동생 B 씨와 동생이 만든 종중을 상대로 낸 청구 이
의 소송에서 원고 일부 승소 판결했다고 4일 밝혔다.
동생 B 씨는 2003년 형 A 씨를 상대로 부동산 소유권 이전등기 절차이행
소송을 제기했다가 조정으로 합의했다. 조정내용은 형이 가진 토지 1천여㎡
를 동생과, 부친을 시조로 한 ○○종중에 소유권 이전한다는 내용이었다. 이
후 동생 B 씨는 형이 2004년 자신과 아들 등 일부 후손을 종원으로 별도의
△△종중을 설립하고 집안 부동산을 △△종중 명의로 소유권 이전하자 소
송을 제기해 승소판결을 받기도 했다.
동생도 이듬해 본인과 자녀, 동생 등 10여 명을 송원으로 ○○종중을 설립
해 법원 조정을 통해 소유권 이전하기로 했던 토지 1천여㎡를 ○○종중 명
의로 이전했다. 이어 지난해 동생이 만든 ○○종중이 법원으로부터 강제집행
문을 받아 강제경매절차를 착수하자 지난해 10월 이번에는 형이 소송을 냈
다. 재판부는 판결문에서 "소유권 이전에 관한 ○○종중의 총회 결의가 정
족수 미달로 무효"라며 형의 손을 들어줬다. 이에 동생이 설립한 ○○종중
은 판결에 불복해 항소했다(연합뉴스)[중앙일보 2009. 10. 1].

종중이 무엇인지 제대로 알지 못하는 사람들이 많고 법원의 판결들을 보더라도 종중의 의미를 제대로 포착하지 못하고 있는 예를 종종 볼 수 있다. 아버지를 같이 하는 형제들 사이에서 별개의 종중이 성립될 수 있다는 위 판결에서 이야기하는 종중은 우리 관습상 인정되는 고유 의미의 종중이 아니다. 같이 제사를 지내는 친족 사이에서는 종중이 성립될 수 없다. 아버지의 자식들은 2촌 형제간이고, 조부를 같이 하는 손자들끼리는 4촌 형제간이고, 증조부를 같이 하는 증손자끼리는 6촌 종형제간이고, 고조부를 같이 하는 현손끼리는 8촌 3종형제간이다.

요새 우리는 조부모 아니면 부모 제사 정도만 지내는 집안이 많지만 우리나라의 구관습상 사대부 가문에서는 4대 봉사(奉祀)를 원칙으로 하였고 지금도 경상도 안동이나 상주 등지에서는 4대 봉사를 지키는 가문들이 많다. 4대 봉사하에서는 장손이 4대조(高祖)까지 기제사, 즉 기일(忌日)에 제사를 지내고 그 자리에 후손들이 참석하게 되며 고조의 제사를 지낼 때에는 그 범위가 장손의 8촌 형제까지 된다. 그래서 이 범위까지를 '당내(堂內)'라고 하고 유복친(有服親, 상복을 입는 친족)이 되며 현행 민법상으로도 친족의 범위가 되는 것이다.

그러다가 제주(祭主)인 장손이 죽어서 한 세대가 내려가 그 장남이 제주의 지위를 승계하여 제사를 주재하게 되면 5대조의 제사는 안 지내고 천위(遷位)하여 시제(時祭)를 모시게 된다. 이렇게 시제를 모시게 되면 10촌 형제들까지의 후손이 시제 때에 모이게 되며 대가 내려갈수록 그 범위가 넓어지게 된다.

이렇게 시제에 모이는 혈족들이 자연적으로 종중을 형성하게 되고 종중의 여러 가지 일(시제와 벌초, 분묘수호 등)을 논의하고 집행하기 위하여 규약 등을 작성하고 대표자를 선출하는데 이것이 바로 종 중 또는 문중이다. 따라서 기제사를 지내는 동안에는 종중이 생겨나 지 않으며 유복친, 당내간에는 종중이 생겨나는 일이 없다. 이게 우 리의 관습이다. 형제들끼리 종중이 생겨나는 법이란 있을 수 없다는 이야기이다.

임금이나 불천지위(不遷之位)에 올라 시제를 지내지 않고 영대기 제(永代忌祭)를 지내는 분은 그분을 공동선조로 하는 종중이 생겨나 지 않는다. 전주이씨양녕대군파종중은 있어도 전주이씨세종대왕파종 중은 없다. 조선의 왕들에 대해서는 매년 왕릉이나 종묘에서 제사를 지낸다. 이것이 우리나라의 관습이고, 종중은 바로 우리의 관습에 따 라 성립되는 것이다.

종중 또는 문중은 나라의 관습상 공동선조의 후손 중 성년자를 종 원으로 하여 제사, 분묘의 수호, 친목 등을 목적으로 특별한 조직행 위 없이 자연적으로 구성되는 종족의 집단이고, 분파에 의하여 공동 선조가 정해짐에 따라 상대적으로 대, 소종중으로 구별된다.

공동선조의 인품, 덕망, 관직 또는 공로 등에 따라 흠모의 대상이 되는 분이거나 분파시조의 후손들이 범위가 넓어지고 그 수가 상당 한 인원에 이르며 일정한 세대가 지나면 자연적으로 그분을 시조로 하는 후손들의 조직체가 형성되고, 이렇게 자연발생적으로 생겨난 조직체가 대표자에 의하여 대외적 사회활동을 할 때, 그것을 종중 또는 문중이라 하고, 법률적으로는 이 조직체를 법인 아닌 사단으로 보게 되며, 등기능력(부동산등기법 제30조) 또는 당사자능력(민사소 송법 제52조), 납세능력 등을 갖게 되는 것이다.

2005년 대법원전원합의체판결은 종중 구성원의 자격을 성년 남자 만으로 제한하는 종래의 관습법의 효력을 부인하고 공동선조와 성과 본을 같이 하는 후손은 성별의 구별 없이 성년이 되면 당연히 종중의 구성원이 되는 것으로 종래의 판례를 변경하였다. 양성평등을 기조로 하는 사회환경의 변화가 관습법에 관한 판례의 변경을 만들게 한 것이다.

그런데 위 보도상의 판결에서 이야기하는 종중은 우리 관습상의 종중이 아니다. 물론 위 단체가 고유 의미의 종중은 아니라 할지라도 모든 국민은 헌법상 집회결사의 자유가 인정되고 있으므로 종중이나 문중 등 어떠한 명칭을 쓰든 이는 일종의 결사체로서의 종중은 인정될 수 있다.

이러한 단체에 고유한 의미의 종중에 적용되는 법리가 그대로 적용될 수는 없는 일이다. 이런 종중 유사의 단체가 권리 주체가 되는 결사체인지, 비법인사단인지는 그때그때 그 실체를 따져볼 수밖에 없다.

[2009. 10. 2]

9. 파파라치(paparazzi)와 법

제주특별자치도 행정심판위원으로 행정심판의 심리와 의결에 관여하다 보니 별별 사건을 다 경험하게 된다. 서울에서 현업에 종사하면서 서울지방경찰청 행정심판위원으로 음주운전이나 도로교통법위반 등에 관한 사건을 주로 다룬 적이 있는데 제주도에서는 행정심판위원으로 각종 인허가, 형질변경, 국가유공자등록, 기초노령연금수급권, 장애인등록, 각종 업소의 영업정지나 과징금 사건 등 행정의 일선에서 일어나고 있는 다양한 행정사건들을 접하고 있다. 행정심판법은 최근에 전면 개정되어(2010.1.25. 법률 제9968호) 국무총리행정심판위원회는 '중앙행정심판위원회'(국민권익위원회 산하)로 명칭이 변경되었다.

사실 학교에 있다 보니 실무와 동떨어져 있다는 느낌을 많이 가지고 있고, 시간이 흐를수록 바보가 되는 것은 아닌가 하는 危懼感을 가지고 있는데 몸은 학교에 있더라도 실무감각을 유지하기 위해 노력하고 있다. 언젠가는 학교를 그만둔 후 현업으로 복귀해야 하는데 세상물정 모르고 학교에만 박혀 있다가는 애를 먹을 소지가 다분히 있다. 현업에서 학교라는 곳에 와보니 이 세계는 자기만의 영역에 차단막을 치고 외통수로 흐를 소지가 다분히 있는 사람들의 공간이라는 사실을 알게 되었다.

엊그제 심리한 행정심판사건 중에는 이른바 파파라치가 노래방에서 주류를 판매하고 접대부를 소개하고 있다는 신고로 당해 노래방이 40일간의 영업정지처분을 받고 행정심판을 청구한 사건이 있었다. 이 파파라치는 신고할 모든 준비를 완벽하게 갖추고 노래방에 들어가 술을 시키고 여자를 불러달라고 하여 비디오촬영을 하는 등 완벽한 採證을 한 후 신고를 하였고 그 노래방은 꼼짝없이 걸려들었다. 노래방 때문에 손님을 빼앗기고 있는 유흥업소 등에서는 이들로 하여금 노래방의 불법영업신고를 부추기기도 한다.

노래방을 규율하는 법률이 음악산업진흥에 관한 법률이다. 이 법률 제22조에 의하면 노래연습장업자는 주류를 판매·제공하거나 접대부(남녀를 불문함)를 고용·알선하거나 호객행위를 해서는 안 되며, 누구든지 영리를 목적으로 노래연습장에서 손님과 함께 술을 마시거나 노래 또는 춤으로 손님의 유흥을 돋우는 접객행위를 하거나 타인에게 그 행위를 알선하여서는 아니 되도록 되어 있다. 이러한 노래연습장업자 준수사항을 위반하면 그 영업의 폐쇄명령, 등록의 취소처분, 6개월 이내의 영업정지명령, 시정조치 또는 경고조치를 할 수 있도록 되어 있다(동법 제27조). 이에 대해서는 형사처벌규정도 있다(동법 제34조).

완벽하게 '노파파라치'에 당한 노래방업자로서는 분통이 터질 일이었다. 이런 식으로 노래방 불법영업을 신고하면 7만 원을 받는 모양인데 이런 정도의 파파라치 열성이라면 세상에 못 할 일이 없을 것이라는 생각도 든다. 이 파파라치는 하룻밤에 4곳의 노래방불법영업을 신고하고 27만 원의 수입을 올렸다. 다른 세 곳은 불법영업사실을 시인하고 행정처분을 수용하였지만 한 노래방은 행정처분에 불복하여 다투고 있었다. 경찰이나 시청의 단속에 걸렸으면 분하지나 않을 텐데 파파라치에게 당한 노래방업주에 대하여 딱하기는 하지만 범법사실은 명백하고 대개 이러한 경우 행정처분을 감경해주는 경우가 많다.

다이애나 왕세자비의 교통사고로 널리 알려진 '파파라치(paparazzi)'라는 말은 이탈리아 말로 '파리처럼 윙윙거리며 달려드는 벌레'를 말한다. 요새 횡행하는 별의별 각종 파파라치들을 보면 거의 이 말에 딱 들어맞게 똥파리 수준이다. 어쨌든 행정당국으로서는 이와 같은 손쉬운 행정단속의 유혹에서 벗어나지 못하고 있고, 앞으로도 상당기간 파파라치가 설칠 수 있는 공간이 마련될 것이다.

그러나 이런 식으로 함정단속을 하는 것을 정정당당하다고 할 수 있는가? 형사법상 함정수사의 위법성에 대해서는 논외로 하고 어딘지 찜찜하다는 생각을 지울 수 없다. 전에 교통법규 위반 차량을 신고한 사람에게 포상금을 주는 '카파라치' 제도가 돈벌이수단으로 악용되는 폐단 때문에 시행 2년도 못 되어 2003년 1월 폐지된 바 있다. 시민들의 건전한 신고, 준법정신과는 거리가 먼 전문적인 돈벌이 수단으로 변질된 파파라치 제도는 분명히 문제가 있다.

현재 '학파라치'(학원 불법 운영 신고 포상금제)', '쓰파라치(쓰레기 투기 신고 포상금제), '봉파라치'(1회용 봉투 무상 지급 신고 포상금제), '식파라치'(유해 식품 판매 및 잔반 재사용) 등 50여 종에 이르는 파파라치 제도가 운용되고 있다. 근자에 국세청은 현금영수증을 발급하지 않는 사업자를 신고하면 영수증 미발급 금액의 20%를 포상금으로 지급하는 '세파라치' 제도를 운용하고 있다(1인당 지급 한도는 건당 50만 원 이하, 연간 200만 원 이하).

요새 할 일 없는 법무법인 등에서 '영파라치'(영화 파파라치)에게 건당 1만 2,000원가량의 포상금을 지급하기도 하고, '음파라치'(mp3 파일 등 불법 음원을 유포하는 네티즌을 신고하는 파파라치)에게 불법 음원 유출 신고 1건당 1만 원의 포상금을 지급하기도 한다. 식당에서 원산지 표시가 되지 않은 식품을 판매하거나(포상금 5~10만 원), 잔반을 재사용하는 경우(포상금 5~10만 원), 일회용품을 사용하는 경우(포상금 2~5만 원, 해당 업주에게는 5~200만 원의 과태료 부과) 등등이 파파라치의 먹잇감이다. 「자원 절약과 재활용 촉진에 관한 법률」에 의하면 식당에서는 일회용품을 사용할 수 없다(일회용품 사용제한 품목은 나무젓가락, 종이컵, 플라스틱접시, 플라스틱수저, 비닐식탁보, 나무이쑤시개, 코팅 명함 등 7가지로 되어 있다).

시민들의 자발적인 신고정신이나 준법정신에 입각한 범법행위 신고가 아니라 덫을 놓고 범법을 기다리는 식의 파파라치에 의한 신고는 우리 사회의 불신을 더욱 조장할 우려가 있다. 이 문제는 투명사회를 만들기 위한 내부 고발자에 의한 비리신고와는 차원을 달리한다. 파파라치가 그야말로 똥파리처럼 악취를 내며 윙윙거릴 수 있도록 할 것이 아니라 시민들로 하여금 자발적으로 법규를 준수할 수 있도록 하는 사회시스템을 확보할 방안은 없을 것인가?

[2010. 2. 11]

10. 보신탕과 법

　원래 8월 초라면 그러려니 하지만 요새 날씨가 그야말로 폭염에다 가마솥더위이다. 푹푹 찐다는 표현이 딱 맞는 날이다. 어젯밤은 열대야로 밤을 설쳤고, 오늘은 학교에 갔지만 너무 더워 책을 제대로 볼 기분이 아니었다. 이러한 와중에 특강을 듣는 학생들도 고충이 많을 것이다. 내일 모레 신축건물로 이사를 마치면 한결 시원한 환경에서 공부할 수 있기를 기대해본다.

　삼복 날짜를 정하는 기준은 일 년 중에서 가장 낮이 긴 절기인 하지(夏至)가 지난 다음에 3번째 ‘경’(庚) 자가 드는 일진이 바로 초복에 해당한다. 올해 하지는 양력으로 6월 21일이었으므로 지난 7월 19일이 하지 이후로 3번째 해당하는 ‘경’ 자 일이었으므로 초복이었다.

　중복은 하지 이후로 4번째 경자가 드는 날이다. 7월 29일이 경신(庚申)일이므로 중복이 되었다. 초복 다음에 중복이 돌아오는 데에 10일이 걸렸다. 이날 우리는 교수회의를 마치고 탐라성에서 보신탕이 아닌 삼계탕을 먹었다. 보통 같으면 말복도 중복으로부터 10일 이후에 돌아오는 것이 정상이므로 올 8월 8일, 경오(庚午)일이 발복이다. 다만 예년보다 10일 늦게 돌아온 말복을 가리켜 복날이 건너뛰었다는 뜻에서 월복(越伏)이라고 부른다.

　지난 2007년처럼 말복이 10일 늦게 돌아온 월복이었는데 그 이유는 입추(立秋) 때문이다. 말복은 입추가 지난 지 첫 번째 돌아오는 경(庚)일을 정한다. 올해의 입추는 8월 7일이다. 2007년 입추는 8월

8일이고, 8월 8일 이후로 첫 번째 '경' 자 들어가는 날이 8월 14일 (庚辰)이었다. 초복, 중복은 하지 이후라야 하지만, 말복만은 입추가 지나야 한다.

보도에 의하면 올해는 9월 초까지 찜통 무더위가 계속된다고 하는데, 삼복 무더위를 보내며 잠시 개와 보신탕에 관해 생각해보기로 한다. 외국의 유명한 어떤 여우(女優)가 한국사람들이 개고기를 먹는 것을 야만시하고는 있지만 그건 그네들 생각일 뿐이다.

삼복(三伏) 더위 할 때의 伏 자는 '엎드릴 복' 자이다. 땅에 엎드려 움직이지 않는 것이 복지부동(伏地不動)이다. 삼복에는 더위 앞에서 엎드릴 수밖에 없다는 뜻일 것이다.

그런데 伏 자에는 사람(人)과 개(犬)가 붙어 있을 정도로 복날에는 개를 먹는 게 예부터의 우리의 관습이다. 복날에 더위를 물리치기 위해 개고기로 국을 끓여 먹는 일을 '복달임(복다림이 아님)'이라고 한다. 조선시대에는 소화흡수가 잘 되는 개고기가 민초들의 주요 단백질 공급원이었다. 이런 개고기를 우리는 보신탕이라고 불렀고, 북한에서는 단고기라 부른다. 물론 보신탕이라는 말을 은유적으로 표현한 영양탕, 사철탕이라는 말을 쓰기도 한다. 순수 우리말로 개장국이라는 말도 많이 쓴다.

나는 개고기 애호론자는 아니고, 있으면 먹고 없으면 먹지 않는 그런 사람이다. 특히 최근에는 중국의 썩은 개고기나 애완견까지 보신탕 재료로 쓰인다는 말이 있어 보신탕에 그리 눈길이 가지 않는다. 그렇다면 개고기는 불법인가, 합법인가? 국가법령정보센터에서 법령 본문 중에 '개고기', '보신탕'이 들어가 있는 법령이 있는가 검색해봤더니 그런 법령은 존재하지 않는다.

식품위생법은 '식품'을 모든 음식물(의약품으로 섭취하는 것 제외)

을 말한다고 하고 있으나, 개고기를 금지하거나 제한하는 법 조항은 어디에도 없다. 따라서 개고기도 식품위생법이 규정한 식품에 포함된다. 현재 보신탕집은 모두 식품위생법에 의한 일반 음식점으로 허가를 받아 영업하고 있다. 보신탕집도 음식점에 공통적으로 적용되는 위생기준을 지키기만 하면 된다는 뜻이다.

그런데 개가 가축인지 아닌지에 관해서는 논란이 있다. 축산법, 가축 전염병 예방법, 가축 분뇨의 관리 및 이용에 관한 법(가축분뇨법)은 개를 가축으로 정의하고 있으나, 축산물 가공처리법(축산가공법)은 개를 가축으로 보지 않는다.

☞ **축산법 제2조 제1호**: '가축'이란 사육하는 소·말·양(염소 등 산양을 포함한다. 이하 같다)·돼지·닭, 그 밖에 농림수산식품부령으로 정하는 짐승·가금(家禽) 등을 말한다.

※ 축산법시행규칙 제2조(가축의 종류): 축산법(이하 '법'이라 한다) 제2조 제1호에서 '그 밖에 농림수산식품부령으로 정하는 짐승·가금 등'이란 다음 각 호의 것을 말한다.〈개정 2008.3.3.〉
1. 노새·당나귀·토끼·**개** 및 사슴
2. 오리·거위·칠면조 및 메추리
3. 꿀벌
4. 그 밖에 사육이 가능하며 농가의 소득증대에 기여할 수 있는 동물로서 농림수산식품부장관이 정하여 고시하는 동물

☞ **가축전염병예방법 제2조** (정의) 이 법에서 사용하는 용어의 뜻은 다음과 같다.
1. '가축'이란 소, 말, 당나귀, 노새, 양(염소 등 산양을 포함한다. 이하 같다), 사슴, 돼지, 닭, 오리, 칠면조, 거위, 개, 토끼, 꿀벌 및 그 밖에 대통령령으로 정하는 동물을 말한다.

☞ **가축전염병예방법 시행령 제2조** (가축의 범위) 가축전염병예방법(이하 '법'이라 한다) 제2조 제1호에서 '대통령령이 정하는 동물'이란 다음 각 호의 동물을 말한다.

1. 고양이
2. 타조
3. 그 밖의 사육하는 동물 중 가축전염병이 발생하거나 퍼지는 것을 막기 위하여 필요하다고 인정하여 농림수산식품부장관이 정하여 고시하는 동물

☞ **가축분뇨의 관리 및 이용에 관한 법률 제2조 (정의)** 이 법에서 사용하는 용어의 정의는 다음과 같다.

1. '가축'이라 함은 소·돼지·말·닭 그 밖에 대통령령이 정하는 사육동물을 말한다.

☞ **가축분뇨의 관리 및 이용에 관한 법률 시행령** 제2조 (사육동물) 가축분뇨의 관리 및 이용에 관한 법률(이하 '법'이라 한다) 제2조 제1호에서 '대통령령이 정하는 사육동물'이란 젖소, 오리, 양, 사슴 및 **개**를 말한다.

☞ **축산물가공처리법 제2조** (정의) 이 법에서 사용하는 용어의 정의는 다음과 같다.

1. '가축'이라 함은 소·말·양(염소 등 산양을 포함한다. 이하 같다)·돼지(사육하는 멧돼지를 포함한다. 이하 같다)·닭·오리, 기타 식용을 목적으로 하는 동물로서 대통령령이 정하는 동물을 말한다.

※ 축산물가공처리법 시행령 **제2조** (가축의 범위 등) ① 축산물가공처리법(이하 '법'이라 한다) 제2조 제1호에서 '기타 식용을 목적으로 하는 동물로서 대통령령이 정하는 동물'이라 함은 다음 각 호의 것을 말한다.

1. 사슴
2. 토끼
3. 칠면조
4. 거위
5. 메추리

6. 꿩

7. 당나귀

(주: 개는 들어 있지 않음)

결국 개는 축산법이나 가축전염병예방법, 가축분뇨의 관리 및 이용에 관한 법률에서는 소나 돼지와 똑같은 취급을 받고 있으나, 개가 소·돼지 등 다른 가축과 가장 큰 차이점은 개가 축산가공법에 의해 도축·유통되지 않는다는 점이다. 산에 다니다 보면 개 사육장에서 나는 개 짖는 소리 때문에 시끄러운 곳을 자주 본다. 따라서 개를 사육하거나 도축·유통하는 과정에서 항생제·중금속·잔류농약 같은 유해물질이 들어갈 위험이 있다. 가축분뇨법 시행령에 따라 면적 60㎡ 이상의 개 사육장이 시장·군수·구청장에게 신고하고 오물을 처리하는 한 개사육장은 합법 시설이다.

서울시는 전에 86아시안게임, 88서울올림픽을 앞두고 외국인들의 비판을 의식하여 보신탕 영업을 제한하는 '시장 고시'를 발표했으나, 당시 '보신탕＝개고기'라는 법규는 없었기 때문에 사철탕이나 영양탕으로 이름을 바꾸면 사실상 영업을 묵인해준 사례가 있다. 물론 서울이 아닌 지역에서 적용된 것은 아니다. 서울시의 영업 제한 고시는 88올림픽이 끝나고 사문화됐고, 현재 보신탕집을 단속할 법적 근거는 없다.

결국 정해진 대로 개사육장을 신고하면 개를 도축하는 것이 불법이 아니고 보신탕영업도 불법이 아니다. 다만 동물보호법상 길거리나 공개된 장소에서 동물을 죽이는 행위를 금지하고 있고, 적발되면 500만 원 이하의 벌금에 처하도록 하고 있다. 동물보호법은 잔인한 방법으로 동물을 죽이는 것을 금지하고 있으므로 개를 두들겨 패는 것도 역시 위법이다.

[주]

2012. 7. 1.부터 시행되고 있는 개정 동물보호법(2011.8.4. 법률 제10995호)은 동물에 대하여 목을 매다는 등의 잔인한 방법으로 죽이는 행위 등을 하는 경우 1년 이하의 징역 또는 1천만원 이하의 벌금에 처하도록 하고 있다.

☞ **동물보호법 제8조** (동물학대 등의 금지)

① 누구든지 동물에 대하여 다음 각 호의 행위를 하여서는 아니 된다.

1. 목을 매다는 등의 잔인한 방법으로 죽이는 행위

2. 노상 등 공개된 장소에서 죽이거나 같은 종류의 다른 동물이 보는 앞에서 죽이는 행위

3. 그 밖에 수의학적 처치의 필요, 동물로 인한 사람의 생명 · 신체 · 재산의 피해 등 농림수산식품부령으로 정하는 정당한 사유 없이 죽이는 행위

② 누구든지 동물에 대하여 다음 각 호의 학대행위를 하여서는 아니 된다.

1. 도구 · 약물을 사용하여 상해를 입히는 행위. 다만, 질병의 예방이나 치료 등 농림수산식품부령으로 정하는 경우는 제외한다.

2. 살아 있는 상태에서 동물의 신체를 손상하거나 체액을 채취하거나 체액을 채취하기 위한 장치를 설치하는 행위. 다만, 질병의 치료 및 동물실험 등 농림수산식품부령으로 정하는 경우는 제외한다.

3. 도박 · 광고 · 오락 · 유흥 등의 목적으로 동물에게 상해를 입히는 행위. 다만, 민속경기 등 농림수산식품부령으로 정하는 경우는 제외한다.

4. 그 밖에 수의학적 처치의 필요, 동물로 인한 사람의 생명 · 신체 · 재산의 피해 등 농림수산식품부령으로 정하는 정당한 사유 없이 상해를 입히는 행위

③ 누구든지 제14조제1항제1호 및 제2호에 해당하는 동물에 대하여 다음 각 호의 행위를 하여서는 아니 된다.

1. 포획하여 판매하거나 죽이는 행위

2. 제14조제1항에 따른 보호조치의 대상이 되는 동물임을 알면서 알선 · 구매하는 행위

④ 소유자등은 동물을 유기(遺棄)하여서는 아니 된다.

 동물보호법 제46조(벌칙)

① 제8조 제1항부터 제3항까지의 규정을 위반한 자는 1년 이하의 징역 또
는 1천만원 이하의 벌금에 처한다.

11. 음주운전과 법

　신임 기상청장에 임명된 기상캐스터 출신의 조 모 씨가 27년 전에 음주운전으로 사망사고를 내고 도주했음에도 벌금형 선고를 받았던 전력이 보도되고 있다. 아무리 27년 전이라고는 하지만 만취운전에 사망사고를 낸 뺑소니사건의 경우 피해자 유족과 합의를 했다고 하더라도 벌금형으로 가볍게 처리한 것은 문제가 있어 보인다.

　2011년 2월 15일자 동아일보 보도에 의하면 일본 수도권의 사이타마(埼玉) 지방재판소는 2008년 2월 17일 사이타마 현 구마가야(熊谷) 시내에서 만취상태로 운전하다 3중 충돌사고를 낸 차량의 동승자 2명에게 '위험운전 치사상 방조' 혐의로 징역 2년형을 선고했다고 한다. 당시 이 사고로 마주 오던 차량에 타고 있던 탑승자 2명이 숨지고 5명이 크게 다쳤는데, 사고 운전자에게 술을 판 음식점 주인에게도 징역 2년에 집행유예 5년을 확정했고, 사고 운전자는 이미 징역 16년을 선고받은 상태라고 한다.

　음주운전에 대한 형사처벌이 강화되는 추세이나 술에 관대한 우리나라는 아직도 선진국에는 미치지 못하고 있다. 이미 미국이나 일본에서는 음주운전을 한 자는 물론 음주운전을 막지 못한 동승자 등 제3자에게까지 음주운전에 대한 형사책임을 묻고 있다. 음주운전이 예상되는데도 술을 판 술집주인까지도 음주운전으로 인한 책임을 묻고 있는 미국의 주도 있다.

　아직 우리나라는 동승자나 술집주인에게까지는 음주운전으로 인한 형사책임을 묻는 예가 없으나, 음주운전의 폐해를 생각하면 미국이나 일본의 추세를 고려해야 할 상황이 되었다. 형법이론상 공범이나 방조범이론 및 주의 의무의 확대를 통하여 음주운전의 동승자나 주류판매자에 대한 형사처벌이 불가능한 것은 아니다.

[2011. 2. 15]

12. 자살과 법

1) 자살과 형사책임

우리나라에서 자살로 생을 마감하는 사람들이 날로 늘고 있다. 특히 팍팍한 현실을 이겨내지 못한 젊은 사람들의 자살이 심각한 사회문제로 부상하고 있다. 자살에는 지위고하가 없는 듯하다. 시정(市井)의 장삼이사(張三李四)들만 자살하는 것이 아니다. 일국의 국가원수를 지낸 노무현 전 대통령의 자살은 충격 그 자체였으며, 유태홍 전 대법원장도, 정몽헌 현대그룹 회장도, 영화배우 최진실도 자살로 한평생을 마무리했다. 과연 '자살은 인간의 최후의 자유'인가?

보건복지부 통계에 따르면 우리나라의 인구 10만 명당 자살사망자(2009년 기준)는 28.4명으로 33개 OECD 국가 중에 가장 많았다. 통계청의 조사에서도 2009년 자살사망자 수는 1만 5,413명으로 하루 평균 42.2명이 자살로 목숨을 끊고 있는 것으로 나타났다. 자살은 교통사고와 암을 제치고 10대부터 30대까지의 사망원인 1순위로 등극했으며, 40대와 50대에서도 암에 이어 2순위의 사망원인이 되고 있다. 특히 20대의 경우 사망원인 가운데 절반에 육박하는 44.6%가 자살이었고, 30대(34.1%)와 10대(29.5%)에서도 자살이 전체 사망원인의 3분의 1을 차지했다. 회피할 수 없는 우울한 현실이다.

세계적으로도 매년 100만 명 이상의 사람들이 자살하고 있다. 대개 우울증 같은 정신질환을 갖고 있는 사람들이 자살을 결행하는 경우가 많은 것으로 보고되고 있다. 그런데 자살 계획을 행동으로 옮기는 의지가 확고한 사람만이 자살에 성공할 수 있고, 아무리 자살하고 싶을지라도 겁이 많거나 숨이 끊기는 순간의 고통을 견뎌내지 못하는 사람은 스스로 목숨을 끊을 확률이 높지 않다는 연구결과도 있다.

자살에 대한 국가적 차원의 책무와 예방정책에 관하여 필요한 사항을 규정함으로써 국민의 소중한 생명을 보호하고 생명존중문화를 조성함을 목적으로 「자살예방 및 생명존중문화 조성을 위한 법률」이 제정되어(2011.3.30. 법률 제10516호) 2012년 3월 31일부터 시행된다. 이 법에 의하면 보건복지부장관, 시·도지사 및 시장·군수·구청장은 자살예방센터를 설치·운영하여 자살 관련 상담, 자살위기 상시현장출동 및 대응, 자살예방 홍보교육 등의 업무를 수행하도록 하고, 국가 및 지방자치단체는 자살예방을 위한 생명존중 문화사업을 실시하도록 하며, 자살예방을 위한 사회분위기 조성을 위하여 매년 9월 10일을 자살예방의 날로 정하고 교육·홍보사업을 실시하도록 하고 있다. 또 국가 및 지방자치단체는 자살유해정보가 유통되는 것을 차단하고 이를 조기 발견하여 신속히 대응하기 위한 자살유해정보예방체계를 구축·운영하도록 하고 있다.

위와 같은 자살예방법이 시행된다고 하여 자살률이 줄어들 것인지는 두고 볼 일이다. 차제에 자살과 관련된 법 이야기를 해보기로 한다. 먼저 자살의 형사법적 문제를 보자.

자살을 죄악으로 보거나 자살에 대한 윤리적 비난은 별론으로 하고 형법상 자살 자체는 범죄가 아니다. 자살이 범죄가 아닌 이상 자살미수죄도 있을 수 없다. '사람'을 살해한 자는 사형, 무기 또는 5년 이상의 징역에 처하지만(형법 제250조 제1항) 여기의 사람은 타인을 말한다. 그러나 사람을 교사 또는 방조하여 자살하게 한 자는 촉탁, 승낙에 의한 살인죄와 마찬가지로 1년 이상 10년 이하의 징역에 처한다(형법 제252조 제2항).

분신하겠다며 협박하는 애인의 옛 남자친구에게 라이터를 건네준 경우 자살방조죄가 성립하는지가 문제된 사례가 있었다. A는 도로상에서 A와 사귀고 있는 B의 예전 남자친구인 C가 몸에 휘발유를 끼얹은 채 찾아와 A와 B가 탑승한 차량을 가로막으며 흥분하여 "B가 차에서 내리지 않으면 보는 앞에서 죽어 버리겠다. 정말 몸에 불을 붙이겠다"라고 말하자, C에게 "그럼, 그냥 죽어라. 죽을 테면 죽어봐"라고 하며 소지하고 있는 라이터를 C에게 건네주어 C가 위 라이터로 몸에 불을 붙이게 하여 C가 화염 화상으로 인한 다발성 장기부전 등으로 사망하였다.

검사가 A를 자살방조죄로 기소하자 A는 C에게 라이터를 건네준 사실은 있으나, C가 이를 이용하여 분신하여 자살할 것이라고는 예상할 수 없었으므로 A에게 피해자의 자살에 대한 방조의 범의가 없었다고 다투었다. 제1심은 사건의 경위 및 형태와 당시의 상황 등에 비추어 보아, 피고인은 피해자에게 "그럼, 그냥 죽어라. 죽을 테면 죽어봐"라고 말하면서 라이터를 건네줄 당시 피해자가 이를 이용하여 분신하여 자살할 수도 있다는 점을 인식하면서 위와 같은 행위에 나아갔다고 할 것이고, 그렇다면 피고인에게는 적어도 피해자의 자살을 방조한다는 점에 대하여 미필적 고의는 있었다고 판단하여 피고인에게 징역 1년을 선고하였다.

그러나 제2심은 피고인에게 무죄를 선고하였다. 사실관계에 비추어 볼 때, 피고인으로서는 피해자의 행동을 실제 자살할 마음은 없이 B의 마음을 돌리려는 것이라고 받아들였을 것으로 짐작되고, 그러한 피고인이 피해자에게 라이터를 던지면서 "죽을 테면 죽어봐라"
라고 한 것은 '자살을 결의한 피해자로 하여금 자살을 용이하게 하
기 위한 것'이 아니라 오히려 역설적으로 피해자가 실제 죽지 않을
것이라는 것을 전제로 하고 있다고 보아야 할 것이므로, 피고인이
피해자가 실제 자살하거나 몸에 불을 붙이는 행동으로 나아갈 것을
예견하였다고 보기도 어렵고, 달리 이를 인정할 증거도 없다고 판단
하여 제1심을 파기하고 피고인에게 무죄를 선고하였다.

검사는 피해자는 온몸에 휘발유를 뿌리고 B에게 재결합을 호소하
던 당시에 이미 자살의 결의가 있었고, 피고인에게는 피해자가 자살
할 수도 있다는 점에 대한 예견가능성이 있었으며, 피고인이 "죽을
테면 죽어봐라"라고 말하며 라이터를 넘겨준 것은 적극적으로 자살
을 방조한 행위에 해당한다는 이유로 대법원에 상고하였다.

대법원은 형법 제252조 제2항의 자살방조죄는 자살하려는 사람의
자살행위를 도와주어 용이하게 실행하도록 함으로써 성립되는 것으
로서, 그 방법에는 자살도구인 총, 칼 등을 빌려주거나 독약을 만들
어 주거나 조언 또는 격려를 한다거나 기타 적극적, 소극적, 물질적,
정신적 방법이 모두 포함되나, 자살방조죄가 성립하기 위해서는 그
방조 상대방의 구체적인 자살의 실행을 원조하여 이를 용이하게 하
는 행위의 존재 및 그 점에 대한 행위자의 인식이 요구된다고 판시
하여 원심의 판단이 정당하다고 보아 검사의 상고를 기각하였다(대법
원 2008.9.25. 선고 2008도6556 판결).

대법원의 법리판단은 지금까지의 판례의 입장이므로 탓할 것이 없
으나, 과연 이 사례에서 죽어버리겠다고 하면서 휘발유를 끼얹은 피
해자에게 라이터를 건네준 피고인에게 피해자가 이를 이용하여 분신
하여 자살할 수도 있음을 미필적으로라도 예견할 수 있었던 것이 아

닐까 하는 의심이 든다.

한편, 부인이 남편과 말다툼을 하다가 '죽고 싶다' 또는 '같이 죽자'고 하며 남편에게 기름을 사오라고 하자 남편이 휘발유 1병을 사다주었는데 부인이 몸에 휘발유를 뿌리고 불을 붙여 자살한 사안에서, 남편에게 자살방조죄를 인정한 원심판단을 수긍한 사례가 있다(대법원 2010.4.29. 선고 2010도2328 판결).

피고인이 인터넷사이트 내 자살 관련 카페 게시판에 청산염 등 자살용 유독물의 판매광고를 한 행위가 단지 금원 편취 목적의 사기행각의 일환으로 이루어졌고, 변사자들이 다른 경로로 입수한 청산염을 이용하여 자살한 사정 등에 비추어, 피고인의 행위는 자살방조에 해당하지 않는다고 한 사례도 있다(대법원 2005.6.10. 선고 2005도1373 판결).

1991년 당시 전국민주운동연합(전민련) 사회부장이었던 김기설 씨의 분신자살과 관련한 강기훈 유서대필 사건에서 대법원은 망인의 분신자살경위, 증거물인 수첩, 업무일지, 메모지 등이 피고인에 의하여 사후에 조작되었다는 점, 망인의 분신자살 전후에 나타난 피고인의 행적 및 진술 등에 비추어 피고인은 망인이 자살하려는 점을 알고 그 유서를 대필해주었으며 그 후 그 사실을 은폐하려 한 것이라고 보아 자살방조의 범죄사실을 인정하였다(대법원 1992.7.24. 선고 92도1148 판결). 강기훈 씨는 유죄확정으로 3년 2개월의 형기를 복역하고 1994년 만기출소하였으며, 2001년 7월 고 김기설 씨는 민주화운동 관련자 명예회복 및 보상심의위원회에 의해 민주화운동 관련자로 인정되었다. 이 유서대필공방은 20년째 이어지고 있으며 현재 대법원에서 재심사건을 심리 중에 있다.

피해자가 자살할 의도로 극약이 들어 있는 병을 들고 마시려 하자 죽을 테면 죽어 보라고 하면서 그 병을 들고 피해자의 입에 극약을 부어 넣어주어 피해자로 하여금 사망하게 하였다면 이는 자살방조죄가 될 뿐 살인죄가 된다고 할 수 없다(대전지법 천안지원 1989.6.27. 선고 89고합5 합의부판결).

서로 동반자살하기로 하고 청산가리를 마셨는데 살아남은 자의 죄책은 어떻게 되는가?

일명 '인터넷 자살 카페'의 개설자가 가입초대장을 발송하는 등의 방법으로 약 30명을 카페 회원으로 가입시킨 후 회원들이 서로 자살의 당위성 및 자살 방법 등에 관한 정보를 교류하도록 함으로써, 일부 회원이 자살하거나 미수에 그친 사안에서, 카페 개설자에게 자살방조 및 자살방조미수의 죄책을 인정하였고, 피고인과 일명 '인터넷 자살 카페'의 회원들이 함께 자살할 의사로 수면제, 화덕 및 연탄, 청테이프 등을 구입하고 함께 자살을 시도하였으나 다른 회원들은 일산화탄소 중독증으로 사망한 반면 피고인은 자살미수에 그친 사안에서, 피고인에게 자살방조죄가 인정되었다(춘천지법 원주지원 2009.7.16. 선고 2009고합30 판결).

2인이 동반 자살할 의사로 함께 시안화칼륨(속칭 청산가리)을 구입하여 동거하고 있던 방에 보관하여 오다가 그중 1인이 자살에 이르는 사안에서 시안화칼륨을 판매한 행위 및 보관한 행위와 자살 사이에 인과관계가 인정되고, 그 판매자에게 사실방조의 미필적 고의가 인정된다고 한 사례도 있다(서울중앙지법 2004.3.26. 선고 2004고합164 판결).

2) 자살과 보험

현대생활 중 보험의 영역이 미치지 않는 곳은 거의 없다고 해도 과언이 아니다. 국민건강보험, 산재보험, 고용보험 등 공보험뿐만 아니라 생명보험, 상해보험, 화재보험, 자동차보험 등 사보험이 커버하지 않는 영역이 없다. 불법행위법은 책임보험과 깊은 관련을 맺고 있다. 보험은 동일한 위험에 놓여 있는 사람들이 하나의 위험단체를 구성하여 일정한 금액(보험료)을 출연하여 기금을 마련하고, 사고를 당한 자에게 일정한 금액(보험금)을 지급하여 경제생활의 안정을 도모하고자 하는 제도이다. 그런데 이러한 보험을 악용한 범죄도 늘고 있다.

생명보험이나 상해보험에 가입한 후 자살한 경우 보험금이 지급되는가? 보험사고는 우연성을 전제로 하는 것이므로 보험의 선의성과 윤리성에 비추어 인위적인 사고에 대해서는 원칙적으로 보험금이 지급되지 않는다.

상법 제659조 제1항은 "보험사고가 보험계약자 또는 피보험자나 보험수익자의 고의 또는 중대한 과실로 인하여 생긴 때에는 보험자는 보험금액을 지급할 책임이 없다"고 규정하고, 상법 제732조의 2 는 "사망을 보험사고로 한 보험계약에서 사고가 보험계약자 또는 피보험자나 보험수익자의 중대한 과실로 인하여 생긴 경우에도 보험자는 보험금액을 지급할 책임을 면하지 못한다"고 규정하고 있으므로 위 규정에 따르면 사망을 보험사고로 하는 보험계약에 있어서도 피보험자 등의 고의로 인하여 사고가 생긴 경우에 보험자는 보험금을 지급할 책임이 없다. 이는 피보험자가 고의에 의하여 보험사고를 일으키는 것은 보험계약상의 신의성실의 원칙에 반할 뿐만 아니라, 그러한 경우에도 보험금이 지급된다고 한다면 보험계약이 보험금 취득

등 부당한 목적에 이용될 가능성이 있기 때문이다.

그런데 생명보험표준약관 제16조는 보험금을 지급하지 아니하는 보험사고를 열거하면서, 제1항 제1호에 "피보험자가 고의로 자신을 해친 경우"를 규정하고 있으나, 단서에 "<u>피보험자가 정신질환 상태에서 자신을 해친 경우와 계약의 책임개시일(부활의 경우는 부활청약일)로부터 2년이 경과된 후에 자살하거나 자신을 해침으로써 장해분류표 중 제1급의 장해상태가 되었을 경우에는 그러하지 아니하다</u>"고 규정하여 이 경우에는 보험자의 책임을 인정하고 있다.

보험자가 보험금 지급의 책임을 면하려면, 사고발생의 객관적 요건뿐만 아니라 보험계약자, 피보험자 또는 보험수익자 등에게 고의 또는 중과실이 있음을 증명하여야 한다.

위와 같이 상법상 피보험자의 자살이라는 고의적인 행위에 대해서는 보험자는 책임을 면하게 된다. 그러나 생명보험표준약관을 보면, 자살의 경우에 예외적인 조항을 두어 보험자의 책임을 인정하고 있다. 이 경우에는 보험자 측에서 피보험자의 고의를 증명하여야 한다. 여기의 고의는 미필적 고의도 포함한다.

여기서 '피보험자가 고의로 자신을 해친 경우'를 '보험금을 지급하지 아니하는 보험사고'로 규정하면서 그 단서에서 '피보험자가 정신질환상태에서 자신을 해친 경우' 등을 제외한 보험계약의 약관 조항이, 보험금 지급사유가 발생한 경우를 전제로 보험자의 면책사유를 규정한 취지가 아니라 원칙적으로 보험사고에 해당하지 않는 고의에 의한 자살 등을 예외적으로 위 단서요건에 해당하면 특별히 보험사고에 포함시켜 보험금 지급사유로 본다는 취지로 해석한다(대법원 2007.9.6. 선고 2006다55005 판결).

생명보험계약에서 자살이라 함은 사망자가 자기의 생명을 끊는다는 것을 의식하고 그것을 목적으로 의도적으로 자기의 생명을 절단하여 사망의 결과를 발생케 한 행위를 의미하고, 피보험자가 정신질환 등으로 자유로운 의사결정을 할 수 없는 상태에서 사망의 결과를 발생케 한 경우까지 포함하는 것은 아닐 뿐만 아니라, 그러한 경우 사망의 결과를 발생케 한 직접적인 원인행위가 외래의 요인에 의한 것이라면 그 보험사고는 피보험자의 고의에 의하지 않은 우발적인 사고로서 재해에 해당한다(대법원 2008.8.21. 선고 2007다76696 판결). 그러나 피보험자가 단순히 사망 가능성을 예상하고 있는 것으로는 불충분하고, 사형집행·중과실에 의한 사망도 자살로 인정하기 어렵다.

위 대법원판결은 보험계약의 피보험자가 술에 취한 나머지 판단능력이 극히 저하된 상태에서 신병을 비관하는 넋두리를 하고 베란다에서 뛰어내린다는 등의 객기를 부리다가 마침내 음주로 인한 병적인 명정으로 인하여 심신을 상실한 나머지 자유로운 의사결정을 할 수 없는 상태에서 충동적으로 베란다에서 뛰어내려 사망한 사안에서, 이는 우발적인 외래의 사고로서 보험약관에서 재해의 하나로 규정한 '추락'에 해당하여 사망보험금의 지급대상이 된다고 판단한 원심을 수긍한 사례이다.

판례 중에는 부부싸움 중 극도의 흥분되고 불안한 정신적 공황상태에서 베란다 밖으로 몸을 던져 사망한 경우, 위 사고는 보험약관상 보험자의 면책사유인 '고의로 자신을 해친 경우'에 해당하지 않는다고 한 사례도 있다(대법원 2006.3.10. 선고 2005다49713 판결).

보험자가 피보험자의 자살을 입증하기 위해서는 자살의 의사를 분명히 밝힌 유서의 존재나 일반적인 상식에서 자살이 아닐 가능성에 대한 합리적인 의심이 들지 않을 만큼 명백한 주위 정황 사실을 증명해야 한다. 실제로 소송과정에서 이런 증명을 하지 못하여 보험회사가 패소하는 예가 많다. 판례 중에는 다수의 생명보험계약이 체결되었고 그 보험료나 보험금이 다액이며 발생경위가 석연치 않은 교통사고로 보험계약자가 사망하였다는 사정만으로는 생명보험계약 체결의 동기가 자살에 의하여 보험금의 부정취득을 노린 반사회적인 것이라고 단정하기 어렵다고 한 사례도 있었다.

현재의 생명보험약관상 보험계약체결 후 2년의 면책기간이 경과한 후, 고의에 의한 자살로 보험사고가 발생한 경우에도 보험자는 보험금을 지급하도록 되어 있다. 그런데 이러한 면책기간만 도과하면 피보험자의 자살이라는 고의사고에 대하여 보험금을 지급하는 것이 자살의 억제라는 측면에서 바람직한 것인지는 의문이 있다.

최근 대법원은 피보험자가 자살하였다면 그것이 정신질환 등으로 자유로운 의사결정을 할 수 없는 상태에서 사망의 결과를 발생케 한 경우에 해당하지 않는 한 원칙적으로 보험자의 면책사유에 해당하는데, 여기서 말하는 정신질환 등으로 자유로운 의사결정을 할 수 없는 상태의 사망이었는지는 자살자의 나이와 성행, 자살자의 신체적·정신적 심리상황, 정신질환의 발병 시기, 진행 경과와 정도 및 자살에 즈음한 시점에서의 구체적인 상태, 자살자를 에워싸고 있는 주위 상황과 자살 무렵의 자살자의 행태, 자살행위의 시기 및 장소, 기타 자살의 동기, 그 경위와 방법 및 태양 등을 종합적으로 고려하여 판단하여야 한다고 판시하면서 공제계약의 피공제자가 직징에 병가를 신청하고 병원에 찾아가 불안, 의욕저하 등을 호소하면서 직장을 쉬기 위하여 진단서가 필요하다고 거듭 요구하여 병명이 '우울성 에피소드'인 진단서를 발급받은 후 주거지 인근 야산에서 처 등에게 유서를 남긴 채 농약을 마시고 자살한 사안에서, 망인이 자살 당일 우울성 에피소드 진단을 받기는 하였으나 발병 시기가 그다지 오래된 것으로 보이지 않고, 망인의 나이, 평소 성격, 가정환경, 자살행위 당일 행적, 망인이 자살하기 전에 남긴 유서의 내용과 그로부터 짐작할 수 있는 망인의 심리상태, 자살행위의 시기와 장소, 방법 등에 비추어, 망인은 정신질환 등으로 자유로운 의사결정을 할 수 없는 상태에서 자살을 한 것으로 보기 어렵다고 하면서 보험자의 책임을 인정한 원심을 파기한 사례가 있다(대법원 2011.4.28. 선고 2009다97772 판결).

서울고등법원에서 피보험자가 암의 발병 및 치료의 실패, 말기 암의 진행으로 인한 극심한 통증, 우울증, 무력감과 불안, 정신쇠약 등으로 인하여 자살에 이르게 되어 그 질병과 사망 사이에 상당인과관계가 존재하는 경우에는 그 면책규정의 적용이 배제된다고 판시한 예가 있었다(서울고등법원 2005.7.22. 선고 2005나8301 판결). 이 판결에 대해서는 질병으로 인한 통증이 아무리 극심하다 하더라도 그 자살을 법적으로나 윤리적으로 정당화할 수는 없고, 고통을 이기지 못하고 자살한 피보험자에게 보험보호를 하는 것은 그만큼 윤리적 가치를 손상시키는 처사라는 양승규 교수의 비판이 있었다.

[2012. 2. 1]

# 13. 불륜과 법

1)

　세상은 불륜시대이다. 자신의 아이를 데리고 친자감정을 위해 친자감정기관을 찾는 남자들이 많은 것도 불륜시대를 방증하는 것이다. 이혼이 증가하는 원인 중에 불륜이 차지하는 비율이 매우 높다. 이는 배우자 간의 신뢰를 깨는 것이기 때문이다. 불륜(不倫)은 한자어 그대로는 윤리적이지 않은 것을 말하는데 사전적 정의는 사람으로서의 도리를 벗어난 것으로 되어 있다. 그러면 불륜의 뜻을 명확히 하기 위하여 불륜과 외도(外道)는 어떻게 다른 것인가를 살펴보자.

　'불륜'은 배우자 있는 자가 교제하는 상대가 특정인으로 한정이 되어 있고, 불륜 당사자 사이에 일정 주기로 만나며 중독성이 강한 마약과도 같은 것이고, '외도'는 불륜에 비해 만나는 사람이 불특정인이고 상대적으로 중독성이라는 것도 없으며 기간도 짧은 단기성 내지 일회성이라는 점에 차이가 있는 것으로 볼 수 있다. 술집이나 성매매 업소에서 하룻밤 즐긴 것은 외도일 뿐 불륜이 아니다. 외도는 말 그대로 바깥[外] 길[道]로 잠시 샌 것을 말한다. 불륜의 경험이 없어도 외도 경험이 있는 남자는 많을 것이다. 물론 외도가 발전하여 불륜으로 이를 수도 있다. 남녀관계는 원래 알 수 없는 것이다. 남녀가 바람을 피우는 것은 불륜과 외도 이 둘을 포괄하는 의미로 쓰이고 있다.

배우자 있는 자의 불륜이나 외도가 재판상 이혼사유가 되는 배우자의 부정행위에 해당함은 물론이다. 부정행위는 간통보다 넓은 개념이다. 형법상 간통은 주로 불륜을 대상으로 한다. 법창을 통해서 본 불륜의 사례를 몇 개 살펴보자.

대기업 고위 간부 출신인 김 씨는 지방근무 시절 고 씨를 알게 돼 내연의 관계를 맺었다. 김 씨의 부인 박 씨는 이 사실을 알고 남편에게서 "고 씨와 만나지 않겠다"는 내용의 각서를 받았다. 그러나 김 씨가 계속 고 씨를 만나자 부인 박 씨는 "이혼을 하고 혼자 살 자신이 없다"는 내용이 담긴 유서를 남기고 스스로 목숨을 끊었다. 김 씨의 자식들이 "아버지의 불륜으로 어머니가 충격을 받고 돌아가시는 바람에 자식들도 정신적 고통을 받았다"는 이유로 아버지를 상대로 손해배상(위자료) 청구를 할 수 있는가?

서울중앙지방법원은 "김 씨가 다른 여성과 부적절한 관계를 맺은 것은 윤리적으로 비난받을 수는 있지만, 아버지가 자식들에 대한 의무를 다하지 않는 등 직접적으로 불법행위를 한 것이 인정되지 않는 만큼 손해배상을 해야 할 정도라고 보기 어렵다"고 판시하고 자식들의 아버지에 대한 청구를 기각했다. 다만 간통과 같은 김 씨의 불법행위가 구체적으로 밝혀지지 않았더라도 박 씨가 정신적인 고통을 받은 것은 경험칙상 인정되므로 김 씨와 고 씨는 박 씨가 입은 정신적 고통을 위자할 의무가 있고, 그 손해배상액은 박 씨를 상속한 자녀들에게 그 상속지분만큼 승계된다. 법원은 박 씨 지분을 상속한 김 씨 남매에게 총 2,850만 원을 지급하도록 했다.

그러면 여기서 박 씨의 자녀들이 아버지 김 씨와 고 씨를 어머니 박 씨를 대신해 간통으로 고소할 수 있는가?

2)

불륜욕구는 과연 생물학적 본능인가? 결혼은 사랑의 설렘과 흥분을 사라지게 하고 '낭만'을 '생활'로 바꾸어 버린다. 부부 사이에 짜릿한 맛이 사라지고 무덤덤한 일상이 계속된다. 일상은 지루하고 사랑은 식었다. 로미오와 줄리엣도 닷새만의 사랑으로 죽지 않았다면 그들은 필시 이혼했을 것이라는 말도 있다. 셰익스피어도 이를 알고 있었다. 사람과 사랑이란 태초부터 원래 그런 것이다. 옛날의 뜨겁던 사랑이 다시 그리워지고, 누군가에게 또다시 열정을 느껴 보고 싶어진다. 불륜의 싹이 본능적으로 자연발아하는 것이다.

4,000여 종이 넘는 포유동물 중 1 대 1의 짝을 갖는 종은 3%인 100여 종에 불과하다고 한다. 부부금실(금슬이 아님)의 상징으로 알려져 있는 원앙의 경우에도 유전자 검사를 실시한 결과 새끼 6마리 중 5마리가 혼외 자식이라는 연구 결과도 있다. 동물이나 사람이나 부계(父系)는 원래 불확실성한 것이다. 모자관계는 부인할 수 없으나, 부자관계는 그렇지 않다. 우리 민법도 부계불확실성을 전제로 처가 혼인 중에 포태한 자는 부(夫)의 자(子)로 추정할 따름이다(민법 제844조). '간주'가 아니고 '추정'일 뿐이다.

불륜은 극한 상황에서 이루어지는 금지된 사랑이다. 주변의 시선을 끊임없이 의식해야 하고 들키지 말아야 한다. 들키면 큰일 닌다. 늘 조마조마해서 가슴이 뛴다. 이제 둘 이외에 눈에 보이는 것은 없어진다. 이런 극한 상황은 두 사람의 불륜을 실제보다 더욱 큰 사랑으로 착각하게 만든다. 전쟁이나 불안의 시대에 섹스에 탐닉하는 경향이 많은 것도 이 때문이다.

일상으로부터의 일탈은 짜릿하고 불륜은 달콤하다. 그러나 그 불륜은 진실한 사랑의 달콤함이 아닌 경우가 많다. 불륜의 상대는 대개 자기 배우자보다 미모나 성격 등 어디를 보더라도 미치지 못하는 사람들이다. 내 주위를 봐도 그렇다. 불륜이 영원히 지속될 수는 없고 파국을 맞을 수밖에 없는 이유이다. 그런데 이런 상대방에게 빠지는 이유는 도대체 무엇일까?

부장판사 출신 유부남 변호사와 유부녀 벤츠 여검사의 빗나간 불륜은 과연 달콤한 사랑이었을까? 벤츠 여검사는 징역 3년의 실형을 선고받고 배 속에 든 아이 때문에 법정 구속은 피할 수 있었다고 하는데 그 아이의 아빠는 누구일까? 뒷수습도 못 하는 불륜은 둘 사이에 깊은 생채기만 남기고 말았다.

현직 부장검사가 유부녀와 불륜관계를 맺어오다 남편에게 현장을 들켜 사직서를 낸 일도 있었다. 창원지검 진주지청의 모 부장검사는 진주시내 모 식당 1층에서 범죄예방위원회 위원으로 활동하며 알게 된 이 식당 여주인 D 씨와 잠을 자다 D 씨 남편에게 들켰는데, D 씨의 남편은 아내가 새벽에 집을 나서는 것을 이상하게 여기고 뒤따라갔다가 두 사람의 동침을 목격한 것으로 알려졌다. 역시 불륜의 끝은 좋지 않다.

김진숙 검사는 검찰청 전자신문 '뉴스프로스'에 '내 남자의 여자가 히트치는 이유와 법률적 함정'이라는 제목의 글을 통해 "불륜극은 시작과 과정을 보여주기 때문에 그 끝이 어디일까는 미처 생각하지 못하지만 현실은 훨씬 냉혹하다"며 "불륜의 끝은 교도소가 될 것"이라고 지적했다. 현행법상 간통죄가 살아 있고 고소권자의 고소가 있으면 교도소가 불륜의 끝이 될 수 있으나, 간통죄가 폐지되면 불륜의 끝은 어디일까?

3)

　불륜은 언젠가는 깨어지고 언젠가는 들키게 되어 있다. 그게 불륜의 속성이다. 짜릿했고 달콤했던 불륜의 끝은 언제나 쓰라린 뒷맛을 남긴다. 여기서는 불륜관계의 청산을 둘러싸고 오고 가는 돈 이야기를 해보자.

　광주시 약사회장으로 있던 A가 B의 처인 C와 6개월째 정을 통하여 오다가 남편인 B에게 들켜 B로부터 간통죄로 고소당했다. A는 형사처벌을 모면하기 위하여 B에게 위자료로 금 1,500만 원을 지급하고 B로부터 고소 취소를 받았다. 그런데도 A는 C와의 짜릿한 밤을 잊지 못하여 그 4개월 후부터 6년 8개월가량 C와 불륜관계를 이어가면서, C에게 2차례에 걸쳐 돈 2,700만 원을 빌려주고 생활비 명목으로 8차례에 걸쳐 40만 원씩 돈 320만 원을 주었다. 불륜관계를 유지하기 위해서는 알게 모르게 돈이 많이 든다.

　그 후 위와 같은 사실을 알게 된 C의 남편 B는 전화로 A에게 가만두지 않겠다고 말하였고, 이에 A는 B에게 만나자고 간청하여 그 다음 날 A의 동생과 처남이 A를 대신하여 B를 만나게 되었다. 그 자리에서 B는 처음에는 합의금으로 1억 원을 요구하다가 나중에는 5억 원을 요구하므로, 다음에 다시 만나 금액을 절충하기로 하고 그 날은 그대로 헤어졌다. 그 후 A는 직접 B를 만나 B에게 금 2억 원을 지급하고 위 간통사건을 마무리하기로 합의하였는데, 며칠 후 약속어음공정증서를 작성하는 과정에서 합의금을 다시 절충하여, 위 2억 원에서 그동안 A가 C에게 준 3,000만 원을 공제한 그 나머지 1억 7,000만 원만을 B에게 지급하기로 하고, 그중에서 1억 원과 7,000만 원짜리 약속어음을 각 발행하고, 그 약속어음채무에 관한 공정증서를 작성해 주었다.

B가 위 약속어음공정증서를 집행권원으로 하여 A의 재산에 대하여 강제집행을 신청하자 A는 B가 자기 처인 꽃뱀 C와 공모하여 C로 하여금 A와 불륜관계를 맺게 한 뒤 이를 이용하여 A로부터 이 사건 금원을 갈취하려 하였고, 그렇지 않다고 하더라도 C와 A와의 불륜관계를 알게 되자 C와 공모하여 공동으로 A를 협박하여 A로부터 금원을 갈취한 것이고, B가 A의 궁박한 처지를 이용하여 폭리를 취한 것이므로 무효이며, 이 사건 약속어음공정증서의 작성은 피고의 강박에 의한 것으로서 역시 무효라는 이유로 B에 의한 강제집행의 저지를 구하기 위하여 B를 상대로 청구이의의 소를 제기하였다.

대법원은 이 사건에서 A가 B로부터 고소를 당하게 되면 약사회장이라는 자신의 사회적 명예가 실추되고 구속될 여지도 있어 다소 궁박한 상태에 있었다고 볼 수는 있으나, B가 A의 위와 같은 처지를 적극적으로 이용하여 폭리를 취하려 하였다고 볼 수 없으므로, A가 B와 위와 같이 합의하고 약속어음공정증서를 작성한 행위가 불공정한 법률행위에 해당한다고 볼 수 없고, A와 B가 이 사건 합의에 이르게 된 과정에 비추어 볼 때 A가 B의 협박에 외포되어 약속어음공정증서를 작성하였다기보다는 A가 간통으로 인한 형사처벌을 면하기 위하여 B에게 합의금 명목의 경제적 보상을 제의하고 B가 이를 받아들여 서로 간의 절충 끝에 합의금을 금 2억 원으로 결정하였다가 결국 1억 7,000만 원의 약속어음공정증서를 작성하는 것으로 최종적인 합의가 이루어진 사실이 인정되므로, 위 약속어음공정증서의 작성이 B의 강박에 의한 것이라고 볼 수 없다고 판단하였다.

아울러 대법원은 일반적으로 부정행위에 대한 고소·고발은 그것이 부정한 이익을 목적으로 하는 것이 아닌 때에는 정당한 권리행사

가 되어 위법하다고 할 수 없는 것이고, 이 사건에서 B가 광주광역
시의 약사회장으로 있던 A를 간통으로 고소하지 않기로 하는 등의
대가로 무려 금 1억 7,000만 원의 합의금을 받게 되었다고 하여, B
가 부정한 이익을 목적으로 위법한 강박행위를 하였다고 볼 수 없다
고 판시하였다(대법원 1997.3.25. 선고 96다47951 판결).

7년여에 이르는 불륜의 대가가 2억 원이라면 돈을 잘 버는 약사회
장으로서는 큰돈이 아니었을 수도 있으나 속은 쓰렸을 것이다. 自業
自得이니 어쩔 수 없는 노릇이다.

그런데 1년 반간의 동거에 무려 8억 8,000만 원이라는 대가를 치
른 값비싼 불륜이 있었다.

최 모 씨는 2005년부터 2007년까지 1년 반 동안 부인과는 이혼을
하겠다고 약속하고, 이 모 씨와 동거하면서 두 집 살림을 차렸다. 최
씨는 부인과 이혼절차가 진행되지 않아 불안정한 동거를 계속하던 중
정신을 차리고 부인에게 돌아가기로 마음을 바꾸고 1년 반 만에 동거
생활을 청산하려 했다. 그러나 갑자기 관계청산을 통보받은 이 씨는
후유증으로 정신병원에 입원하게 되었고, 딸의 인생을 책임지라는 동
거녀의 아버지에게 혼쭐이 났다. 최 씨는 엉겁결에 3개월 만기 4억
원 어음을 쓰고, 10년에 걸쳐 매달 400만 원씩 4억 8,000만 원(도합
8억 8,000만 원)을 갚겠다는 채무확인서를 쓰고 자리를 모면했다.

가진 재산이 별로 없던 최 씨는 법원에 "불법적인 사실혼관계를
청산하는 대가로 써 준 채무확인서는 반사회적이며, 동거녀 부친의
협박에 따른 법률행위여서 무효"라며 채무부존재 확인소송을 냈다.
동거했던 아파트 소유권을 이미 이 씨 앞으로 넘겨줬던 최 씨는 "8
억 8,000만 원은 1년 6개월에 불과한 동거의 대가로는 지나친 액수
여서 불공정한 법률행위"라고 주장했다.

그러나 서울중앙지방법원은 최 씨에게 "약속한 액수를 지급해야 한
다"며 원고패소로 판결했다. 재판부는 최 씨가 동거녀에게 관계를 청
산하자면서 3년 동안 매월 300만 원씩을 주겠다고 먼저 얘기한 점을
중시해 "채무확인서를 써준 것은 위자료를 주겠다는 의사에 따른 것
인 만큼 사회질서에 위반한 법률행위라고 볼 수 없다"고 판단했다.
불법행위의 대가로 약속한 계약은 민법 103조에 해당하지 않는다는
것이다. 재판부는 "불공정한 법률행위란 얻을 것에 비해 지급할 것
이 너무 많은 재산상의 거래에 해당하는 것이지, 위자료 명목으로
대가없이 증여하겠다는 경우에는 해당되지 않는다"며 최 씨의 항변
을 받아들이지 않았다.

1년 반의 불륜의 대가치고는 살고 있던 집도 이미 넘긴 마당에 8
억 8,000만 원은 너무 컸다. 경솔하게 채무확인서 한 번 잘못 썼다가
어쩌면 최 씨는 이 불륜의 멍에를 평생 짊어지고 가야 할지 모른다.

위 사례들에서 알 수 있는 것처럼 불륜관계 청산을 목적으로 돈을
준다는 각서나 확인서를 써주었다가는 꼼짝없이 걸려든다. 위에서
보는 것처럼 불륜은 반드시 돈으로 보복당하게 되어 있다.

평범한 가정주부였던 A 씨(40·여)는 2007년 초 인터넷 사진 동
아리에서 회사원 B 씨(49)를 만나 불륜에 빠졌다. 두 사람의 은밀한
만남이 남편에게 발각된 것은 둘이 지방으로 여행을 다녀온 직후였
다. 늦은 밤 잠든 아내의 휴대전화에 문자메시지가 오자 이상하게
여긴 남편 C 씨(45)는 휴대전화를 열어봤고 두 사람의 여행 사진을
발견했다. 남편의 추궁에 A 씨는 "인터넷 모임에서 탈퇴하고, 애들
뒷바라지에 전념하겠다"는 각서까지 썼지만 달라진 것은 없었다. A
씨는 가출했고 남편 C 씨는 스트레스로 탈모 증세까지 보였다. 결국
C 씨는 A씨와 이혼했다.

　　그러나 C 씨는 '아내의 남자'인 B 씨에 대한 원한이 풀리지 않았다. 그는 B 씨를 상대로 손해배상 청구 소송을 냈다. 서울가정법원은 "B 씨가 이혼소송 진행 중에도 A 씨와 동거하며 재결합을 방해하는 등 10여 년간 지속되던 혼인관계를 파탄 낸 점이 인정된다"며 "C 씨에게 5,000만 원을 배상하라"고 판결했다.

　　변호사 실무를 하면서 불륜관계를 유지하는 동안에 빌려준 돈을 돌려달라고 대여금 청구를 하는 예를 많이 경험하였다. 이 경우 대개 돈을 받은 측(주로 여자)은 불법원인급여 등을 주장하면서 돌려주지 못하겠다고 다툰다.

　　과연 불륜의 대가는 얼마인가? 불륜관계를 유지하기 위한 돈도 많이 들지만 불륜관계를 정리하기 위한 돈도 많이 든다. 위 사례들에서 눈치 빠른 사람들은 알아챘을 것이다. 불륜관계를 청산하기 위해 돈을 적게 들이는 방법이 어떤 것인지를.

[2012. 2. 10]

14. 성매매와 법

　성(城)이 아닌 성(性)을 사고팔 수 있는 것인가? 다 알다시피 성매매가 횡행하는 현실과 달리 유감스럽게도 현행법상 그건 범죄행위다.

　각종 매체를 보면 성매매 관련 사건들이 수도 없이 보도되고 있다. 고위 공직자는 물론 교수, 교사, 의사, 군인, 기업인, 자영업자 등 성매매로 졸지에 패가망신하는 사람들이 많다. 성매매 관련 현행법으로는 「성매매방지 및 피해자보호 등에 관한 법률」(이하 「성매매방지법」으로 약칭한다)과 「성매매알선 등 행위의 처벌에 관한 법률」(이하 「성매매알선처벌법」으로 약칭한다)이 있다. 아동청소년의 성보호에 관한 법률도 있으나, 여기서는 주로 성매매방지법 및 성매매알선처벌법을 중심으로 폭행이나 협박 등이 개재되어 있지 아니한 성년자들의 자유로운 성매매에 관하여 살펴보기로 한다.

　성매매방지법은 2004.3.22. 법률 제7212호로 최초 제정된 이래 14차례나 개정되어 최근의 개정으로는 지난 2월 1일 개정된 법(법률 제11285호)이다. 성매매알선처벌법도 같은 날 법률 제7196호로 제정되고 4차례 개정되어 최근의 개정으로는 2011.9.15. 개정된 법(법률 제11048호)이다.

성매매알선처벌법 제4조에 의하면 누구든지 다음 각 호의 어느 하나에 해당하는 행위를 하여서는 아니 된다.
1. 성매매

2. 성매매알선 등 행위
3. 성매매 목적의 인신매매
4. 성을 파는 행위를 하게 할 목적으로 다른 사람을 고용·모집하거나 성매매가 행하여진다는 사실을 알고 직업을 소개·알선하는 행위
5. 제1호, 제2호 및 제4호의 행위 및 그 행위가 행하여지는 업소에 대한 광고행위

성행위의 대가로 돈을 주는 단순 성매매를 한 사람도 위 법에 의하면 1년 이하의 징역이나 300만 원 이하의 벌금·구류 또는 과료(科料)에 처한다(위 법 제21조 제1항). 폭행이나 협박 등으로 성을 파는 행위를 하게 한 경우, 성매매알선 등 행위를 하거나 영업으로 성매매알선 등을 하는 경우에는 형이 가중된다. 여기서 성매매라 함은 불특정인을 상대로 금품이나 그 밖의 재산상의 이익을 수수(收受)하거나 수수하기로 약속하고 성교행위, 구강, 항문 등 신체의 일부 또는 도구를 이용한 유사 성교행위를 하거나 그 상대방이 되는 것을 말한다(위 법 제2조 제1호).

위와 같은 성매매알선처벌법은 종래에 있었던 윤락행위 등 방지법이 윤락행위를 한 자 또는 윤락행위의 상대자가 된 자는 1년 이하의 징역이나 300만 원 이하의 벌금·구류 또는 과료에 처하도록 하고 있었으나, 사실상 이 법이 사문화되었다고 주장하는 여성계의 투쟁으로 노무현 정부 당시 만늘어섰나. 성매매 어성이 인권보호도 위 법의 목적 중의 하나였다. 당시 남성들이 여성계의 눈치를 보지 않고 위 법의 목적이나 명분에 대해 대놓고 반대하기는 어려운 상황이었다.

그러나 위와 같은 법이 만들어지고 수차 개정되고 있음에도 불구하고 위 법의 목적이 달성되고 있는가? 오히려 성매매가 지하로 숨어 파고들면서 비용이 높아졌고, 성욕을 해결할 곳이 없어진 성폭행

범죄자의 수를 늘리는 부작용을 낳고 있는 것은 아닌가. 그렇다고 이 법으로 성매매여성들의 인권은 진정 보호되고 있다고도 보이지 않는다. 그녀들이 오히려 이 법 때문에 이 땅을 떠나 미국, 일본 등으로 밀입국까지 감행하면서 성을 팔러 가는 상황을 어떻게 이해해야 할 것인가? 한국의 성매매산업은 세계로 뻗어나가고 있다.

성매매를 뿌리 뽑고, 성매매 여성들의 인권을 보호하겠다는 법의 명분은 좋다. 그러나 위 법이 시행된 지 8년이 되고 있는데 성매매는 사라지지 않고 '풍선효과' 때문에 성매매가 주택가까지 무분별하게 번지고 있고 별의별 변종 성매매만 양산되고 있는 것은 누구나 부인하지 못한다. 청량리 588이나 M.T.(미아리택사스)와 같은 '선수'들의 집창촌만 없앤다고 성매매가 없어지는 것은 아니다.

성매매를 없애려는 시도가 인류역사에서 성공한 예는 없었다. 매춘은 인류 최초의 직업이었다. 위 법으로 결국 우리는 불쌍한 '거리의 여인들'만 괴롭힌 것이 아닌지 냉철하게 생각해볼 일이다. '거리의 여인'들이 위 법에 대한 항의집회를 열고 자살을 기도하기도 했지만, 여성계는 사시의 눈으로 이네들을 쳐다볼 뿐이다. 이 여자들은 대한민국 국민이 아닌가?

자유주의 사회에서 개인의 행위가 다른 사람들의 자유를 해치지 않는다면, 자유로운 성년자 개인들의 자발적 성매매에 대해 엄격한 금지주의는 문제가 많다. 국회도, 법 집행자도 남성들은 여성계의 눈치 때문에 위 법에 대해 말을 못 하는 상황이지만 성매매를 극도로 혐오하고 엄격한 규제를 주장해온 여성계에서 이 문제를 합리적으로 풀어가야 하지 않을까?

그건 그렇고 현행법하에서 불법인 성매매사건은 결코 줄어들지 않고 있다. 사실상 '눈 가리고 아웅'이지 도처에 널려 있는 것이 성매매 업소이다. 마사지업소, 유흥주점 등 술집, 휴게텔, 티켓다방 등이 널려 있고, 이발소가 이발하러 가는 곳이 아님은 삼척동자도 다 안다. 인터넷 클릭 한 번이면 성매매 아니 그보다 더한 것도 많다. 서울 등 대도시에는 이른바 '풀살롱'이라는 형태의 전문업소도 우후죽순 격으로 생겨나고 있다.

성매매사건이 넘쳐나다 보니 일감을 찾지 못하는 젊은 변호사들이 이런 사건을 유혹하는 광고가 인터넷에 뜨고 있기도 하다. 어떤 법률사무소 사이트에는 "가정도, 직장도 전혀 알아채지 못하게 감쪽같이 성매매 사건을 처리해 드립니다"는 광고가 버젓이 뜨고 있다. 경찰 조사에 당황한 성매수 초범이나 가정과 직장에 성매매 사실이 알려지길 꺼리는 피의자들이 주요 고객이다. 사실 이 법에 걸리면 망신을 떠나 잘못하면 인생을 조질 수 있다.

성매수 초범은 존스쿨(John School: 초범 남성을 대상으로 한 교육 프로그램)을 듣는 조건으로 대체로 기소유예되는 경우가 많고, 드물게 정식 재판이 넘겨져도 벌금 사건임에도 이러한 단순 형사사건을 두고 불안감을 조성, 돈벌이에 나서는 일부 변호사들의 부도덕성도 나타나고 있다.

그러면 여기서 성매매 관련 사례 몇 가지를 들추어 보자.

속칭 '대딸방'이 유사성교행위에 해당하는지 논란이 있었다. 1심은 법에서 성교행위를 알선한 경우와 유사성교행위를 알선한 경우를 모두 동일한 법정형으로 처벌하고 있는 점, 법 문언에 따르더라도 '구강·항문 등 신체의 일부 또는 도구를 이용한 유사성교행위'로 되어 있어, 여기서의 유사성교행위란, 구강·항문 등 신체 내부로의 삽입행위 내지는 적어도 성교와 유사한 것으로 볼 수 있는 정도의 성적 만족을 얻기 위한 신체접촉행위를 의미하는 것으로 해석함이 상당하다고 보이는 점, 제한적으로 해석하지 아니할 경우 대가관계가 수반된 성적 만족을 얻기 위한 모든 신체접촉행위가 유사성교행위에 해당하게 되어 처벌의 범위가 지나치게 확장될 가능성이 있는 점 등을 종합하면, 손을 이용한 피고인의 이 사건 행위는 도덕적 비난가능성은 있을지언정 법이 정하고 있는 유사성교행위에는 해당하지 아니한다는 이유로 무죄를 선고하였다.

그러나 2심은 검사의 항소를 받아들여 1심을 파기하고 피고인을 징역 8월에 집행유예 2년을 선고하였고, 대법원은 원심을 확정하였다. 대법원은 성매매 등 근절과 성매매 피해자 인권보호라는 위 법률의 입법 취지와 성교행위와 유사성교행위를 아무런 구별 없이 같이 취급하고 있는 위 법률의 관련 조항들을 고려하면, 위 법률에서 말하는 '유사성교행위'란 구강·항문 등 신체 내부로의 삽입행위 내지 적어도 성교와 유사한 것으로 볼 수 있는 정도의 성적 만족을 얻기 위한 신체접촉행위를 말하는 것으로 볼 것이고, 어떤 행위가 성교와 유사한 것으로 볼 수 있는 정도의 성적 만족을 얻기 위한 신체접촉행위에 해당하는지는 당해 행위가 이루어진 장소, 행위자들의 차림새, 신체 접촉 부위와 정도 및 행위의 구체적인 내용, 그로 인한 성적 만족감의 정도 등을 종합적으로 평가하여 규범적으로 판단하여야 할 것이라는 전제하에 피고인이 운영하던 마사지업소에서는 침대가 설치되어 있는 밀실로 남자 손님을 안내한 다음, 보통 짧은 치마에 반팔 티 차림의 젊은 여종업원이 먼저 손님의 발을 비롯한 온몸을 주물러 성적인 흥분을 일으킨 뒤 손님의 옷을 모두 벗기고 로션을 바른 손으로 손님의 성기를 감싸 쥐고 마치 성교행위를 하는 것처럼 왕복운동을 하여 성적 만족감에 도달한 손님으로 하여금 사정에까지 이르게 하는 방법으로 영업행위를 한 사실이 인정되므로 피고인의 업소에서 이루어진 위 영업행위는 손님으로 하여금 성교와 유사한 것으로 볼 수 있는 정도의 성적 만족을 얻도록 하기 위한 신체접촉행위로 보기에 넉넉하다고 판시하였다(대법원 2006.10.26. 선고 2005도8130 판결).

성매매 영업을 방해한 경우 업무방해죄로 처벌받는가? 경기도 수원의 한 폭력조직 조직원인 김 모 씨는 2005년 5월부터 2007년 8월까지 조 모 씨가 운영하는 성매매 업소 입구에 조직원들을 한 줄로 세우고 소리를 지르게 해 영업을 방해하고 병원비 명목으로 200만 원을 빼앗은 혐의로 기소됐다.

1심은 "불법성이 큰 성매매업은 업무방해죄의 보호 대상이 될 수 없다"며 공갈 등의 혐의만 유죄로 인정해 징역 10월에 집행유예 2년을 선고했다. 그러나 서울고법 형사11부(재판장 이기택)는 성매매 업소의 영업을 방해한 혐의(업무방해 등)로 기소된 김 모 씨에게 업무방해 혐의를 무죄 판단한 1심과 달리 유죄로 판단하고 징역 1년에 집행유예 2년을 선고했다. 서울고법은 "성매매업이 형사처벌 대상이라는 이유만으로 업무방해죄의 보호 대상에서 제외한다면 성매매업이나 이와 비슷한 위법한 영업행위에 대한 범죄단체 등의 침해행위가 예상돼 더 큰 불법을 방임하는 결과를 낳을 수 있다"고 판시했다.

그러나 이 사건이 대법에서 깨졌다(대법원 2011.10.13. 선고 2011도7081 판결). 판결이유는 다음과 같다.

"형법상 업무방해죄의 보호대상이 되는 '업무'라 함은 직업 또는 계속적으로 종사하는 사무나 사업으로서 타인의 위법한 침해로부터 형법상 보호할 가치가 있는 것이어야 하므로, 어떤 사무나 활동 자체가 위법의 정도가 중하여 사회생활상 도저히 용인될 수 없는 정도로 반사회성을 띠는 경우에는 업무방해죄의 보호대상이 되는 '업무'에 해당한다고 볼 수 없다. 한편 성매매알선처벌법은 제2조 제1항 제2호에서 성매매알선 등 행위에 해당하는 행위로 '성매매를 알선·권유·유인 또는 강요하는 행위', '성매매의 장소를 제공하는 행위' 등을 규정하고, 그 제4조 제2호 및 제4호에서는 성매매알선행위와 성을 파는 행위를 하게 할 목적으로 타인을 고용·모집하는 행위를 금지하고, 이에 위반하여 성매매알선 등 행위를 한 자 및 그 미수범을 형사처벌하도록 규정하고 있으므로(법 제19조 제1항 제1호, 제19조 제2항 1호, 제23조 등 참조), 성매매알선 등 행위는 법에 의하여 원천적으로 금지된 행위로서 형사처벌의 대상이 되는 중대한 범죄행위일 뿐 아니라 정의관념상 용인될 수 없는 정도로 반사회성을 띠는 경우에 해당하므로 이는 업무방해죄의 보호대상이 되는 업무라고 볼 수 없다. 피해자 조 모는 2005년 4월경부터 3년간 수원역 인근 시장가 골목에서 윤락녀를 고용하여 성매매 업소를 운영하여 온 사실 등을 알 수 있고, 위 성매매 업소 운영에는 성매매를 알선·권유하거나 성매매장소를 제공하는 행위 등이 필연적으로 수반되는 것이어서 그 업소의 운영자는 법 제19조 제1항 제1호의 성매매알선 등 행위를 한 자 또는 법 제19조 제2항 제1호의 영업으로 성매매알선 등 행위를 한 자에 해당하므로, 이 부분 공소사실에 적시된 위 피해자의 성매매 업소 운영업무는 업무방해죄의 보호대상이 되는 업무라고 볼 수 없다."

조폭들이 반길 만한 대법원판결이다. 그러나 서울고법이 우려하는 대로 성매매업이나 이와 비슷한 위법한 영업행위에 대한 범죄단체 등의 침해행위가 예상돼 더 큰 불법을 방임하는 결과를 낳을 수 있다는 점은 어떻게 해결할 것인고? 조폭들이 유흥주점이나 이런 성매매 업소에서 기생하는 상황에서는 더욱 그러하다.

자기 건물을 성매매에 제공되는 사실을 알면서 임대한 경우 성매매알선처벌법에 의해 처벌받는가?

A 모 씨는 어머니와 공동으로 서울 강남구 역삼동에 있는 약 250평 규모의 5층 건물을 소유하면서 2006년 10월경 안마시술소를 운영하겠다는 B에게 위 건물을 임대차보증금 3억 원에 월세 1,700만

원으로 정하여 임대해 주었는데, 2008년 6월 11일경 서울지방경찰청으로부터 위 건물이 성매매 장소로 제공되었다는 통지를 받아 위 건물에서 성매매가 이루어진다는 사실을 알고 있었음에도 불구하고, 그 무렵부터 2008년 10월 27일경까지 위 건물을 B에게 계속 임대하는 방법으로 위 건물을 B에게 제공하여 성매매알선 등 행위를 하였다는 이유로 기소되었다.

1심은 피고인 A는 아버지의 사망으로 어머니와 함께 이 사건 건물을 상속받아 C에게 임대하였다가 불법영업으로 단속되는 바람에 임료 등이 연체되자 C를 내보내고, B에게 불법영업을 하지 않겠다는 다짐을 받고 위 건물을 임대한 사실, 당시 A는 독실한 기독교 신자로서 역시 교회에서 권사의 직분을 맡고 있었던 B의 이러한 다짐을 신뢰하고 임대한 사실, 그럼에도 위 건물에서 성매매가 이루어져 마침내 2008년 6월경 서울지방경찰청장으로부터 위 건물이 성매매 장소로 제공되었다는 통지를 받은 사실, 이에 A는 위 건물이 성매매 장소로 이용되는 것을 막기 위하여 B로부터 다시는 불법영업을 하지 않겠다는 취지의 각서를 받으려고 하였다가 B가 거절하자 2008년 7월 4일 B에게 내용증명우편으로 불법영업을 이유로 위 건물을 명도해 달라고 요청함과 아울러 제3자에게 위 건물의 매각과 업종전환을 시도하는 한편, 위 건물에 대한 명도소송을 준비하여 2008년 10월 24일 변호사 D에게 B를 상대로 한 건물명도 소송 및 점유이전금지가처분신청을 위임한 사실, 이후 D 변호사는 2008년 12월 24일 B를 상대로 위 건물에 대한 명도소송을 제기하여 1심에서 승소판결을 받았고, 이후 B의 항소로 항소심에서 조정기일인 2009년 9월 14일 이후 수사기관으로부터 B의 성매매알선처벌법 위반으로 인한 통지를 받을 경우 즉시 위 건물을 명도한다는 취지의 조정이 성립된 사실을

인정할 수 있는바, 위 인정사실에 비추어 보면, A가 성매매에 제공
되는 사실을 알면서도 B에게 위 건물을 제공하였다고 보기 어렵고,
달리 이를 인정할 증거가 없다는 이유로 피고인 A에게 무죄를 선고
하였다.

그러나 2심은 검사의 항소를 받아들여 1심을 파기하고 피고인 A
에게 벌금 2,000만 원을 선고하였고, 피고인이 상고했으나, 대법원은
피고인의 상고를 기각하였다.

대법원은 성매매알선처벌법 제2조 제1항 제2호 (다)목은 '성매매에
제공되는 사실을 알면서 건물을 제공하는 행위'를 '성매매알선 등 행
위'에 해당한다고 규정하고 있는데, 성매매행위의 공급자와 중간 매
개체를 차단하여 우리 사회에 만연되어 있는 성매매행위의 강요·알선
등 행위와 성매매행위를 근절하려는 법률의 입법 취지와 위 규정이
건물을 제공하는 행위의 내용을 건물을 인도하는 행위로 제한하고
있지 않은 점에 비추어 볼 때, 여기에서 말하는 '성매매에 제공되는
사실을 알면서 건물을 제공하는 행위'에는 건물을 임대한 자가 임대
당시에는 성매매에 제공되는 사실을 알지 못하였으나 이후에 수사기
관의 단속 결과 통지 등으로 이를 알게 되었는데도, 건물의 임대차
계약을 해지하여 임대차관계를 종료시키고 점유 반환을 요구하는 의
사를 표시함으로써 제공행위를 중단하지 아니한 채 성매매에 제공되
는 상황이 종료되었음을 확인하지 못한 상태로 계속 임대하는 경우
도 포함한다고 보아야 한다고 판시하고, 피고인이 B에게 "향후 건물
에서 성매매를 하지 말고 만약 불법영업을 할 경우 건물을 명도하
라"는 취지의 내용증명 우편을 보낸 적이 있고, B를 만나 불법영업
을 하지 않겠다는 각서를 요구하였는데 B가 이를 거부한 사정이 있
더라도 위와 같은 조치는 임대차계약을 확정적으로 종료시키는 것이

아니어서 건물의 제공행위를 중단하였다고 할 수 없다고 밝히고 피고인에게 유죄를 선고한 원심을 확정하였다(대법원 2011.8.25. 선고 2010도6297 판결).

건물을 임대하는 사람들이 주의하여야 할 판결이다.

2012년 2월 1일 개정된 성매매방지법은 유흥종사자를 둘 수 있는 식품접객업의 영업자 등에게 성매매와 관련된 채권은 불법원인으로 인한 무효라는 사실과 성매매피해자를 위한 상담소의 업무·연락처 등을 해당 사업장 안의 보기 쉬운 곳에 게시하도록 하고(제20조의 2 신설), 이를 위반한 자에게는 500만 원 이하의 과태료를 부과하도록 하고 있다(제24조 제1항). 이는 성매매의 유인·강요의 수단으로 이용되는 선불금 등 명목으로 제공한 금품이나 그 밖의 재산상 이익 등은 불법원인급여에 해당하여 그 반환을 청구할 수 없다는 판례의 입장(대법원 2004.9.3. 선고 2004다27488,27495 판결)을 반영한 입법이다.

술집 여종업원이 돈 많은 남자 손님을 관리하는 차원에서 가끔 성관계를 맺는 방법(소위 '판촉용' 성관계)으로 손님을 유인해 매상을 올렸더라도 성관계에 대한 직접적인 대가를 주고받지 않았다면 성매매행위로 볼 수 없다는 서울중앙지방법원 판결이 논란을 빚은 바 있다.

우리 형법은 속지주의와 속인주의를 전부 택하고 있으므로 한국인이 성매매가 합법화된 독일 등 유럽이나 호주 등지에서 성매매를 하다가 적발된 경우에도 우리 법에 의해 처벌될 수 있음을 유의할 것이다.

어떤 남자가 대가를 지불하기로 하고 성교행위나 유사성교행위의 상대방이 되었는데 일이 끝난 후 약속된 돈을 주지 않은 경우 또는 서로 의기투합하여 하룻밤을 지내고 호의로 택시비를 준 경우에도 성매매알선처벌법에 의해 처벌받는지 생각해보라.

남녀 사이의 자유로운 성매매에 대한 국가의 간섭을 비판하는 사람도 정신능력이 미숙한 아동이나 청소년을 대상으로 하는 성매매에 대해서는 엄벌주의를 취한다. 아동이나 청소년 대상의 성범죄나 성폭력범죄는 나중에 보기로 하고 여기서는 아동이나 청소년의 성매수 행위에 관해서만 살펴보기로 한다.

청소년의 성을 사는 행위, 성매매를 조장하는 온갖 형태의 중간매개행위 및 청소년에 대한 성폭력행위를 하는 자들을 강력하게 처벌하고, 성매매와 성폭력행위의 대상이 된 청소년을 보호·구제하는 장치를 마련함으로써 청소년의 인권을 보장하고 건전한 사회구성원으로 복귀할 수 있도록 하는 한편, 청소년을 대상으로 하는 성매매 및 성폭력 행위자의 신상을 공개함으로써 범죄예방효과를 극대화하기 위하여 2000.2.3. 「청소년의 성보호에 관한 법률」이 제정되었고(법률 제6261호), 그 후 이 법률이 2009.6.9. 「아동·청소년의 성보호에 관한 법률」(이하 '법'으로 약칭)로 전면 개정되었으며(법률 제9765호) 몇 차례의 개정을 거쳐 최근의 개정으로는 2012.2.1. 개정법(법률 제11290호)이다.

이 법에서 '아동·청소년'은 <u>19세 미만의 자</u>를 말하고(다만, 19세에 도달하는 해의 1월 1일을 맞이한 자는 제외. 제2조 제1호), '아동·청소년의 성을 사는 행위'는 아동·청소년, 아동·청소년의 성(性)을 사는 행위를 알선한 자 또는 아동·청소년을 실질적으로 보호·감독하는 자 등에게 금품이나 그 밖의 재산상 이익, 직무·편의제공 등 대가를 제공하거나 약속하고 다음의 어느 하나에 해당하는 행위를 아동·청소년을 대상으로 하거나 아동·청소년으로 하여금 하게 하는 것을 말한다(제2조 제4호).
가. 성교 행위
나. 구강·항문 등 신체의 일부나 도구를 이용한 유사성교행위
다. 신체의 전부 또는 일부를 접촉·노출하는 행위로서 일반인의 성적 수치심이나 혐오감을 일으키는 행위

라. 자위행위

이 법은 아동이나 청소년의 성을 사는 행위에 대해서는 다음과 같
은 벌칙 규정을 두고 있다.

제10조 (아동·청소년의 성을 사는 행위 등)
① 아동·청소년의 성을 사는 행위를 한 자는 5년 이하의 징역 또는 3천만
원 이하의 벌금에 처한다.
② 아동·청소년의 성을 사기 위하여 아동·청소년을 유인하거나 성을 팔도
록 권유한 자는 1년 이하의 징역 또는 1천만 원 이하의 벌금에 처한다.

제11조 (아동·청소년에 대한 강요행위 등)
① 다음 각 호의 어느 하나에 해당하는 자는 5년 이상의 유기징역에 처한다.
1. 폭행이나 협박으로 아동·청소년으로 하여금 아동·청소년의 성을 사는
행위의 상대방이 되게 한 자
2. 위계나 선불금(先拂金), 그 밖의 채무를 이용하는 등의 방법으로 아동·청
소년을 곤경에 빠뜨려 아동·청소년으로 하여금 아동·청소년의 성을 사
는 행위의 상대방이 되게 한 자
3. 업무·고용이나 그 밖의 관계로 자신의 보호 또는 감독을 받는 것을 이
용하여 아동·청소년으로 하여금 아동·청소년의 성을 사는 행위의 상대
방이 되게 한 자
4. 영업으로 아동·청소년을 아동·청소년의 성을 사는 행위의 상대방이 되
도록 유인·권유한 자
② 제1항 제1호부터 제3호까지의 죄를 범한 자가 그 대가의 전부 또는 일부
를 받거나 이를 요구 또는 약속한 때에는 7년 이상의 유기징역에 처한다.
③ 아동·청소년의 성을 사는 행위의 상대방이 되도록 유인·권유한 자는
7년 이하의 징역 또는 5천만 원 이하의 벌금에 처한다.
④ 제1항과 제2항의 미수범은 처벌한다.

아동, 청소년 성매매의 대부분은 인터넷을 매개로 발생하고 있다.

인터넷에서 성매매를 시도만 한 경우에도 처벌된다(법 제10조 제2항). 가출 청소년들이 돈벌이 수단으로 적극적으로 성매매에 나서는 일도 많다. 취객들이 이런 청소년에게 당한 사례도 많다.

서울중앙지법 형사합의26부(부장 정영훈)는 2012년 1월 3일 지난해 6월 인터넷채팅을 통해 알게 된 15세 가출 청소년에게 집단 성매매를 시키고, 성매매 남성들로부터 대금을 받아 챙긴 혐의로 기소된 박 모(35) 씨와 김 모(29) 씨에게 각 징역 4년을, 또 박 모 씨 등에게 10여만 원을 주고 성매매를 한 변호사 이 모(32) 씨 등 4명에 대해 징역 6월에 집행유예 1년을 선고했다. 재판부는 "아동·청소년의 성매매가 급속히 확산되고 있는 상황에서 아이들을 보호하기 위해서는 성매매를 알선하는 사람이나 구매자를 엄중하게 처벌할 필요가 있다"며 "특히 알선업자는 단순히 아이들과 성구매자를 연결하는 역할만이 아니라, 수요를 창출하고 안정적인 공급을 제공해 아동·청소년의 성매매를 고착·확산시키는 역할을 하기 때문에 중형 선고가 불가피하다"고 판단했다.

대법원은 피고인 A가 인터넷 채팅사이트 '버디버디'에 용돈을 벌기 위하여 구체적인 성매매조건을 내건 청소년 B(여, 16세)의 채팅방에 접속하여, 이미 성매매의사를 가지고 성매수행위를 할 자를 물색하고 있던 청소년 B와 성매매장소, 대가, 연락방법 등에 관하여 구체적인 합의에 이른 다음, 약속장소인 노래방 인근에 도착하여 B에게 전화를 걸어 '속바지를 벗고 오라'고 지시한 사안에서, 피고인의 일련 행위가 아동·청소년의 성보호에 관한 법률 제10조 제2항에서 정한 '아동·청소년에게 성을 팔도록 권유하는 행위'에 해당한다고 판시하고 피고인에게 징역 6개월에 집행유예 2년을 선고한 원심을 확정한 사례가 있다(대법원 2011.11.10. 선고 2011도3934 판결).

청소년에게 자발적 성매매의사가 있어도 이들에게 대가를 제공하는 것은 법에서 규정하는 권유에 포함된다. 성매수와 성행위를 하지 않았다고 하더라도 청소년을 유인, 권유하는 행위 모두 처벌받는다.

청소년의 성을 사는 행위와 위계에 의한 청소년간음행위의 구별이 문제 된 사례가 있었다.

피해자가 이 사건 당시 16세 남짓 된 상업고등학교 1학년 여학생으로 종전에 성경험이 있었고, 이 사건 당일 컴퓨터 채팅을 통하여 피고인으로부터 성관계를 가지면 50만 원을 주겠다는 제의를 받자 이를 승낙한 뒤 자신의 집이 비어 있다면서 피고인으로 하여금 같은 날 23:00경 자신의 집으로 찾아오도록 하여 피고인과 성교행위를 한 경우, 대법원은 피해자는 성교에 대한 사리판단력이 있는 사람으로서 피고인으로부터 성교의 대가를 받기로 하고 스스로 성교행위에 나아간 것이므로 피고인이 피해자에게 성교의 대가로 50만 원을 줄 의사나 능력이 없으면서도 위 돈을 주겠다고 거짓말을 하고 피해자가 이 말에 속아 피고인과 성교행위를 하였다고 하더라도, 사리판단력이 있는 피해자에 관해서는 그러한 금품의 제공과 성교행위 사이에 불가분의 관련성이 인정되지 아니하는 만큼 이로 인하여 피해자가 간음행위 자체에 대한 착오에 빠졌다거나 이를 알지 못하였다고 할 수 없으므로 피고인의 행위가 '위계'로 청소년인 피해자를 간음한 것에 해당하지 아니한다고 판단하였다(대법원 2001.12.24. 선고 2001도5074 판결). 다만, 피고인이 청소년에게 금품의 제공을 약속하고 성교행위를 한 것인 이상 그것이 '청소년의 성을 사는 행위'에 해당하여 법에 따른 처벌 대상이 되는 것은 별도의 문제이다.

[2012. 2. 12]

15. 성희롱과 법

성희롱과 아닌 것의 차이에 관해서는 다음과 같은 유머가 있다.
이런 이야기해도 성희롱이 되는 것인가?

- 낮에 들으면 성희롱, 밤에 들으면 윤활유.
- 추녀가 들으면 성희롱, 미인이 들으면 윤활유.
- 이혼 후 해주면 성희롱, 이혼 전에 해주면 윤활유.
- 상사에게 들으면 성희롱, 동기에게 들으면 윤활유.
- 손 씻다가 들으면 성희롱, 목욕할 때 들으면 윤활유.
- 지나가다 들으면 성희롱, 무인도에서 들으면 윤활유.
- 학원에서 들으면 졸음 퇴치법, 학교에서 들으면 성교육.
- 인기 없는 남자가 하면 성희롱, 인기 있는 남자가 하면 윤활유.

성희롱과 아닌 것의 구별은 예술과 외설의 구별만큼이나 쉽지 않
다. 추상적인 성희롱 판단기준을 구체적 사안에 적용하는 데는 애매
한 경우가 많다. 회식 자리에서 부하 여직원에게 옆자리에 앉게 하
거나 '술을 따르라'고 한 것이 성희롱이 되는가? 음담패설 농을 한
것이 성희롱이 되는가? 억지로 한 러브샷도 성희롱이 되는가? 성희
롱과 성추행은 어떻게 다른 것인가? 우선 성희롱을 논함에 있어서는
'성희롱'의 개념 자체를 명확히 하지 않으면 안 된다.

우리 사회에서 성희롱 문제는 이른바 '서울대 우 조교 사건'에서
부터 발단되었다. 옛날에 성희롱이 없었던 것은 아니나, 성희롱이 법

률문제로서 클로즈업된 것은 이 사건에서 비로소 시발되었다. 그 사건을 잠시 회고해보자.

우 조교 사건은 서울대 화학과 신 모 교수가 우 조교가 정식으로 유급조교로 임용되기 전후 2~3개월 동안, 조교인 원고를 지도하는 과정에서 사소하지만 계속적으로 원고의 어깨, 등, 손 등을 접촉하고, 머리를 만지는 등의 행동을 하고, 단둘이서 입방식을 하자고 제의하기도 하고, 원고를 위아래로 훑어보면서 몸매를 감상하는 듯한 태도를 취한 행동을 취하였고, 원고는 그로 인하여 불쾌하고 곤혹스러운 느낌을 가졌다고 주장하면서 신 교수와 서울대총장, 대한민국을 피고로 하여 불법행위로 인한 5,000만 원의 손해배상청구소송을 제기한 사안이다.

제1심인 서울지방법원(재판장 박장우 부장판사) 1994.4.18. 선고 93가합77840 판결은 피고 신 교수의 불법행위책임을 인정하고 위자료 3,000만 원의 지급을 명하는 획기적 판결을 하였다(서울대총장과 대한민국에 대한 청구는 기각). 당시 법조인들 사이에서는 성희롱에 대해 위자료 3,000만 원은 너무 과하다는 의견이 많았다.

그러나 항소심인 서울고등법원(재판장 박용상 부장판사) 1995.7.25. 선고 94나15358 판결은 성희롱을 엄격하게 보아야 한다는 이유로 원심을 깨고 원고의 청구를 기각하였다. 당시 서울법원 청사 앞에서는 박용상 부장판사를 성토하는 여성단체의 시위가 며칠째 계속되었다. 박용상 부장은 언론법 전문가로 법원 내 보수적인 법관이었다. 후에 헌법재판소 사무처장을 지냈다.

그런데 그로부터 2년 반 후 대법원(주심 최종영 대법관, 후에 대법원장을 지냄)은 원심을 파기하고 환송하였다(1998.2.10. 선고 95다39533 판결).

　대법원은 성희롱이라는 개념 대신 성적 표현행위라는 개념을 쓰면서 <u>성적 표현행위의 위법성은</u>, 쌍방 당사자의 연령이나 관계, 행위가 행해진 장소 및 상황, 성적 동기나 의도의 유무, 행위에 대한 상대방의 명시적 또는 추정적인 반응의 내용, 행위의 내용 및 정도, 행위가 일회적 또는 단기간의 것인지 아니면 계속적인 것인지 등의 구체적 사정을 종합하여, 그것이 사회공동체의 건전한 상식과 관행에 비추어 볼 때 용인될 수 있는 정도의 것인지 즉 선량한 풍속 또는 사회질서에 위반되는 것인지에 따라 결정되어야 하고, 상대방의 성적 표현행위로 인하여 인격권의 침해를 당한 자가 정신적 고통을 입는다는 것은 경험칙상 명백하다고 전제하고, 피해자(우 조교)가 엔엠알기기 담당 유급조교로서 정식 임용되기 전후 2~3개월 동안, 가해자(신 교수)가 기기의 조작방법을 지도하는 과정에서 피해자의 어깨, 등, 손 등을 가해자의 손이나 팔로 무수히 접촉하였고, 복도 등에서 피해자와 마주칠 때면 피해자의 등에 손을 대거나 어깨를 잡았고, 실험실에서 "요즘 누가 시골 처녀처럼 이렇게 머리를 땋고 다니느냐"고 말하면서 피해자의 머리를 만지기도 하였으며, 피해자가 정식 임용된 후에는 단둘이서 입방식을 하자고 제의하기도 하고, 교수연구실에서 피해자를 심부름 기타 명목으로 수시로 불러들여 위아래로 훑어보면서 몸매를 감상하는 듯한 태도를 취하여 피해자가 불쾌하고 곤혹스러운 느낌을 가졌다면, 화학과 교수 겸 엔엠알기기의 총책임자로서 사실상 피해자에 대하여 지휘·감독관계에 있는 가해자의 위와 같은 언동은 분명한 성적인 동기와 의도를 가진 것으로 보이고, 그러한 성적인 언동은 비록 일정 기간 동안에 한하는 것이지만 그 기간 동안만큼은 집요하고 계속적인 까닭에 사회통념상 일상생활에서 허용되는 단순한 농담 또는 호의적이고 권유적인 언동으로 볼 수 없고, 오히려 피해자

로 하여금 성적 굴욕감이나 혐오감을 느끼게 하는 것으로서 피해자
의 인격권을 침해한 것이며, 이러한 침해행위는 선량한 풍속 또는 사
회질서에 위반하는 위법한 행위이고, 이로써 피해자가 정신적으로 고
통을 입었음은 경험칙상 명백하다고 판시하였다.

일반적으로 불법행위로 인한 손해배상청구소송에서는 가해자의 고
의 또는 과실이 입증되어야 하므로 위 판결에서는 위법한 성적 표현
행위에 의한 인격권의 침해로 인한 손해배상책임에 있어서도 가해자
에게 성적인 동기와 의도가 있는지 살펴보아야 한다고 판시한 것으
로 볼 수 있다.

사건이 서울고등법원으로 환송되어 환송심(재판장 홍일표 부장판
사)은 1999년 6월 25일 대법원의 판결취지에 따라 신 교수의 언동
중 일부가 사회통념상 허용되는 수준을 넘은 불법행위책임을 인정하
되 위자료 액수는 500만 원이 인정되었고, 이 판결이 확정되었다.

우 조교 사건을 계기로 성희롱 개념이 최초로 등장한 법률이 1995
년 12월 30일 제정되어 1996년 6월 30일부터 시행된 여성발전기본
법이고, 직장 내 성희롱을 방지하기 위하여 남녀고용평등법을 개정
하고, 남녀차별금지 및 구제에 관한 법률을 제정하는 계기가 되었다.

☞ 「**여성발전기본법**」은 '성희롱'을 업무, 고용, 그 밖의 관계에서 국가기
관·지방자치단체 또는 대통령령으로 정하는 공공단체의 종사자, 사용자 또는
근로자가 지위를 이용하거나 업무 등과 관련하여 성적(性的) 언동(言動) 등으
로 상대방에게 성적 굴욕감이나 혐오감을 느끼게 하는 행위, 상대방이 성적
언동이나 그 밖의 요구 등에 따르지 아니하였다는 이유로 고용상의 불이익을
주는 행위를 하는 경우로 정의하고 있다(제3조 제4호). 이 법에 의하면 국가
기관 등의 장과 사업주는 대통령령으로 정하는 바에 따라 성희롱을 방지하기
위하여 교육을 하는 등 필요한 조치를 하여야 하고, 국가기관 등의 장은 그 조
치 결과를 여성가족부장관에게 제출하도록 하고 있다(제17조의 2 제1항)

☞ 「남녀고용평등과 일·가정 양립 지원에 관한 법률」은 '직장 내 성희롱'을 사업주·상급자 또는 근로자가 직장 내의 지위를 이용하거나 업무와 관련하여 다른 근로자에게 성적 언동 등으로 성적 굴욕감 또는 혐오감을 느끼게 하거나 성적 언동 또는 그 밖의 요구 등에 따르지 아니하였다는 이유로 고용에서 불이익을 주는 것으로 정의하고 있다(제2조 제2호). 근로자를 사용하는 모든 사업 또는 사업장에 적용하는 이 법은 직장 내 성희롱을 금지하고, 성희롱예방교육을 실시하며, 성희롱 발생 시 행위자에 대한 징계조치, 고객 등에 의한 성희롱방지 등을 규정하고 있다(제2장 제2절). 사업주가 직장 내 성희롱과 관련하여 피해를 입은 근로자 또는 성희롱 발생을 주장하는 근로자에게 해고나 그 밖의 불리한 조치를 하는 경우에는 3년 이하의 징역 또는 2천만 원 이하의 벌금에 처한다(제37조).

☞ 「국가인권위원회법」은 성희롱을 업무, 고용, 그 밖의 관계에서 공공기관(국가기관, 지방자치단체, 「초·중등교육법」 제2조, 「고등교육법」 제2조와 그 밖의 다른 법률에 따라 설치된 각급 학교, 「공직자윤리법」 제3조의 2 제1항에 따른 공직유관단체를 말한다)의 종사자, 사용자 또는 근로자가 그 직위를 이용하여 또는 업무 등과 관련하여 성적 언동 등으로 성적 굴욕감 또는 혐오감을 느끼게 하거나 성적 언동 또는 그 밖의 요구 등에 따르지 아니한다는 이유로 고용상의 불이익을 주는 것으로 정의한다(제2조 제3호 라목). 이 법은 성희롱을 평등권침해의 차별행위로 보고, 성희롱 피해자는 인권위원회에 진정할 수 있고, 인권위원회는 진정을 조사한 결과 인권침해나 차별행위가 일어났다고 판단할 때에는 피진정인, 그 소속 기관·단체 또는 감독기관에게 구제조치 등의 권고를 할 수 있다.

성희롱에 관하여 규정하고 있던 「남녀차별금지 및 구제에 관한 법률」은 2005년 3월 24일 폐지되었고, 동법에 의하여 설치되었던 남녀차별개선위원회의 남녀차별개선사무는 국가인권위원회가 승계하였다.

위와 같이 각 법률에서 규정하는 성희롱은 그 직위를 이용하여 또는 업무와 관련하여 성적 언동 등으로 성적 굴욕감 또는 혐오감을 느끼게 하는 것으로 정의하고 있다. 지금까지 성희롱도 주로 '직장 내 성희롱'을 둘러싸고 문제 되었다. 그렇다면 업무와 관련이 없는 경우에는 성희롱이 성립되지 않는 것인가?

대법원은 구 남녀차별금지 및 구제에 관한 법률(폐지) 제2조 제2호에서 규정한 성희롱의 전제요건인 '성적 언동 등'이란 남녀 간의 육체적 관계나 남성 또는 여성의 신체적 특징과 관련된 육체적·언어적·시각적 행위로서 사회공동체의 건전한 상식과 관행에 비추어 볼 때 객관적으로 상대방과 같은 처지에 있는 일반적이고도 평균적인 사람으로 하여금 성적 굴욕감이나 혐오감을 느끼게 할 수 있는 행위를 의미하고, 위 규정상의 성희롱이 성립하기 위해서는 행위자에게 반드시 성적 동기나 의도가 있어야 하는 것은 아니지만, 당사자의 관계, 행위가 행해진 장소 및 상황, 행위에 대한 상대방의 명시적 또는 추정적인 반응의 내용, 행위의 내용 및 정도, 행위가 일회적 또는 단기간의 것인지 아니면 계속적인 것인지 등의 구체적 사정을 참작하여 볼 때, <u>객관적으로 상대방과 같은 처지에 있는 일반적이고도 평균적인 사람으로 하여금 성적 굴욕감이나 혐오감을 느낄 수 있게 하는 행위가 있고, 그로 인하여 행위의 상대방이 성적 굴욕감이나 혐오감을 느꼈음이 인정되어야 한다.</u>

따라서 객관적으로 상대방과 같은 처지에 있는 일반적이고도 평균적인 사람으로 하여금 성적 굴욕감이나 혐오감을 느끼게 하는 행위가 아닌 이상 <u>상대방이 성적 굴욕감이나 혐오감을 느꼈다는 이유만으로 성희롱이 성립할 수는 없다</u>고 판시하고, 초등학교 교사들의 회식 자리에서 교감이 여자교사들에 대하여 교장에게 술을 따라 줄 것을 두 차례 권한 언행이 그 경위나 정황, 발언자의 의도 등에 비추어 객관적으로나 일반적으로 여자교사들로 하여금 성적 굴욕감 또는 혐오감을 느끼게 하는 성적 언동에 해당하지 않는다고 한 사례가 있다(대법원 2007.6.14. 선고 2005두6461 판결).

판례에 따르면 추행행위와 마찬가지로 성희롱도 개인의 성적 의사 결정 내지 성적 자유의 침해라는 측면에서 볼 때 행위자에게 성적 동기나 의도가 있었음을 별도로 입증할 필요는 없고, 문제 되는 행위가 객관적으로 상대방으로 하여금 성적 굴욕감 또는 혐오감을 느낄 수 있게 하는 행위이면 족하다. 위 대법원 판결은 가해자가 스스로 성적 의도가 없었다는 변명을 하더라도 객관적으로 상대방에게 성적 굴욕감 또는 수치심을 느낄 수 있는 행위라면 성희롱이 될 수 있다고 판단한 것으로서 성희롱인지에 관한 기준을 분명히 한 것에 의미가 있다.

국가인권위원회는 한국외대 A 교수가 파업 중인 여성 노조원 B씨에게 "가슴이 보이니 닫아요"라고 말한 것이 성희롱에 해당된다고 결정한 예가 있다.

판례는 객관적으로 상대방과 같은 처지에 있는 일반적이고도 평균적인 사람의 입장에서 보아 어떠한 성희롱 행위가 고용환경을 악화시킬 정도로 매우 심하거나 또는 반복적으로 행해지는 경우, 사업주가 사용자책임으로 피해 근로자에 대해 손해배상책임을 지게 될 수도 있을 뿐 아니라 성희롱 행위자가 징계해고되지 않고 같은 직장에서 계속 근무하는 것이 성희롱 피해 근로자들의 고용환경을 감내할 수 없을 정도로 악화시키는 결과를 가져올 수도 있으므로, 근로관계를 계속할 수 없을 정도로 근로자에게 책임이 있다고 보아 내린 징계해고처분은 객관적으로 명백히 부당하다고 인정되는 경우가 아닌 한 쉽게 징계권을 남용하였다고 보아서는 안 된다고 판시하고, 카드회사의 지점장이 우월한 지위를 이용하여 자신의 지휘·감독을 받는 8명의 여직원을 상대로 일정 기간 동안 14회에 걸쳐 반복적으로 성희롱 행위를 한 사안에서, 그 성희롱 행위가 왜곡된 사회적 인습이나 직장문화 등에 의하여 형성된 평소의 생활태도에서 비롯된 것으로서 특별한 문제의식 없이 이루어진 것이라 하여 이를 가볍게 평가할 수는 없으므로, 그에 대한 징계해고처분은 정당하다고 한 사례가 있다(대법원 2008.7.10. 선고 2007두22498 판결).

미국법상으로 'sexual harassment'라고 인정되기 위해서는 성희롱 행위가 위협적·적대적이고 공격적인 근로환경을 조성할 정도로 중대하거나 철저하여야 한다고 한다. 이는 영미법에서 단순한 정신적인 피해의 경우에는 불법행위에 기한 손해배상책임을 부정하는 전통을 가지고 있고, 표현의 자유를 보장하려는 성향이 강하며, 만약 성희롱 행위로 인정되면, 보상적 손해배상, 명목적 손해배상 외에 고액의 징벌적 손해배상이 인정되기 때문이라고 한다.

이상의 설명으로 성희롱의 개념은 명백히 되었을 것으로 생각한다. 상대방이 성희롱이라고 주장한다고 해서 다 성희롱이 되는 것은 아니다.

단순 성희롱은 형사문제가 아니고 민사문제일 뿐이나, 성희롱이 성추행으로 발전하면 형사문제가 된다.

대법원은 골프장 사장과의 친분을 내세워 골프장 여종업원을 강제로 껴안고 함께 폭탄주를 마신 혐의(강제추행 등)로 기소된 건설업자 구 모(47) 씨에 대하여 벌금 300만 원을 선고한 원심을 확정한 사례가 있다.

피고인이 이 사건 당일 모 컨트리클럽 회장 등과 골프를 친 후 위 컨트리클럽 내 식당에서 식사를 하면서 그곳에서 근무 중인 여종업원인 피해자들에게 함께 술을 마실 것을 요구하였다가 피해자들로부터 거절당하였음에도 불구하고, 위 컨트리클럽 회장과의 친분관계를 내세워 피해자들에게 어떠한 신분상의 불이익을 가할 것처럼 협박하

여 피해자들로 하여금 목 뒤로 팔을 감아 돌림으로써 얼굴이나 상체
가 밀착되어 서로 포옹하는 것과 같은 신체접촉이 있게 되는 이른바
러브샷의 방법으로 술을 마시게 한 경우, 피고인과 피해자들의 관계,
성별, 연령 및 위 러브샷에 이르게 된 경위나 그 과정에서 나타난
피해자들의 의사 등에 비추어 볼 때 강제추행죄의 구성요건인 '강제
추행'에 해당하고, 이때 피해자들의 유효한 승낙이 있었다고 볼 수
없다고 판단하였다(대법원 2008.3.13. 선고 2007도10050 판결).

폭탄주 러브샷 한 잔에 300만 원짜리 벌금이라, 이런 식으로 술을
마셔 무슨 맛이 있는지 세상에 별별 놈의 화상도 다 있다.

[2012. 2. 13]

16. 성폭력과 법

　노인들의 성문제가 심각한 실정이다. 예전에 보성의 여대생 살인 사건의 장본인도 70세 어부 할아버지였다. 성범죄는 가해자든 피해자든 나이를 가리지 않고 발생하고 있다. 성폭력 관련 사건이 빈발하고 있는 내면에는 자신의 충동을 제어하지 못하고 성에 대한 비뚤어진 인식이 자리 잡고 있음을 보여준다.

　1986년 서울남부지청에서 검사시보를 할 때 어떤 할아버지의 '미성년자의제강간' 피의사건이 배당되었다. 영등포에 사는 한 70세 할아버지가 동네 여자아이와 잘 알고 지내다가 아이스크림을 사주고 그 아이의 몸을 쓰다듬는 일이 생기게 되었다. 하루는 이 할아버지가 이 아이에게 아이스크림을 사주고 동네 목욕탕에 데리고 가서 몹쓸 짓을 한 모양이었다. 동네 목욕탕에 낮에는 손님이 없었다. 그런데 그 아이가 집에 들어가 자연스럽지 못한 모습을 하고 있는 것을 이상하게 여긴 아이의 엄마가 아이에게 자초지종을 추궁했다. 엄마가 아이의 옷을 벗겨보니 음부에 남자의 흔적이 있는 것을 발견했고, 할아버지와의 일을 숨기던 아이가 할아버지와 있었던 일을 전무 틸어놓았다. 엄마의 신고로 경찰은 탐문 끝에 그 동네 할아버지를 검거한 것이었다.

　형법 제305조는 13세 미만의 부녀를 간음하거나 13세 미만의 사람에게 추행한 자는 강간이나 강제추행의 예에 의하여 처벌하도록 하고 있다. 형법상의 죄명은 '미성년자에 대한 간음, 추행죄'로 되어 있으나, 실체에 부합하게 검찰실무의 죄명은 '미성년자의제강간'으로 부르고 있었다. 이미 아이와 엄마의 진술조서는 경찰에서 상세히 받아놓고 있었고, 의사의 진단서도 있고, 피의자도 범죄사실을 전부 시인하는 사건이었다. 이 할아버지 피의자를 조사하면서 이 죄가 친고죄이니 피해자 측과 합의할 수 있는지 물어보니 합의하려고 해도 합의금으로 당시로서는 거금인 집 한 채 값인 1,500만 원을 요구하여 합의를 하지 못하고 있다고 하였다. 피의자가 70세 고령이라고 해도 대책이 없었고, 그 할아버지 피의자를 구속기소할 수밖에 없었던 일이 생각난다.

최근 성폭력범죄의 처벌 등에 관한 특례법의 개정으로 13세 미만의 미성년자에 대한 강간, 강제추행 등에 대하여 법정형이 상향되었다. 13세 미만의 여자에 대하여 형법 제297조(강간)의 죄를 범한 사람은 무기 또는 10년 이상의 징역에 처하고, 13세 미만의 사람에 대하여 폭행이나 협박으로 구강, 항문 등 신체(성기는 제외)의 내부에 성기를 넣는 행위, 성기, 항문에 손가락 등 신체(성기는 제외)의 일부나 도구를 넣는 행위를 한 사람은 7년 이상의 유기징역에 처하도록 되어 있다. 13세 미만의 사람에 대하여 형법 제298조(강제추행)의 죄를 범한 사람은 5년 이상의 유기징역 또는 3천만 원 이상 5천만 원 이하의 벌금에 처한다. 위계 또는 위력으로써 13세 미만의 여자를 간음하거나 13세 미만의 사람에 대하여 추행한 사람도 위 예에 의하여 처벌한다(동법 제7조).

여기서 성폭력 관련 범죄에 관하여 어떠한 형사법적 통제시스템이 작동하고 있는지를 살펴보기로 하자.

형법 제32장 강간과 추행의 죄에는 제297조(강간)부터 제306조(고소)까지 9개 조문이 규정되어 있다. 제304조의 혼인빙자간음죄는 헌법재판소에서 위헌결정을 받아 효력이 상실되었다. 그런데 김길태 사건과 강호순 사건, 도가니 사건 등 흉악한 성범죄가 발생하고 엄벌 여론이 비등할 때마다 성폭력 관련 특별법이 그때그때 만들어지다 보니 법체계가 혼란스럽고 전문가들도 헷갈리기 쉽게 되어 있다.

성폭력범죄 관련 특별법은

1994년 「성폭력범죄의 처벌 및 피해자보호 등에 관한 법률」(이후 16차례 개정)을 필두로

2000년 「아동·청소년의 성보호에 관한 법률」(21차례 개정),

2007년 「특정 성폭력범죄자에 대한 위치추적 전자장치부착에 관한 법률」(5차례 개정),

2010년 「성폭력범죄자의 성충동약물치료에 관한 법률」(1차례 개정)

2010년 「성폭력범죄의 처벌 등에 관한 특례법」[이하 「성폭력특례법」으로 약칭함]

2010년 「성폭력방지 및 피해자보호 등에 관한 법률」[이하 「성폭력방지법」으로 약칭함] 등이 만들어졌다.

먼저 성폭력범죄의 고소와 관련하여 살펴본다. 성폭력 관련 범죄는 형법상의 강간, 강제추행, 준강간, 강제추행, 미성년자 등에 대한 간음, 업무상 위력 등에 의한 간음, 미성년자의제강간 등이 친고죄로 되어 있고(형법 제306조), 성폭력범죄 중 업무상 위력 등에 의한 추행, 공중 밀집장소에서의 추행, 통신매체를 이용한 음란행위 등이 친고죄로 되어 있다(성폭력특례법 제15조). 친고죄는 피해자의 명예감정을 고려하여 피해자의 고소가 없으면 논할 수 없는 범죄를 말한다.

친고죄에 대해서는 원칙적으로 범인을 안 날로부터 6월을 경과하면 고소하지 못하도록 되어 있다(형사소송법 제230조). 그리고 자기

또는 배우자의 직계존속은 고소하지 못하도록 되어 있다(형사소송법 제224조). 그러나 성폭력범죄에 관해서는 자기 또는 배우자의 직계존속도 고소할 수 있고, 성폭력범죄 중 친고죄에 대해서는 고소기간이 1년으로 연장된다(성폭력특례법 제17조, 제18조).

피해자의 고소가 없이도 처벌이 가능한 성폭력범죄로는 형법상의 강간 등 상해·치상(제301조), 강간 등 살인·치사(제301조의 2), 성폭력특례법상의 특수강도강간 등, 특수강간 등, 친족관계에 의한 강간 등, 장애인에 대한 강간, 강제추행 등, 13세 미만의 미성년자에 대한 강간, 강제추행 등, 강간 등 상해·치상, 강간 등 살인·치사죄 등이 있다(제5조 내지 제9조).

아동·청소년의 성보호에 관한 법률 제16조는 다시 피해자의 고소에 관한 특례규정을 두어 형법 제306조 및 성폭력특례법 제15조에도 불구하고 아동·청소년을 대상으로 한 강간, 강제추행, 형법상의 강간 등과 성폭력특례법 제10조 제1항(업무상 위력 등에 의한 추행)의 죄에 대해서는 피해자의 고소가 없어도 공소를 제기할 수 있고, 다만, 아동·청소년을 대상으로 한 성폭력특례법 제11조(공중밀집장소에서의 추행) 및 제12조(통신매체를 이용한 음란행위)의 죄는 피해자가 명시한 의사에 반하여 공소를 제기할 수 없도록 하였다. 친고죄는 피해자의 고소가 있어야만 수사를 개시할 수 있는 범죄이나, 반의사불벌죄는 피해자의 고소가 없어도 수사를 할 수는 있으나, 피해자가 처벌을 원하지 않는 의사를 표시하면 더 이상 수사를 할 수 없는 범죄를 말한다. 예컨대, 형법상의 명예훼손죄와 출판물에 의한 명예훼손죄는 반의사불벌죄이나, 사자의 명예훼손죄와 모욕죄는 친고죄이다.

성폭력특례법 제13조는 카메라나 그 밖에 이와 유사한 기능을 갖춘 기계장치를 이용하여 성적 욕망 또는 수치심을 유발할 수 있는 다른 사람의 신체를 그 의사에 반하여 촬영하거나 그 촬영물을 반포·판매·임대 또는 공공연하게 전시·상영한 자는 5년 이하의 징역 또는 1천만 원 이하의 벌금에 처하고, 영리를 목적으로 위의 촬영물을 정보통신망을 이용하여 유포한 자는 7년 이하의 징역 또는 3천만 원 이하의 벌금에 처하도록 규정하고 있는데 이 죄는 친고죄가 아니다. 따라서 여관이나 목욕탕 등지에서 다른 사람의 신체를 촬영함으로써 성적 수치심을 유발하는 이른바 '몰카'(몰래카메라) 촬영행위는 친고죄나 반의사불벌죄가 아니므로 피해자의 고소가 없더라도 처벌이 가능하다.

목하 인터넷에는 각종 몰카 사진과 동영상들이 넘쳐나고 있다. 어떤 남자가 출근시간에 서울지하철 1호선 종로3가역 환승에스컬레이터 내에서 검은색 짧은 치마를 입고 있는 젊은 여자의 뒤에 서서 가지고 있던 카메라폰으로 성적 수치심을 느낄 수 있는 치마 속 신체 부위를 피해자의 의사에 반하여 동영상으로 촬영한 사건에서, 제1심과 제2심 법원은 피고인이 위와 같이 카메라폰으로 피해자의 치마 속 신체 부위를 동영상으로 촬영하려고 하였으나, 촬영 중 경찰관에게 발각되자 카메라폰의 저장버튼을 누르지 않고 촬영을 종료시켜 촬영에 실패함으로써 미수에 그쳤을 뿐 위 범행이 기수에 이르렀다는 사실에 대한 증명이 없다고 보아 위 범행이 기수에 이르렀다는 공소사실 부분을 무죄로 판단하였다.

그러나 대법원은 다음과 같이 판시하면서 피고인이 휴대폰을 이용하여 동영상 촬영을 시작하여 일정한 시간이 경과하였다면 설령 촬영 중 경찰관에게 발각되어 저장버튼을 누르지 않고 촬영을 종료하였더라도 카메라 등 이용 촬영 범행은 이미 '기수'에 이르렀다고 볼 여지가 매우 큰데도, 피고인이 동영상 촬영 중 저장버튼을 누르지 않고 촬영을 종료하였다는 이유만으로 위 범행이 기수에 이르지 않았다고 단정하여, 피고인에 대한 위 공소사실 중 '기수'의 점을 무죄로 인정한 원심 판결에 법리오해로 인한 심리미진 또는 이유모순의 위법이 있다고 판단하였다(대법원 2011.6.9. 선고 2010도10677 판결).

"'카메라 등 이용 촬영죄'는 카메라 기타 이와 유사한 기능을 갖춘 기계장치 속에 들어 있는 필름이나 저장장치에 피사체에 대한 영상정보가 입력됨으로써 기수에 이른다고 보아야 한다. 그런데 최근 기술문명의 발달로 등장한 디지털카메라나 동영상 기능이 탑재된 휴대전화 등의 기계장치는, 촬영된 영상정보가 사용자 등에 의해 전자파일 등의 형태로 저장되기 전이라도 일단 촬영이 시작되면 곧바로 촬영된 피사체의 영상정보가 기계장치 내 RAM(Random Access Memory) 등 주기억장치에 입력되어 임시저장되었다가 이후 저장명령이 내려지면 기계장치 내 보조기억장치 등에 저장되는 방식을 취하는 경우가 많고, 이러한 저장방식을 취하고 있는 카메라 등 기계장치를 이용하여 동영상 촬영이 이루어졌다면 범행은 촬영 후 일정한 시간이 경과하여 영상정보가 기계장치 내 주기억장치 등에 입력됨으로써 기수에 이르는 것이고, 촬영된 영상정보가 전자파일 등의 형태로 영구저장되지 않은 채 사용자에 의해 강제종료되었다고 하여 미수에 그쳤다고 볼 수는 없다."

성폭력사건은 가까운 사이에서도 많이 발생한다. 친족 간의 성폭력에 대하여 법은 어떻게 규율하고 있는가?

성폭력특례법은 친족관계인 사람이 강간죄를 범한 경우에는 7년 이상의 유기징역에 처하고, 강제추행죄를 범한 경우에는 5년 이상의 유기징역에 처함으로써(제5조 제1항, 제2항) 보통 강간죄(3년 이상의 유기징역)나 강제추행죄(10년 이하의 유기징역 또는 1,500만 원 이하의 벌금)보다 형을 가중하고 있다. 이 경우 친족의 범위는 4촌 이내의 혈족 및 인척으로 하고, 사실상의 관계에 의한 친족을 포함한다

(동조 제4항, 제5항).

종전에는 친족의 범위를 4촌 이내의 혈족으로 제한하고 있었기 때문에 피해자와 아무런 혈연관계가 없고, 단지 피해자의 어머니와 사실상 부부로서 동거하는 관계에 있는 의붓아버지(의부)는 사실상의 관계에 의한 친족(존속)에 포함되지 않는다고 보았으나, 1997년 법 개정으로 2촌 이내의 인척도 친족의 범위에 포함시키고 있기 때문에 義父(계부), 의붓오빠, 계모, 媤母[시어머니], 媤父[시아버지]의 경우 인척에 해당되어 성폭력특례법상 처벌이 가능하다.

사실혼관계의 남편이 부인의 전남편의 딸을 강간한 경우 성폭력특례법상 '사실상의 관계에 의한 친족'에 해당하여 피해자가 고소를 취소하였다고 하더라도 성폭력특례법에 의해 처벌할 수 있다. 위와 같은 친족관계에 의한 강간 등 성폭력은 친고죄가 아니다.

부부 사이의 성폭력을 처벌할 수 있는가? 성폭력특례법상 친족의 범위를 4촌 이내의 혈족과 2촌 이내의 인척으로 한정하고 있기 때문에 부부간의 성폭력은 성폭력특례법의 처벌 대상은 아니다. 그렇다면 일반 성폭력범죄로 처벌할 수 있는가? 종래에는 부부관계의 특수성을 고려하여 처는 강간죄의 객체가 될 수 없는 것으로 보고 있었으나, 근래 이 부분에 변화가 일어나고 있다.

2009년 부산지법에서 처음으로 부부간 강간죄 성립을 인정한 판결을 내렸으나, 이후 피고인이 사살함으로써 부산고법에서는 실체적 내용을 판단하지 않고 공소기각된 바 있다. 서울고법은 2011년 9월 흉기로 아내를 찌르고 위협해 강제로 성관계를 가진 혐의로 기소된 A(40) 씨에게 징역 2년 6월에 집행유예 3년을 선고함으로써 폭행·협박을 통한 부부간의 강제적 성관계에 대해 항소심 법원으로는 최초로 부부간 강간죄 성립을 인정했다. 정 모 씨는 4월 경제 문제로 갈

등을 겪던 아내 이 씨가 아이들에게 밥을 차려주지 않고 잠을 자는 것에 격분해 술을 마시고 칼로 찔러 전치 2주의 상해를 입히고 강간한 혐의로 기소된 사건이었다.

부부간의 강간죄를 인정하는 취지는 부부 사이에 성관계를 요구할 권리가 있다고 하더라도 폭행·협박 등으로 반항을 억압해 강제로 성관계할 권리까지 있다고 할 수는 없고, 그 같은 경우에는 (성관계에 관한) 부인의 승낙이 추인된다고 할 수 없다는 것이다. 이에 대해 제3자가 판단하기 힘든 부부 생활의 내밀한 영역까지 국가가 개입하고 법으로 해결하는 것이 정당한 것인가라는 반론이 있을 수 있으나, 미국, 프랑스, 영국, 독일 등 선진국은 부부간의 강간이나 강제추행을 대부분 인정하고 있고, 이 추세는 거스를 수 없을 것이다. 대법원 역시 이러한 추세를 비켜가지는 못할 것이다.

어떻게 된 일인지 잔혹한 성폭력범죄는 계속 늘고 있다. 딸 키우기가 겁나는 세상이다. 빈발하는 성폭력범죄에 대하여 형량을 대폭 높이고, 공소시효를 연장하며, 전자발찌를 채우고, 신상정보를 공개하며, 화학적 거세를 하는 등 갖가지 대책들이 선보이고 있지만 성폭력범죄에 대한 근본적인 대책이라기보다는 임시방편적인 대증요법에 불과한 것들이 아닌가 하는 우려가 있다.

성폭력범죄에 대한 대책으로 도입된 주요 제도들을 들어보면,

2008년 9월부터 시행된 위치추적장치(전자발찌) 부착제도

2010년 7월부터 시행된 아동 대상 성폭력범죄 최고 무기징역까지 형량 대폭 늘림

2010년 7월부터 시행된 성범죄자 등 흉악범 유전자(DNA)정보 채취, 데이터베이스 구축

2010년 1월부터 시행된 성범죄자 신상정보 인터넷 공개제도

2011년 7월부터 시행된 성충동약물치료(화학적 거세)제도

2012년 8월 2일부터 시행예정인 13세 미만의 여자 및 장애 여자에 대한 (준)강간죄의 공소시효 배제

등을 들 수 있다. 이제 그 주요한 내용들을 살펴보기로 한다.

☞ 위치추적장치(전자발찌) 부착제도

전자발찌 부착제도의 도입을 둘러싸고 찬반논란이 많았다. 성범죄자의 재범률이 50%를 넘고, '움직이는 시한폭탄'인 성폭력범죄자의 재범을 막기 위해 이 제도의 도입이 필요하다는 주장과 '현대판 주홍글씨'에 사생활이 노출된다는 점에서 인권 침해가 우려된다는 이유로 반대하는 주장이 대립했다.

그러나 안양 초등생 살인사건, 일산 초등생 납치미수사건 등 아동 상대 강력범죄의 연이은 발생으로 국민의 불안감이 확산되어 성폭력범죄 재범 방지를 위한 특단의 대책이 필요하게 됨에 따라, 「특정 성폭력 범죄자에 대한 위치추적 전자장치 부착에 관한 법률」(2007.4.27. 법률 제8394호)의 시행일을 2008년 10월 28일에서 2008년 9월 1일로 앞당겨 시행하고, 위치추적 전자장치 부착기간을 최대 10년까지 연장하며, 특정지역·장소 출입금지 등의 특별준수사항을 도입하고, 특별준수사항 위반 시에는 3년 이하의 징역 또는 1천만 원 이하의 벌금에 처하도록 하는 등 성범죄자 위치추적제도의 실효성을 높이기 위한 제반 규정을 정비하기 위한 법 개정이 이루어졌다(2008.6.13. 법률 제9112호).

위 법에 의한 성폭력범죄자에 대한 전자감시제도는, 성폭력범죄자의 재범방지와 성행교정을 통한 재사회화를 위하여 그의 행적을 추

적하여 위치를 확인할 수 있는 전자장치를 신체에 부착하게 하는 부가적인 조치를 취함으로써 성폭력범죄로부터 국민을 보호함을 목적으로 하는 일종의 보안처분이다. 이러한 전자감시제도의 목적과 성격, 운영에 관한 법률의 규정 내용 및 취지 등을 종합해보면, 전자감시제도는 범죄행위를 한 자에 대한 응보를 주된 목적으로 책임을 추궁하는 사후적 처분인 형벌과 구별되어 본질을 달리한다(대법원 2011.7.28. 선고 2011도5813, 2011전도99 판결). 처음에는 '전자팔찌' 부착이 논의되다가, '전자발찌'로 바뀌었다. 이 장치를 부착한 성폭력범들은 1년 365일, 24시간 이동 경로가 노출되도록 되어 있다.

서울 휘경동 서울보호관찰소에 있는 위치추적 중앙관제센터에서 현재 전자발찌를 차고 있는 전국의 성폭력범들의 위치를 24시간 추적하고 있다. 성폭력범들의 위치를 파악하는 장치는 발목에 부착하는 전자발찌, 어디를 가든 지니고 다녀야 하는 휴대전화 모양의 추적장치, 집에 설치돼 외출 여부를 감독하는 재택감독장치가 있다. 대상자의 위치를 파악하게 하는 것은 휴대용 추적장치다. 전자발찌는 휴대용 추적장치와 전자파를 주고받으며 대상자가 휴대용 추적장치를 지니고 있는지를 알려준다. 만약 휴대용 추적장치와 전자발찌 사이의 거리가 일정 거리 이상 떨어질 경우 대상자가 착용한 전자발찌에 진동이 울리며 중앙관제센터와 보호관찰관에게도 이를 알리는 경보가 울린다. 재택감독장치도 외출 제한 시간 이후 집 밖으로 대상자가 나가거나 어린이 보호구역이나 피해자 집에 접근할 때 중앙관제센터와 보호관찰관에게 이 사실을 즉각 알리게 된다. 전자발찌 부착 대상자가 정당한 이유 없이 전자발찌를 제거하면 7년 이하의 징역이나 2,000만 원 이하의 벌금에 처해진다.

위치추적장치(전자발찌)제도가 시행된 2008년 9월 이후 2010년 7

월 27일까지 총 617명의 성폭력범죄자에 대해 전자발찌를 부착한 결과, 그중에서 동종 재범을 한 자는 1명에 불과, 전자감독제도의 재범억제 효과가 높은 것으로 확인되어 2010년 4월 15일 법률 개정(법률 제10257호)으로 2010년 7월 16일부터 출소자 등 제도 시행 전 성폭력범죄자와 살인범죄자까지 전자발찌를 부착할 수 있도록 하였다.

이 제도 시행(2008.9.1.) 전 성폭력범죄로 제1심 판결을 선고받아 개정법 시행 당시(2010.7.16.) 징역형 등의 집행 중에 있거나, 집행 종료·가석방 등으로 출소한 지 3년이 지나지 않은 사람 중, 재범위험성이 있는 자에 대하여 법원의 결정으로 전자발찌를 부착할 수 있게 되었다. 개정 전에는 전자장치 부착대상 범죄가 '성폭력·미성년자 대상 유괴범죄'로 한정되었으나, 법률 개정에 따라 2010년 7월 16일부터 살인범죄자도 전자장치 부착 대상이 된다.

전자장치 부착기간이 기존 최고 10년에서 법정형에 따라 최소 1년 이상 최장 30년까지로 대폭 상향되었다. 특히, 13세 미만 아동 대상 특정범죄는 부착기간의 하한을 2배까지 가중하도록 하였다. 기존에는 형기 종료 후 전자장치 피부착자에 대해서 보호관찰 실시 규정이 없어 현지출장, 조사, 경고 등 밀착 감독을 할 수 없었으나, 법률 개정으로 밀착 감독이 가능해져 재범억제 효과가 한층 높아진 것은 사실이다.

그럼에도 불구하고 전자발찌를 떼버리거나 선자빌찌를 찬 채 성폭력범죄를 저지르는 경우도 있고, 전자발찌 부착자가 접근이 허락된 구역에서 성폭력범죄를 저지르는 경우에는 전자발찌도 무용지물이다. 도대체 성욕이 무엇이기에 '닥치고 교미'를 불사하는 짐승들이 많은 것인고? 이런 자들에게는 아예 옛날 내시들처럼 물리적으로 거세를 해버리는 것만이 근본대책일지도 모른다.

☞ **성범죄자 신상정보 인터넷 공개제도**

성폭력범죄의 처벌 등에 관한 특례법(2010.4.15. 법률 제10258호)에 의해 도입된 신상정보 공개제도는 성폭력범죄자의 재범 방지와 피해자 보호 등 지역사회의 안전을 확보하려는 것으로, 2011년 4월 16일부터 시행되고 있다. 19세 미만의 피해자를 대상으로 한 성폭력범죄자에 대한 신상정보는 「아동·청소년의 성보호에 관한 법률」에 따라 여성가족부의 '성범죄자 알림e' 시스템으로 공개되고 있고, 성폭력특례법은 19세 이상 성인 피해자를 대상으로 한 성폭력범죄자에 대한 신상을 공개하는 것이다.

대상범죄는 형법상의 강간, 강제추행, 준강간, 준강제추행, 강간등 상해·치상, 강간 등 살인·치사, 미성년자 등에 대한 간음, 업무상 위력 등에 의한 간음, 미성년자에 대한 간음, 추행, 강도강간죄와 성폭력범죄의 처벌 특례법상의 특수강도강간, 특수강간, 친족관계에 의한 강간, 장애인에 대한 간음, 13세 미만의 미성년자에 대한 강간, 강제추행, 강간 등 상해, 강간 등 살인, 업무상 위력 등에 의한 추행죄이다.

공개되는 신상정보는 성명, 나이, 주소 및 실제 거주지, 키와 몸무게, 사진, 등록 대상 성폭력범죄 요지 등이고, 공개기간은 3년 초과 징역·금고의 경우 10년, 3년 이하 징역·금고의 경우 5년, 벌금형의 경우 2년까지 공개될 수 있다. 위와 같은 공개정보는 고지 대상자가 거주하는 지역에 아동·청소년의 친권자 또는 법정대리인이 있는 가구에는 우편으로 공개정보를 송부하여 아동 대상 성범죄의 예방을 도모하도록 하고 있다.

공개된 신상정보에 대한 열람은 20세 이상 성년자로서 실명인증절

차를 거친 사람으로 제한하고, 성범죄 우려가 있는 자를 확인할 목
적으로만 사용하도록 하였으며, 신문·잡지 등 출판물, 방송 또는 정
보통신망을 이용한 공개, 공개정보의 수정 또는 삭제를 금지하는 등
정보의 무분별한 악용을 방지하고 있다.

대법원은 피고인이 13세 미만의 친딸을 강간한 사안에서, 법령에
의하여 공개명령을 집행하는 과정에서 피해자를 특정할 수 있는 내
용을 표기하지 아니하도록 되어 있는 사정을 감안하면 피해자가 피
고인의 친딸이라는 이유만으로 다른 성폭력범죄사건과 달리 취급하
여 피고인의 신상정보를 공개하지 아니할 이유가 없다고 보아 「아
동·청소년의 성보호에 관한 법률」 제38조 제1항 본문에 따라 공개
명령을 선고한 원심의 조치를 정당하다고 판시한 사례가 있다(대법원
2011.4.14. 선고 2010도16939,2010전도159 판결).

2012년 2월 6일 법무부가 운영하는 성범죄자 알림e 사이트(www.sex-
offender.go.kr)에 따르면, 신상공개 성범죄자는 전국 1,355명 중 제주
는 23명으로 나타났다. 경기도가 282명으로 가장 많고, 서울 191명,
부산 116명, 전남 88명, 경북 81명, 인천과 충남 각각 77명, 경남 72
명, 전북 64명, 광주 53명, 대구 45명, 충북 32명, 울산 28명 등이다.
신상이 공개된 자들은 「아동·청소년의 성보호에 관한 법률」 제38
조에 따라 2010년 1월 이후 아동·청소년을 대상으로 한 성범죄자
로 법원에서 유죄확정 판결과 함께 신상 공개명령이 선고된 자들이
다. 성범죄자의 이름과 나이, 주소, 읍면동까지의 실제 거주지는 물
론 신체정보도 성폭력범죄의 요지도 확인할 수 있으나, 피해자에 대
한 정보는 공개되지 않는다.

대법원은 성폭력특례법은 신상정보 고지명령의 대상에서 아동·청
소년 대상 성폭력범죄를 저지른 자를 제외함으로써 대상을 성인 대

상 성폭력범죄를 저지른 자로 제한하고 있고, 대상 범죄가 행하여진 시기에 대해서도 신상정보 고지명령에 관한 규정 시행 후에 범한 범죄로 한정하는 부칙 규정을 두고 있는 아동·청소년의 성보호에 관한 법률(이하 '아청법')과 달리 아무런 제한을 두고 있지 아니한 점, 아청법이 아동·청소년 대상 성폭력범죄에 대하여 신상정보 고지명령을 도입한 것은 아동·청소년 대상 성범죄를 미연에 예방하고자 함에 입법취지가 있는 데 비하여, 성폭력특례법이 성인 대상 성폭력범죄에 대하여 신상정보 고지명령을 도입한 것은 아동·청소년 대상 성범죄를 미연에 예방하고자 함은 물론 성인 대상 성범죄의 재범을 방지하고자 함에도 입법취지가 있는 점, 신상정보 고지명령을 담당하는 행정기관에 관해서도 성폭력특례법은 형사정책 등 법무에 관한 사무를 관장하는 법무부로 정하고 있는 데 비하여, 아청법은 아동·청소년의 보호 등 아동·청소년에 관한 사무를 관장하는 여성가족부로 정하고 있는 점 등에 비추어 보면, 아청법 제38조 제1항 제1호에 규정된 아동·청소년 대상 성폭력범죄를 저지른 자에 대해서는 범죄가 행하여진 시기에 따라 아청법 제38조의2에 의한 고지명령의 대상이 되는지만이 문제 될 뿐, 비록 성폭법 제32조 제1항에 규정된 등록 대상 성폭력범죄를 저지른 자에 해당되더라도 같은 법 제41조에 의한 고지명령의 대상이 되지 아니한다고 해석하여야 한다고 판시하고, 피고인이 위력으로 청소년인 피해자(여, 14세)를 간음하였다고 하여 아청법 위반(강간 등)으로 기소된 사안에서, 위 범행이 성폭력특례법 제32조 제1항에 규정된 등록 대상 성폭력범죄에 해당하더라도 아청법 제38조 제1항 제1호에 규정된 아동·청소년 대상 성폭력범죄에도 해당되는 이상 성폭법 제41조에 의한 고지명령의 대상이 되지 아니하므로, 피고인에게 성폭력특례법 제41조에 의한 고지명령을 선고

할 수 없다고 한 사례가 있다(대법원 2011.11.24. 선고 2011도12296
판결).

☞ 아동 대상 성폭력범죄에 대한 형량 상향

폭행 또는 협박으로 아동·청소년을 강간한 사람은 5년 이상의 유
기징역에, 아동·청소년에 대하여 폭행이나 협박으로 강제추행 행위
를 한 자는 3년 이상의 유기징역에 처하는 등 아동·청소년 대상 성
폭력범죄에 대하여 형량을 상향하였다(아동청소년의 성보호에 관한
법률 제7조). 또한 음주 또는 약물로 인한 심신장애 상태에서 아동·청
소년에 대하여 성폭력범죄를 범한 때에는 형법 제10조 제1항·제2항
(심신장애자) 및 제11조(농아자)를 적용하지 아니할 수 있다(동법 제7
조의2).

☞ 유전자(DNA)정보 채취, 데이터베이스 구축

2010년 7월 26일부터 디엔에이(DNA)신원확인정보의 이용 및 보
호에 관한 법률(2010.1.25. 법률 제9944호)이 시행되고 있다. 이 법
률이 시행되면서 검찰은 이때부터 살인, 강도, 아동성폭력 등 흉악범
1만 2,080명의 DNA를 채취해 대검찰청 데이터베이스(DB)에 모아두
고 수사에 활용하고 있다. 'DNA DB'로 장기미제 성폭력사건들을
해결할 수 있는 발판을 마련했다.

DNA 속에는 A·T·G·C 등 4종류의 염기 30억 개가 한 줄로
서 있다고 한다. 염기가 어떤 순서로 배열됐는가는 일란성 쌍둥이를
제외하고는 사람마다 다르다. 99% 이상은 모든 사람이 똑같은 순서

로 배열돼 있다. 1%도 안 되는 부분만이 서로 다르다. DNA 분석은 이 가운데서도 아주 일부만을 다룬다. 전체로 보면 100만분의 1도 안 된다. 그러나 이 부분만을 분석해도 서로 다른 사람들이 똑같은 DNA를 가질 확률은 아주 희박하다. 지금까지 지구에서 나타난 전체 인류를 놓고 봐도 똑같은 DNA를 가진 사람을 찾을 수 없다. 사람마다 지문이 다르듯이 DNA도 제각각인 것이다. 이 때문에 DNA 분석은 유전자 지문을 찾는 수사기법이라고도 불린다.

DNA는 거의 모든 세포에 있어 쉽게 얻을 수 있다. 혈액·정액·머리카락·침 등에서 DNA가 추출된다. 범죄는 반드시 현장에 흔적을 남긴다. 양은 100억분의 1g만 있어도 된다. 부패하거나 탄 시체에선 뼈 속의 세포를 채취해 쓴다. 땀이 밴 장갑이나 복면에서도 DNA 증거를 찾아낼 수 있다. 범인이 버린 담배꽁초나 음료수 캔에서도 가능하다. DNA 시료채취 방법 DNA 감식은 아주 적은 샘플만 있어도 가능하다. 보통은 면봉으로 입속을 살짝 닦아내는 방법으로 채취한다. 대상자가 거부할 경우 법원으로부터 'DNA 감식시료 채취영장'을 발부받아 채취하게 된다.

위와 같은 과학수사기법에도 불구하고 아직도 장기미제 사건이 많고, 공소시효를 넘겨버리는 사건도 많다.

☞ 성충동약물치료(화학적 거세)제도

혜진, 예슬 양 살해사건, 조두순 사건, 김길태 사건. 김수철 사건 등으로 아동 대상 성폭력범죄에 대한 여론의 질타가 이어지면서 인권침해 논란이 있던 '화학적 거세'라는 이름 대신 '성충동약물치료법'이라는 이름으로 바꾸어 서둘러 화학적 거세법을 만들게 되었다.

아시아에서 이런 법을 만든 나라는 우리나라가 처음이다.

성폭력범죄자의 성충동약물치료에 관한 법률(2010.7.23. 법률 제 10371호)은 16세 미만의 사람에 대하여 성폭력범죄를 저지른 성도착 증 환자로서 성폭력범죄를 다시 범할 위험성이 있다고 인정되는 사 람에 대하여 성충동약물치료를 실시하여 성폭력범죄의 재범을 방지 하고 사회복귀를 촉진하는 것을 목적으로 제정되어 2011년 7월 24 일부터 시행되고 있다. 이 법에 따라 19세 이상 성인이 16세 미만 아동을 성폭행하면 법원 판결에 따라 약물치료와 심리치료를 받게 되는 이른바 '화학적' 거세를 하게 된다.

이제 상습적 아동 대상 성범죄자들은 법원에서 장기간의 징역형과 함께 약물치료, 전자발찌 부착, 신상정보 공개 명령 등 2중, 3중의 보안처분을 받게 된다. 화학적 거세법은 초범도 약물치료의 대상이 될 수 있고 본인 동의를 필요로 하지 않는다는 점에서 이전의 성범 죄대책에 비해 훨씬 강력한 수단이다. 외국에서는 본인의 동의를 구 해 고환을 적출하는 외과적(물리적) 거세도 행해진다.

성충동약물치료는 대상자의 동의 없이 검사의 청구에 따라 법원은 15년의 범위 내에서 유죄판결과 함께 치료명령을 선고하는데, 병과 된 형 집행 후 집행하게 되는 치료명령의 비용은 국가가 부담한다. 다만, 수형자 중 가석방 후 약물치료에 동의하는 경우에는 비용을 수형자가 부담하고, 조기에 가석방될 수 있노독 하어 사회복귀를 촉 진하도록 하였다.

성충동조절호르몬 투약 시 최초 2주간은 남성호르몬이 과다분비될 수 있으므로 출소 2개월 전에 약물치료를 실시하게 되며, 약물투여 의 부작용 및 상쇄약물의 투약 등의 확인을 위해 월 1회 이상 검사 도 실시하게 된다. 집행이 개시된 다음 6개월 후에는 보호관찰소장 또는 대상자 본인이나 법정대리인의 신청에 따라 치료경과, 생활태도 등을 고려하여 치료의 필요성이 없는 경우 즉시 약물치료를 중단할 수 있도록 하였다.

성충동약물치료는 정신과 전문의의 의견을 들어 검사가 치료명령을 청구하되 법원이 치료기간을 결정하게 된다. 치료명령을 받은 사람에게 투여할 약물은 성호르몬의 생성을 억제·감소시키는 약물, 성호르몬이 수용체에 결합하는 것을 방해하는 약물 중에서 법무부장관이 정하여 고시하는 약물로 한다(성폭력범죄자의 성충동약물치료에 관한 법률 시행령 제8조).

약물치료제로는 루프론(Lupron)이 쓰인다. 루프론이 화학적 거세에 사용되는 이유는 성욕과 발기력에 영향을 미치는 남성호르몬 테스토스테론의 분비를 억제하는 효과가 있기 때문이다. 남성호르몬이 부족해지면 뇌 가운데 있는 시상하부에서 황체형성호르몬방출호르몬(LHRH)이 분비된다. LHRH가 증가하면 뇌하수체에서 황체형성호르몬(LH)이 흘러나오는데 이는 혈액을 타고 내려가 고환 속의 레이딕 세포를 자극해 성욕의 근원인 테스토스테론을 분비시킨다. 이 과정을 중간에서 차단해야 테스토스테론의 분비를 억제할 수 있는데 루프론은 이중 LHRH의 생성을 억제하는 역할을 한다. 루프론은 LHRH와 유사한 호르몬제이기 때문에 주사를 맞은 뒤 일시적으로는 체내에 LHRH가 증가하지만 시간이 흐르면서 점차 LHRH의 분비를 억제하는 효과를 낳는다고 한다.

루프론을 쓰면 1인당 연간 투약 및 검사비용으로 500만 원, 감정비와 인건비로 180만 원이 드는 등 비용이 만만치 않게 든다. 연간 기소되는 성도착 범죄자가 100여 명으로 보면 한 해 치료비용이 9억 원가량 들고, 최장 15년간 약물치료를 할 수 있게 됨에 따라 시행

15년째에 필요한 예산은 80억 원이 들 것으로 예상하고 있다. 2012년 2월 현재 화학적 거세 집행을 받은 사례는 없다.

충남 공주에 있는 국립 법무병원에는 성도착증에 의해 성범죄를 저지른 100여 명 가운데 3~4명의 수감자들이 법원의 강제명령이 아닌 "성 욕구를 참을 수 없으니 화학적 거세를 해 달라"고 자진 요청해 현재 약물투입 치료 중에 있다고 한다. 아예 이런 사람들에게 화학적 거세가 아닌 물리적 거세를 해버리면 어떨까?

옛날 군대생활 할 때 건빵 봉지 안에는 별사탕이 몇 개 들어 있었는데 군인들 어느 누구도 이 별사탕을 먹지 않고 버렸다. 이유인즉 이 별사탕에는 팔팔한 젊은 군인들의 성욕감퇴제가 들어 있다는 소문이 파다했기 때문이다.

☞ 13세 미만의 여자 및 장애 여자에 대한 (준)강간죄의 공소시효 배제

아동·청소년대상 성범죄의 공소시효는 형사소송법 제252조 제1항에도 불구하고 해당 성범죄로 피해를 당한 아동·청소년이 성년에 달한 날부터 진행하고, 아동·청소년대상 강간과 강제추행죄는 디엔에이(DNA) 증거 등 그 죄를 증명할 수 있는 과학적인 증거가 있는 때에는 공소시효가 10년 연장된다(아동청소년의 성보호에 관한 법률 제7조의3).

13세 미만의 여자 및 신체적인 또는 정신적인 장애가 있는 여자에 대하여 폭행 또는 협박으로 강간하거나 형법 제299조(준강간에 한정)의 죄를 범한 경우에는 공소시효를 적용하지 아니한다. 이 조항은 2012년 2월 1일 개정법에 의한 것으로 2012년 8월 2일부터 시행된다. 이른바 도가니법이다.

 살인죄의 공소시효가 15년에서 25년으로 연장되었지만 공소시효가 없어지지는 않는데, 13세 미만의 여자 및 신체적인 또는 정신적인 장애가 있는 여자에 대한 강간과 준강간에 대해서는 아예 공소시효를 없애버리고, 이러한 성폭력범죄자에 대해서는 공소시효라는 보호망을 걷어버렸다.

[2012. 2. 15]

| 법리와 현실 |

1. 직계존속과 형사법

최근 헌법재판소에서 자기 또는 배우자의 직계존속에 대한 고소를 금지한 형사소송법 제224조의 위헌 여부를 둘러싸고 격론이 벌어졌다는 보도가 있었다. 현행법상 직계존속으로부터 형사상 범죄행위로 피해를 입은 경우에도 직계존속은 고소할 수 없다. 따라서 자기의 부모, 조부모, 장인, 장모와 시부모 등을 고소할 수 없다.

위 규정의 위헌을 주장하는 측에서는 "자기 또는 배우자의 직계존속에 대해서 고소권을 박탈한 것은 다른 범죄피해자에 비해 차별적으로 대우하는 것"이라며 "가령 부모가 자식을 살인하려고 하다가 미수에 그쳤더라도 자식은 법의 보호를 받기는커녕 부모를 피해 숨어 다녀야 하는 처지에 놓일 수 있고" 또 "해당 조항은 오늘날 구시대적 유물이 된 봉건적 가부장제에서 비롯한 것"이라며 "이 법 조항의 목적은 단지 직계존속의 권위 유지와 효도를 강요하고자 하는 것에 불과해 어떤 존재근거도 찾기 어려우므로 평등원칙에 위배된다"고 주장했다.

그러나 법무부 측은 "효도사상은 우리가 계승·발전시켜야 할 전통문화이자 가치질서로서 이에 기초한 고소권 제한은 합리적 근거가 있다"면서 "직계존속에 대한 고소가 전면적으로 허용되면 가정문제로 고소가 남발되는 등 가족이 붕괴하고 사회질서가 혼란해질 것"이고, 또 "고소를 각하하더라도 사안이 무거운 경우 검찰이 인지해 수사하도록 하는 대검찰청 지침이 있으며, 가정폭력이나 성폭력은 특별법상 예외조항을 두고 있어 직계존속에 대한 고소가 가능하다"는 이유로 합헌을 주장하고 있다.

형법은 보통살인죄에 더하여 존속살해죄도 두고 있다. 보통살인죄는 사형, 무기 또는 5년 이상의 징역에 처하나, 자기 또는 배우자의 직계존속을 살해한 자는 사형, 무기 또는 7년 이상의 징역에 처하도록 되어 있다(형법 제250조). 보통살인죄의 경우 형을 감경하는 경우 징역 2년 6개월을 선고하고 집행유예까지 붙일 수 있으나, 존속살해죄의 경우에는 형을 감경하더라도 징역 3년 6개월에 집행유예를 붙이지는 못한다. 이게 평등의 원칙에 반하여 합리적 이유 없이 직계존속과 비속을 차별하는 것이 아니냐는 논란은 옛날부터 있어 왔다. 존속살인죄 이외에도 존속(중)상해와 존속폭행죄도 있고, 존속학대, 존속유기죄, 존속협박죄, 존속체포, 존속감금죄도 있다.

원래 범죄로 인한 피해자는 고소할 수 있는 것인데(형사소송법 제223조), 자기 또는 배우자의 직계존속을 고소하지 못하도록 한 이유는 어디에 있을까? 우리 신형법을 제정할 1961년 당시만 하더라도 효사상을 기반으로 하는 가족제도라는 전통문화질서를 수호할 명분이 있었지만 이제는 상황이 많이 바뀌었다. 이미 호주제를 폐지하는 등 가족법 질서가 선진적으로 정착되고 있고, 존속과 비속을 차별할 합리적 이유는 많이 퇴색되었다.

이미 그러한 조짐이 각종 형사특별법에서 나타나고 있다.

가정폭력 피해자는 형사소송법 제224조의 규정에 불구하고 행위자가 자기 또는 배우자의 직계존속인 경우에도 고소할 수 있고(가정폭력범죄의 처벌 등에 관한 특례법 제6조), 성폭력범죄의 경우에도 마찬가지다(성폭력범죄의 처벌 등에 관한 특례법 제7조). 과연 가정폭력이나 성폭력범죄와 살인죄 등 일반 형사범을 차별할 이유가 있을까?

대개 직계존속을 고소하는 사건의 경우 그 직계존속은 보통사람들로서는 상상할 수 없을 정도로 극악무도한 경우가 많다. 피해자의 직계존속으로서 아들, 딸 등 자신의 자식들에게 어떻게 그런 행동을 행할 수 있는 것인지 도무지 이해할 수 없는 사건들이다. 이번 위헌법률심판청구를 한 청구인의 모친인 직계존속도 마찬가지다.

차제에 이런 직계존속에 대한 고소금지나 존속살해죄 등을 정비할 필요가 있다. 지금 형법개정작업을 하고 있고, 헌법재판소도 과감하게 위헌결정을 할 필요가 있다. 그러한 조항이 없다고 하여 가족질서가 붕괴되지 않는다. 우리 사회가 민주화되고 선진화되기 위해서는 이런 법령을 보편적 가치기준에 맞게 개정해야 한다. 직계존속을 고소하지 못하도록 한 형사소송법을 개정한다고 하여 직계존속을 고소하는 사태가 남발될 수 있다는 우려는 기우일 것이다. 우리가 오랫동안 유지해왔던 동성동본금혼제를 폐지한 지 몇 년이 지났지만 동성동본혼인이 증가했다는 증거는 없다.

대저 법은 도덕의 최소한이다. 법에 도덕감정이나 전통적 가치질서 같은 것이 끼어들면 법은 제대로 작동하지 못한다. 형사법의 이념은 국가형벌권을 유지하면서 피고인뿐만 아니라 피해자의 인권을 최대한 보장하는 데 있다.

[2010. 9. 12]

[주]

헌법재판소는 2011.2.14. 재판관 4인이 합헌의견을, 재판관 5인이 위헌의견으로 위헌의견이 많았지만 위헌정족수인 6인 미달로 형사소송법 제224조에 대해 합헌결정을 선고하였다(2008헌바56).

2. 朝三暮四의 현대적 含意

중앙일보 2010년 1월 27일자 '한자로 보는 세상'에 다음과 같은 '朝三暮四' 이야기가 실려 있다.

하토야마 유키오(鳩山由紀夫) 일본 총리가 지난 22일 국회에서 망신을 당했다. 중의원 예산안 심사과정에서다. 자민당의 모테키 도시미쓰(茂木敏充) 의원이 '1차 추경예산이 동결된 대신 그만큼 2차 추경예산이 늘었다'는 점을 놓고 하토야마 총리를 공격했다.

"총리, '**조삼모사(朝三暮四)**'라는 말의 뜻을 아는가?"

"알고 있다. 아침에 정한 것이 곧바로 밤에 바뀌는 것을 의미한다. 사물의 조급한 변경을 이르는 말이다."

"틀렸다. 그것은 '**조령모개(朝令暮改)**'를 일컫는 말이다."

의원석 이곳저곳에서 실소가 터져 나왔다. "총리가 '조삼모사'와 '조령모개'의 뜻도 모른다"는 조롱(嘲弄) 기사가 신문 가십면을 장식했다. '조삼모사' 사건은 후텐마 미군 비행장, 오자와 간사장 뇌물 의혹 등으로 가뜩이나 정치적 위기를 맞고 있는 하토야마 총리를 더욱 초라하게 만들었다.

'조삼모사'는 춘추전국시대 사상가인 장자(BC 369~289)가 쓴 '장자·제물론(莊子·齊物論)'에 뿌리를 둔 말이다. 원전은 이렇다. "송나라에 원숭이[狙]를 좋아해 '저공(狙公)'이라 불리는 자가 있었다. 어느 날 아침 원숭이에게 먹이를 주려는데 그 양이 부족했다. 꾀를 내어 '아침에 세 개를 주고, 저녁에 네 개를 주마[朝三而暮四]' 했더니 원숭이들이 화를 냈다. 말을 바꿔 '그러면 아침에 네 개를 주고, 저녁에 세 개를 주마' 했더니 모두 좋아했다. 사물의 근본은 변하지 않았음에도 인간의 희로(喜怒)가 바뀌는 것은 모두 이런 꼴이다." 모테키 의원은 '예산의 내용은 같은데도 눈속임으로 국민을 속였다'는 점을 지적하며 총리에게 조삼모사의 뜻을 물은 것이다.

'조령모개'는 한(漢)나라 사학자인 반고(班固, 32~92)가 쓴 '한서(漢書)'에 나오는 말이다. 반고는 당시 농민이 땅을 버리고 고향을 등지는 이유를 "끊이지 않는 수탈(賦斂不時)과 아침 법령이 저녁에 바뀌기 때문(朝令而暮改)"이라고 설명했다. 총리가 이를 두고 '조삼모사'라 했으니 핀잔을 들을 만하다. 어디 일본뿐이랴. 요즘 국내 정치계에도 한자 4자성어가 난무하고 있다. 아전인수(我田引水) 식으로 해석하고는 '당신 말이 틀렸다'며 정파 간 설전을 벌인다. 정치권은 '왈가왈부(曰可曰좀)'로 날을 지새우는 곳이던가…

한우덕 중국연구소 차장

- -

위 글을 쓴 사람은 조삼모사(朝三暮四)의 출전으로 '장자·제물론(莊子·齊物論)'을 들었지만 그보다는 列子(열자) 黃帝篇(황제편)에 나오는 이야기를 원전으로 읽어보자.

宋有狙公者, 愛狙, 養之成羣, 能解狙之意; 狙亦得公之心.
損其家口, 充狙之欲. 俄而匱焉, 將限其食.
恐衆狙之不馴於己也, 先誑之曰: "與若茅, **朝三而暮四**, 足乎?" 衆狙皆起而怒.
俄而曰: "與若茅, **朝四而暮三**, 足乎?" 衆狙皆伏而喜.

－列子, 黃帝篇(황제편)

송(宋)나라에 저공이라는 사람이 있었다.

그는 원숭이를 사랑하여 이를 길러 여러 마리가 되었다.

그래서 저공은 능히 원숭이들의 뜻을 알 수 있게 되었으며, 원숭이도 역시 저공의 마음을 알았다.

저공이 집안 식구들의 먹을 것을 줄여 가면서 원숭이의 욕구를 채워 주었다.

그러나 그 먹이를 당할 수가 없어 마침내 먹이가 떨어져 가므로, 앞으로 그 먹이를 줄이고자 생각하였으나 여러 원숭이가 앞으로 말을 잘 듣지 않을 것

을 두려워하여,

먼저 이를 속이어 말하기를

"너희들에게 먹이를 주되 아침에 세 개를 주고 저녁에 네 개를 주겠으니 좋으냐?"

하니 여러 원숭이가 다 일어나서 화를 냈다. 바로 말하기를

"너희들에게 먹이를 아침에 네 개를 주고 저녁에 세 개를 주겠으니 좋으냐?"

하니 여러 원숭이가 다 엎드려 절하고 기뻐하였다.

※ 속일 誑(광), 함, 궤, 다하다 匱(궤)

원전을 보면 조3모4(朝三暮四)나 조4모3(朝四暮三)이나 똑같은 숫자인 점에서 똑똑한 사람이 어리석은 사람을 속임수로 넘기는 데 비유하는 말이다. 열자는 옛날부터 성인(聖人 = 지배자)이라는 작자들은 똑같은 내용의 말을 앞뒤 순서를 바꾸고 이렇게 꾸미고 저렇게 꾸미고 하여 하여 민중을 원숭이처럼 울리고 웃기고 하면서 갖고 놀았다고 했다. 요새 창궐하는 행정중심 복합도시니 행복도시니 경제도시니 하는 것도 그렇고, 대운하니 4대강사업이니 하는 것도 그렇다. 국민을 원숭이처럼 이리저리 갖고 노는 것이 정치인 모양이다.

열자의 황제편에 나오는 朝三暮四 이야기가 영자신문에 실린 것이 있으므로 이를 영어로 한번 읽어보자(코리아헤럴드 2008.3.2자).

- -

[WORDS TO THE WISE] To blow hot and cold

During the Spring and Autumn Period(B.C. 422~481) in China, in the state of Song, there lived an old man who greatly loved monkeys. And because of his obsession with monkeys, he was given the name "Ju," which means monkey in Chinese.

Ju lived with many monkeys. He looked after them wholeheartedly, offering them a cozy place to live, feeding them every single meal, and always playing with them to make sure they were entertained. Ju and the monkeys got along so well that he knew all about their living styles, routines and temperaments. The monkeys also enjoyed staying with Ju very much.

One day, Ju noticed that he would soon run out of chestnuts, his monkeys' favorite food. Ju realized that he had no choice but to decrease the amount of food they were fed.

"Look! From now on, every day, I will give everyone of you three chestnuts in the morning and four every night, all right?" said Ju reluctantly to his monkeys.

Realizing that their food supply would be decreased, the monkeys began to jump up and down and screamed to show their disagreement and displeasure.

Ju knitted his brow and said, "What about this way: four chestnuts in the morning and three at night. Sounds good?"

The monkeys jumped up and down again, but this time, they also nodded in agreement.

Today, this idiom is used to describe someone who constantly changes his or her mind, and is unpredictable.

여기서 朝二暮四를 어리숙한 원숭이의 이야기로만 해석하지 말고 이 말의 현대적 含意를 생각해본다.

열자는 朝三暮四(아침에 3개, 저녁에 4개)나 朝四暮三(아침에 4개, 저녁에 3개)나 똑같은 것을 전제하고 이야기를 풀어가고 있는데 요새 세상에 이것을 같은 것으로 보는 사람은 없다. 현재의 100만 원과 1년 후의 100만 원의 가치가 같을 수 없다는 사실을 누구나 부인하지 못한다. 돈에는 어김없이 이자라는 놈이 붙는다. 그 이자라는 놈은 안식일도 없이 일요일이나 공휴일에도 쉬지 않고 붙어간다.

이자율을 요새 금리로 따져 연 5%라고 할 때 은행에 100만 원을 예금하면 1년 후에 105만 원(＝100만 원×1.05)을 받게 된다. 따라서 오늘의 100만 원은 1년 후의 100만 원보다 가치가 크다. 현재의 100만 원이 1년 후의 100만 원보다 가치가 크고, 현재의 100만 원은 1달 후의 100만 원보다 가치가 크다면, 아침의 100만 원은 저녁의 100만 원보다 가치가 클 것임은 자명한 이치다.

실제로 은행 등 금융기관에서는 한나절이나 하루 정도 돈을 빌리거나 빌려줄 때도 꼭 이자를 주고받는다. 콜시장은 금융시장 상호 간의 일시적인 자금과부족을 조절하기 위하여 초단기로 자금을 차입하거나 대여하는 시장을 말한다. 금융기관은 고객을 상대로 예금을 받고 대출 또는 유가증권 투자를 하는 과정에서 자금이 남기도 하고 부족하기도 하는데 이러한 자금과부족을 콜시장에서의 자금거래(콜)거래를 통해 조절한다.

콜(call)이라고 함은 금융기관 간에 발생하는 초단기 자금의 차입과 대여를 말하는데 이중 콜거래를 통해 자금을 대여하는 것을 콜론(call loan), 자금을 차입하는 것을 콜머니(call money)라고 한다. 콜거래금액은 최저 1억 원이며 억 원 단위로 거래되며, 콜금리는 콜시장에서의 자금수급사정에 따라 수시로 변동한다.

은행, 종합금융회사, 증권회사, 투자신탁회사, 생명보험회사 등 금융기관들이 출자하여 설립한 한국자금중개(주)와 서울외환중개(주), KIDB 자금중개(주)가 콜거래를 중개하고 있다. 콜시장에서 거래되는 이자율을 '콜금리'라고 한다. 한국은행은 2008년 3월까지는 콜금리를 쓰다가 지금은 기준금리라는 말을 쓰고 있는데 2009년 2월 이후 기준금리는 2%로 되어 있다(한국은행 홈페이지 참고).

예컨대, 아침에 100만 원을 빌린 후 저녁에 갚는다면, 원금에 이자 54.8원(100만 원×연 2%/365일＝약 54.8원/일)을 더하여 100만55원 정도를 갚아야 하는 셈이다. 빌리는 돈이 100만 원이 아니라 10억이라면 아침저녁 사이에 더 붙는 돈이 5,500원이다.

그렇다면 朝四暮三이 朝三暮四보다 더 가치가 큰 것임을 알 수 있고, 현대의 호모 에코노미쿠스의 입장에서 보면 원숭이들이 朝三暮四보다 朝四暮三에 더 기뻐한 것은 참으로 당연한 일이다. 이게 바로 朝三暮四의 현대적 含意다. 바로 이자율 내지 금리가 우리 경제생활에 미치는 영향은 지대하다. 한국은행은 금리정책을 통해 물가를 컨트롤한다. 사람들은 이자율에 굉장히 예민하다. 사람들은 보통 금리가 높으면 소비보다는 저축을 많이 하고, 반대로 금리가 낮으면 소비를 많이 한다. 요새같이 이자율(금리)이 낮은 시대에 사람들은 은행에 돈을 맡기는 것을 주저한다. 금리가 낮으면 돈이 부동산시장이나 주식, 펀드시장으로 몰려가는 이치가 바로 이곳에 있다.

우리는 손해배상소송실무에서 손해배상액을 산정하는 데 중간이자를 공제하는 것을 당연시하는 것도 역시 朝三暮四의 현대적 含意가 반영된 것이다.

예컨대, 현재로부터 3년 후에 얻을 이익 100만 원의 현가(現價, 현재의 가격)를 법정이율 연 5푼(단리)에 의하여 숭간이사를 공제하여 보자.

※ 구하는 현가를 X라 하면,

X를 연 5푼의 이자(단리)로 3년간 불렸을 때의 이자는 X×0.05×3이 된다.
1,000,000 − (X×0.05×3) = X

$$\frac{1,000,000}{1 + 1.05 \times 3}$$

X = 869,565원

∴ 중간이자 = 1,000,000 − 869,565 = 130,435원

즉 1,000,000원을 현재 전액 지급받는다면 금 130,435원 상당의 부당이득을 얻게 되는 것이므로 중간이자를 공제한 금 869,565원만을 현가로 지급받으면 되는 것이다. 중간이자 공제의 대상이 되는 것은 일실수입뿐만 아니라 향후치료비, 보조구비, 개호비 등의 청구도 포함된다.

실무는 호프만식에 의하여 중간이자를 공제하고 있는데 판례는 호프만식에 의하여 중간이자를 공제하는 경우 단리 연금현가율이 240을 넘는 중간이자 공제기간 414월(년별 호프만식 계산법에 있어서는 그 율이 20을 넘는 36년) 이후의 중간이자 공제기간의 현가를 산정함에 있어서는 그 수치표산의 단리연금현가율이 얼마인지를 불문하고 240을 적용 계산함으로써 현가의 원본으로부터 생기는 이자가 그 손해액을 초과하지 않도록 하여 피해자가 과잉배상을 받는 일이 없도록 하고 있다.

어찌되었든 하토야마 일본 총리와 같이 망신을 당하지 않으려면 朝三暮四나 朝令暮改 정도는 구별할 수 있어야 한다.

[2010. 1. 27]

3. 14년간의 재판의 迷路

판례를 읽다 보니 한 민사사건이 1심 제기 이후 대법원도 네 번씩이나 들락거리며 14년 만에 종결된 것이 눈에 띈다. 도대체 어떤 사건이기에 장장 14년간을 재판의 미로 속에서 헤맨 것인지 한번 들쑤셔보기로 하자.

실무상 채권자대위소송이 많이 제기되고 있는데 채권자대위소송과 관련하여 많은 쟁점들이 다투어지고 있다. 채권자대위권이라는 것이 채권자로서는 참으로 편리한 권리이다. 채권자가 채무자의 권리를 적법하게 대위행사한 경우 그 법률효과는 직접 채무자에게 귀속되게 되어 있다. 민법 제405조 제2항은 채권자가 채권자대위권을 행사하고 채무자가 채권자로부터 그 통지를 받은 경우에는 그 권리를 처분하지 못하도록 규정하고 있다.

14년간이나 걸려 종결을 본 사건은 어찌 보면 단순한 사건이다. 채권자대위권에 있어서 채무자의 처분권 제한과 계약해제를 둘러싸고 돈에 눈이 먼, 아니 돈독이 오른 채권자, 채무자, 제3채무자가 이리저리 물리고 물린 사건이다. 이 과정에서 변호사 등 법률가의 역할은 과연 어떠하였을까? 아마도 14년이 지난 후 승소자든 패소자든 쓰라린 상처밖에 남는 게 없을 것이다.

쟁점은 채무자 乙이 제3채무자 丙으로부터 매수한 부동산을 다시 乙로부터 매수한 채권자 甲이 乙, 丙에 대하여 순차 소유권이전등기절차의 이행을 구하는 소를 제기하여 그중 丙에 대한 채권자대위소송이 상고심에 계속 중 乙이 丙의 매매잔대금 지급 최고에 응하지 아니하여 丙으로 하여금 매매계약을 해제할 수 있도록 한 경우, 이는 채무자가 채권자에 대한 소유권이전등기청구권을 처분하는 것에 해당하여 乙과 丙은 甲에게 그 계약해제로써 대항할 수 없는가 하는 점이다.

사안의 개요와 판결의 흐름을 정리하면 다음과 같다.
△ 乙이 1987. 8. 8. 소유자 丙으로부터 X부동산 매입함.
△ 乙이 1987. 12. 22. 甲에게 X부동산을 전매함.
△ 甲이 1989. 1. 19. 乙 및 乙을 대위한 丙을 공동피고로 하여 소유권이전등기청구의 소제기.
△ 위 소송계속 중 丙은 乙을 상대로 1989. 11. 11.경 매매잔대금 일부 미지급을 이유로 1989. 12. 10.까지 지급하지 않으면 계약해제를 할 것임을 통고
△ 丙은 乙이 위 일자까지 일부 잔대금을 지급하지 않자 1989. 12. 중순경 계약금과 중도금 전액을 변제공탁함과 동시에 계약해제의 의사표시를 함. 乙은 이의 없이 위 공탁금을 수령함.
△ 원심(광주고등법원 1992.8.26. 선고 90나3309 판결): 피고 乙과 피고 丙 사이의 위 매매계약은 피고 丙이 주장하는 바와 같이 피고 乙이 위 공탁금을 공탁의 취지에 따라 수령함으로써 적법하게 해제되었다고 할 것이고, 따라서 원고는 위 매매계약이 유효하게 존속함을 전제로 피고 乙을 대위하여 피고 丙에 대하여 피고 乙에게 이 사건 부동산에 관하여 1987.8.8.자 매매를 원인으로 한 소유권이전등기절차를 이행하고 그 부동산을 인도할 것을 청구할 수 없으므로, 원고의 피고 丙에

대한 청구는 이유가 없다. 원고(甲) 불복상고(피고 乙에 대해
서는 일부승소판결 확정).

[1차 대법원판결] 대법원 1993.4.27. 선고 92다44350 판결

*매도인인 제3채무자가 매매계약을 해제하려고 원상회복의 방법으로 지급받은
매매대금을 공탁한 데 대하여, 매수인인 채무자가 아무런 이의 없이 공탁의
취지에 따라 공탁금을 수령함으로써 계약당사자 사이의 합의에 의하여 매매
계약이 해제되는 효과를 발생하게 하는 것은 채권자가 채무자를 대위하여 행
사하고 있는 채무자의 제3채무자에 대한 매매계약에 따른 소유권이전등기청
구권을 처분하는 것에 해당하므로 채권자대위소송의 소장 부본이 채무자에게
송달된 이후 채무자가 제3채무자가 공탁한 매매대금을 이의 없이 수령함으로
써 매매계약이 해제되는 효과를 발생하도록 승인하였다고 하더라도 이로써
채권자에게는 대항할 수 없다(원심 판결 파기환송).*

환송 후 광주고등법원 1994.1.19. 선고 93나3355 판결은 원고(甲)
패소판결을 선고하였다.

*丙의 대리인 A는 1989.7.16. 최종적으로 乙에게 같은 해 7.6. 자로 다시
발급받은 丙명의의 인감증명서 등을 제시하고 피고(丙)가 외국에 유학중이어
서 인감증명서 등을 재발급받기 어려운 사정 등을 감안하여 인감증명서 유효
기간 내인 같은 해 7.31.까지 잔존채무를 이행할 것을 최고하였는바, 이때
乙은 그날까지는 틀림없이 위 잔존채무를 이행할 것이며 만일 그때까지 이를
이행하지 못할 때에는 위 계약을 해제하여도 이의 없다는 내용의 각서를 작
성 교부하였으나 그 기일까지도 위 잔존채무를 이행하지 아니한 사실, 그 후
乙은 甲측의 고소로 구속되어 있는 등으로 위 계약을 이행할 능력이 거의
없었고, A는 丙명의의 인감증명서를 다시 발급받으려고 시도하였으나 재외국
민인 丙이 양도소득세를 납부하고 세무서장의 납세확인을 받아오기 전에는
발급하여 줄 수 없다는 이유로 거절당하자 1989.11.11. 乙에게 같은 해
12.10.까지 잔존채무를 이행할 것을 최고하면서 그 기간 도과 시에는 별도*

의 통지 없이 위 매매계약을 해제한다는 내용의 의사표시를 하여 그 무렵 위 의사표시가 乙에게 도달된 사실, 乙은 위 최고기일까지도 위 잔존채무를 이 행하지 아니한 사실 등을 인정한 다음, 乙이 丙을 대리한 A로부터 위와 같 이 1988.6.23.까지 2회에 걸쳐 적법한 이행의 제공을 받고도 자신의 채무 를 이행하지 못한 후 다시 같은 해 7.16. 이행의 제공을 받자 같은 해 7.31. 까지 위 잔존채무를 이행할 것을 약속하고 이를 이행하지 못할 때에는 위 계 약을 해제하여도 이의 없다는 내용의 위 각서를 제공한 것은 자신이 위 기한 을 다시 해태하면 그 이후에는 새로운 이행의 제공 없이 위 계약을 해제할 수 있는 권리를 부여하는(즉 동시이행의 항변권을 포기하는) 취지의 약정을 한 것으로 보아야 할 것이고, 따라서 그 후 위 A가 1989.11.11. 乙에게 같 은 해 12.10.까지 위 잔존채무의 이행을 최고하고 그 기간 도과 시에는 별 도의 통지 없이 위 매매계약을 해제한다는 내용의 조건부 계약해제의 의사표 시를 하였으나 乙이 이를 이행하지 아니함으로써 丙과 乙 사이의 위 매매계 약은 乙의 채무불이행으로 인하여 적법하게 해제되었다.

甲이 재상고하였다.

[2차 대법원판결] 대법원 1994.11.25. 선고 94다12234 판결

위 각서의 내용은 위 乙이 1988.7.31.까지는 틀림없이 위 잔존채무를 이행 할 것을 약속하며 만일 그때까지 이를 이행하지 못할 때에는 피고(丙) 측에 서 위 매매계약을 해제하여도 이의 없다는 것에 불과하지 乙이 위 기한을 다시 해태하면 그 이후에는 피고 측에서 새로운 이행의 제공 없이 위 매매계 약을 해제할 수 있는 권리를 부여한다는 내용이 포함되어 있는 것은 아니고, 乙이 위 각서 작성 이전에 피고를 대리한 A로부터 2회에 걸쳐 적법한 이행 의 제공을 받고도 자신의 채무를 이행하지 못한 사정이 있었다는 것만으로 위 각서가 새로운 이행의 제공 없이 위 매매계약을 해제할 수 있는 권리를 부여한다는 취지에서 작성된 것이라고 인정하기는 부족하다
일반적으로 권리의 행사는 신의에 좇아 성실히 하여야 하고 권리는 남용하지 못하는 것이므로, 해제권을 갖는 자가 상당한 기간이 경과하도록 이를 행사 하지 아니하여 상대방으로서도 이제는 그 권리가 행사되지 아니할 것이라고

신뢰할 만한 정당한 사유를 갖기에 이르러 그 후 새삼스럽게 이를 행사하는 것이 법질서 전체를 지배하는 신의성실의 원칙에 위반하는 것으로 인정되는 결과가 될 때에는 이른바 실효의 원칙에 따라 그 해제권의 행사가 허용되지 않는다고 보아야 할 것인 바, 원심이 채용하고 있는 을제20호증의 1, 을제36호증의 각 기재와 원심 증인 乙의 증언 및 제1심 법원의 乙에 대한 본인 신문결과 등 기록에 나타난 자료에 의하면, 乙이 위 1988.7.31.까지 위 잔존채무를 이행하지 아니하였으나 그 후에도 피고 측에서는 이를 이유로 위 매매계약을 즉각 해제하지 아니하고 오히려 乙에 대하여 위 잔존채무의 이행을 계속 최고하여 왔으며, 원고가 1989.1.14. 위 매매계약이 유효하게 존속하고 있음을 전제로 이 사건 대위소송을 제기하여 10여 차례의 변론기일이 열려 심리가 진행되고 있는데도 피고 측은 해제권을 행사하지 아니하고 나아가 1989.9.경에는 위 乙이 위 잔존채무를 이행할 경우에 대비하여 피고 명의의 인감증명서를 다시 발급받으려고 시도하기도 하다가 乙이 1988.7.31.까지 위 잔존채무를 이행하지 아니함으로써 해제권이 발생한 때로부터 무려 1년 4개월가량이나 경과하고 원고가 이 사건 소송을 제기한 때로부터도 10개월가량이나 경과한 1989.11.11.에 이르러서야 비로소 해제의 의사표시를 하기에 이르렀고, 위 해제의 의사표시가 있기 이전에는 물론 거기서 정해진 최고기한인 같은 해 12.10.까지만 하여도 乙은 위 잔존채무만 이행하면 소유권이전등기를 경료받을 수 있는 것으로 믿어 왔던 사실을 알 수 있는바, 사실관계가 이와 같다면, 위 해제의 의사표시가 있은 무렵을 기준으로 볼 때, 피고 측에서 1988.7.31. 발생한 해제권을 장기간 행사하지 아니하고 오히려 위 매매계약이 여전히 유효함을 전제로 위 잔존채무의 이행을 최고함에 따라 乙로서는 위 해제권은 더 이상 행사되지 아니할 것으로 신뢰하였다 할 것이고, 또 위 매매계약상의 매매대금 자체는 거의 전부가 지급된 점 등을 더하여 보면 乙이 그와 같이 신뢰한 데에는 정당한 사유도 있었다고 봄이 상당하다 할 것이므로, 그 후 피고 측에서 새삼스럽게 위 해제권을 행사한다는 것은 신의성실의 원칙에 반하여 허용되지 아니한다 할 것이고, 따라서 이제 와서 피고 측이 위 매매계약을 해제하기 위해서는 다시 이행제공을 하면서 최고를 할 필요가 있다 할 것인데 위 해제의 의사표시를 함에 있어서 피고 측에서 이행의 제공을 하였다고 볼 만한 자료는 찾아볼 수 없기 때문이다.(원심 판결 재파기환송).

재환송 후 원심인 광주고등법원 1997.5.22. 선고 95나527 판결은 丙은 乙로부터 58,533,809원을 지급받음과 동시에 乙에게 X부동산에 관하여 1987.8.8. 매매를 원인으로 한 소유권이전등기절차를 이행하라는 판결을 선고하여 채권자 甲 승소판결을 하였고, 피고(丙)가 상고하였다.

[3차 대법원판결] 대법원 1998.10.13. 선고 97다2565 판결

乙이 매매계약해제를 위한 원상회복의 방법으로 공탁된 매매대금을 수령하여 원고와 乙 사이의 위 애매계약이 해제되는 효과를 발생하도록 승인하였다 하더라도 이는 채권자인 원고가 위 소송에서 채무자인 乙을 대위하여 행사하고 있는 乙의 피고에 대한 위 매매계약에 따른 이 사건 부동산에 관한 소유권이전등기청구권을 처분하는 것에 해당한다고 할 것이므로 이로써 채권자인 원고에게는 대항할 수 없다(상고기각).

丙은 위 대법원판결이 선고된 후 1998년 11월 5일 1심 법원에 甲을 상대로 丙의 적법한 매매계약의 해제로 甲이 전소에서 대위행사하였던 甲의 소유권이전등기청구권은 존재하지 않는다는 이유로 채무부존재확인의 소를 제기하여 1999년 6월 10일 승소판결을 선고받았다. 피고 甲 항소하였다. 광주고법 2000.5.3. 선고 99나5407 판결은 다음과 같이 1심 판결을 취소하고 원고의 청구를 기각하였다.

원고(丙)는 위 판결(광주고법 95나527 판결)이 대법원에서 확정되기 전인 1997.7.25. 乙에게 다시 이 사건 부동산에 관한 소유권이전등기소요서류를 1997.8.5.부터 1997.8.11.까지 서울 서초구 서초동 소재 B 법률사무소에 보관시켜 놓겠으니 1997.8.11.까지 위 광주고등법원 95나527호 사건에서 확정한 乙의 잔존채무금 58,533,809원을 B 법률사무소에서 지급하라고 최고함과 동시에 위 기한 내에 이행하지 않으면 이 사건 매매계약은 별도의 계

약 해제의 의사표시 없이 해제된 것으로 간주하겠다는 내용의 통고서를 보내는 한편 위 통고서의 취지대로 1998.8.4. 원고(丙) 명의의 인감증명서, 주민등록등본, 등기권리증 등 소유권이전등기소요서류를 B 법률사무소에 맡기면서 乙이 위 잔존채무금을 가지고 오면 이를 받아놓고 그에게 위 서류 등을 교부하도록 부탁하여 놓았으나 乙은 1997.7.25. 위 통지서를 받고도 최고된 기간이 지나도록 원고에게 위 잔존채무금을 지급하지 않았고, 이에 원고는 1997.8.14. 乙에게 다시 이 사건 부동산에 관한 소유권이전등기소요서류를 제공하면서 乙의 위 잔존채무금의 불이행을 이유로 이 사건 매매계약을 해제한다는 내용의 통고서를 보내어 그 무렵 위 통고서가 乙에게 도달한 사실을 확정한 후, 원고가 이 사건 매매계약을 해제하기 위하여 乙에게 그 매매대금을 공탁한 것을 乙이 아무런 이의 없이 수령한 사실이 있어 원고가 乙에게 위 계약에 따른 매매대금의 지급을 최고하더라도 乙로부터는 그 이행을 기대할 수 없었던 점, 원고와 피고는 이 사건 전의 소송에서 위 계약의 해제 여부에 관하여 치열하게 다투고 있었으며 원고가 乙에게 이행의 최고를 할 당시는 위 사건이 상고되어 확정되지 않은 상태에 있었기 때문에 피고로서는 원고가 위 乙에게 확정되지도 않은 위 판결에 표시된 대로 이행의 제공 및 최고를 하리라는 것을 전혀 예견할 수도 없었던 점, 원고는 乙이나 피고로부터 위 매매계약의 본지에 따르는 이행 즉, 이 사건 매매계약의 잔대금을 지급받는다면 乙에게 이 사건 부동산에 관하여 소유권이전등기절차를 이행하여야 하는 것이므로 원고가 乙을 대위하는 피고에게 그 매매대금의 지급을 최고한다고 하여도 그것이 원고에게 특별히 불리해진다고 볼 수도 없는 점 등의 여러 사정을 고려하여 보면, 원고가 대위채권자인 피고에게는 이행제공의 사실을 통지하지 않은 채 乙에 대하여만 소유권이전등기를 위하여 필요한 서류의 이행을 제공한 다음, 乙의 채무불이행을 이유로 위 매매계약을 해제하였느니고 주장하는 것은 신의칙에 반하는 것이어서 피고에 대한 관계에 있어서는 그 효력이 없다.

원고가 다시 상고하였으나, 상고기각되었다.

[4차 대법원판결] 대법원 2003.1.10. 선고 2000다27343 판결

채권자가 채권자대위권에 기하여 채무자의 권리를 행사하고 있는 경우에, 그 사실을 채무자에게 통지하였거나 채무자가 그 사실을 알고 있었던 때에는, 채무자가 그 권리를 처분하여도 이로써 채권자에게 대항하지 못하는 것인바 (대법원 1993.4.27. 선고 92다44350 판결 등 참조). 원고가 피고의 채권 자대위권 행사에 의한 소유권이전등기절차의 이행을 구하는 종전 소송의 재 파기환송 후 그 청구를 인용한 항소심 판결에 대하여 상고를 제기하여 그 사 건이 상고심에 계속되어 있던 중에, 채무자인 乙에게 반대의무의 이행을 최 고하였으나 乙이 아무런 조치를 취하지 아니하여 원고로 하여금 乙의 채무 불이행을 이유로 매매계약을 해제할 수 있도록 한 것 역시 채무자인 乙이 원고에 대한 소유권이전등기청구권을 처분하는 것에 해당한다고 할 것이므로 이를 채권자인 피고에게 대항할 수 없고, 그 결과 제3채무자인 원고 또한, 그 계약해제로써 피고에게 대항할 수 없다고 할 것이다.

원심 판결의 이유 설시에 다소 적절하지 아니한 점이 있지만, 원고와 乙 사 이의 매매계약이 적법하게 해제되었음을 전제로 하는 원고의 이 사건 청구를 배척한 결론에 있어서는 정당하고, 상고이유의 주장은 모두 받아들일 수 없다.

이상과 같은 경과를 거쳐 소를 제기한 지 14년 만에, 최초 매매계 약이 있은 지 15년 반 만에 당사자들은 기나긴 재판의 미로에서 벗 어났다. 이들 판결이 의미하는 바가 과연 무엇인가? 이들이 남긴 자 취에서 무엇을 얻을 것인가?

채권자가 채권자대위권에 기하여 채무자의 권리를 행사하고 있는 경우 그 사실을 채무자에게 통지하였거나 채무자가 그 사실을 알고 있었던 때에는 채무자가 그 권리를 처분하여도 채권자에게 대항하지 못한다. 학설과 판례는 대체로 채권자로부터의 통지가 없더라도 채 무자가 대위권행사의 사실을 알게 된 때에는 피대위채권을 처분하지 못하는 것으로 새기고 있다.

예컨대, 채권자가 채무자를 대위하여 제3채무자를 상대로 소유권 이전등기청구의 소를 제기한 경우 채무자는 당해 부동산에 대한 소유권이전등기청구권을 포기하거나 그 기초가 되는 매매계약을 해제할 수 없다.

최근의 대법원판결 하나만 보자.

채권자가 채권자대위권에 기하여 채무자의 권리를 행사하고 있다는 사실을 채무자가 알게 된 후에는 채무자가 그 권리를 처분하여도 이로써 채권자에게 대항하지 못하는 것인바, 채권자가 채무자와 제3채무자 사이에 체결된 부동산매매계약에 기한 소유권이전등기청구권을 보전하기 위해 채무자를 대위하여 제3채무자의 부동산에 대한 처분금지가처분을 신청하여 가처분결정을 받은 경우에는 피보전권리인 소유권이전등기청구권을 행사한 것과 같이 볼 수 있으므로, 채무자가 그러한 채권자대위권 행사 사실을 알게 된 후에 그 매매계약을 합의해제함으로써 채권자대위권의 객체인 부동산 소유권이전등기청구권을 소멸시켰다 하더라도 이로써 채권자에게 대항할 수 없고, 그 결과 제3채무자 또한 그 계약해제로써 채권자에게 대항할 수 없다(대법원 2007.6.28. 선고 2006다85921 판결).

위 4차 대법원판결도 이 점을 분명히 하고 있다. 위 판결에 대해서는 민법 제405조 제2항의 입법취지는 채무자와 제3채무자의 합의 내지는 단독적 처분행위에 의하여 채권자의 권리침해가 되는 것을 막자는 데 있다고 본다면, 제405조 제2항이 전제하고 있는 처분행위는 채무자와 제3채무자가 또 다른 제3자에게 채권자대위권의 목적인 채권관계를 처분하여 버림으로써 채권자의 대위권행위가 무위로 돌아가는 것에 한정된다고 해석하여야 할 것이고, 계약해제권의 정당한 행사를 제한할 수 없다는 반론이 있다.

또 우리 판례는 일관하여 채권압류 또는 채권가압류의 처분금지효는 그 채권의 발생원인인 법률관계에 대한 채무자의 처분까지도 구속하는 효력은 없다는 태도를 견지하고 있는데, 채권자대위권이 행사된 경우에 제3채무자가 채무자의 채무불이행을 이유로 계약을 적법하게 해제한 것을 채권자에게 대항할 수 없다고 한다면, 이는 채권자가 집행권원에 기하여 정식의 강제집행절차를 통하여 채무자의 채권을 압류하는 것보다도 더욱 강력한 효력을 채권자대위권에 인정하는 결과가 되고, 채권자대위에서는 제3채무자가 채무자에게 채무를 변제할 수 있으며 채무자는 이를 유효하게 수령할 수 있다고 하는데, 하필 피대위채권의 발생원인이 되는 기본적 계약관계의 해제에 관하여 채무자의 '처분'을 더욱 제한하여야 할 이유는 없을 것이라는 비판이 있다(양창수 대법관).

그러나 채권자대위소송이 계속 중임에도 불구하고 채무자와 제3채무자 간의 계약의 해제를 막 바로 인정하게 되면 피대위채권의 처분을 제한하는 민법 제405조 제2항의 규정에 반하게 된다. 이는 채권자대위제도의 목적달성을 방해하는 행위로 채권자대위권을 행사한 채권자에게는 대항할 수 없다고 보아야 하는 점에서 판례의 태도는 수긍할 수 있다.

비판론자들은 대법원 1991.4.12. 선고 90다9407 판결에서 가처분금지가처분등기가 되어 있는 사건에서조차도 채무자의 변제수령은 처분행위라 할 수 없고, 같은 이치에서 채무자가 그 명의로 소유권이전등기를 경료하는 것 역시 처분행위라고 할 수 없으므로 소유권이전등기청구권의 대위행사 후에도 채무자는 그 명의로 소유권이전등기를 경료하는 데 아무런 지장이 없다는 점을 들고 있으나, 채무자로의 원래의 채무의 이행이과 본래의 계약을 해제로 소멸케 하는 것을 동일한 평면에서 평가할 수는 없을 것이다.

위 [4차 대법원판결]은 甲이 1989년 1월 19일 乙과 丙을 상대로 소유권이전등기청구의 소를 제기하여 소송 계속 중 丙이 乙을 상대로 잔금 일부 미지급을 이유로 지급받은 매매대금을 변제공탁함과 동시에 계약해제를 하자 乙이 이의 없이 위 공탁금을 수령함으로써 계약당사자 사이의 합의에 의한 계약의 해제효과를 발생케 한 것으로 乙의 丙에 대한 매매계약에 따른 소유권이전등기권을 처분하는 것에 해당한다는 [1차 대법원판결]과 丙의 해제권은 실효의 원칙에 허용되지 않는다는 [2차 대법원판결]을 거쳐 1차 대법원판결과 같은 내용의 [3차 대법원판결]이 확정된 후에 지급받은 매매대금을 변제공탁까지 하고 계약해제를 줄기차게 주장하던 丙이 돌연 태도를 바꾸어 乙을 상대로 매매계약 본래대로의 이행을 구하고 이를 빌미로 계약해제를 주장하는 것은 어느 모로 보나 용납될 수 없다고 할 것이다.

丙의 행위는 선행행위에 모순되는 거동으로서 신의칙에도 반하는 것이다. 대법원판결이 이 사건에서 '처분'이라는 법 개념을 다소 확장하였으나, 이 사건 사안의 해결을 위한 구체적 타당성이 있는 해석이며 무리한 판결이라고는 할 수 없다.

다만 이 사건과 같이 채무자가 매매잔대금을 지급하지 않는 상황에서 제3채무자에게 채무자의 잔금지급과 상환으로 채무자에게 소유권이전등기절차를 명한 판결이 확정된 경우에도 채무자가 잔금을 지급하지 않는다면 제3채무자로서는 그때 이행최고를 하고 계약을 해지할 수 있고, 결국 그는 확정 판결의 집행력을 배제하기 위하여 청구이의의 소(민사집행법 제44조)를 제기해야 하는 문제점도 있고, 채권자로는 동시이행의 조건성취가 어려워져 결국 등기를 받지 못하게 되는 경우도 있으므로 사건의 완벽한 해결이라고는 보기 어려운 면이 있다.

채권자대위권을 둘러싸고 채권자, 채무자, 제3채무자가 벌이는 싸움을 보노라면 누가 선하고 악하고가 없이 그야말로 돈에 눈먼 인간

군상들을 보는 것 같아 쓸쓸하다. 아마도 이 사건 X부동산을 丙이 매각한 후 부동산가격이 폭등했을 것이고 잽싸게 미등기전매로 취득한 甲이 악착같이 자신의 권리를 확보하기 위하여 채권자대위권이라는 무기를 사용했고, 부동산을 싸게 판 丙이 쓰린 속을 다스리며 계약해제라는 무기를 들이대고 팔아버린 부동산을 되찾아보고자 법정공방을 벌였고, 그 와중에서 눈치나 보면서 이득을 취하는 중간취득자 乙의 행태에서 돈 앞에 赤裸裸한 인간 본연의 모습을 본다. 법조인들은 그 인간 본연의 모습을 지겹도록 보아야 하는 것이다.

[2009. 11. 3]

[주]

대법원 전원합의체(주심 안대희 대법관)는 2012.5.17. 채권자 A(49) 씨가 제3채무자 C(58) 씨를 상대로 낸 소유권이전등기 청구소송 상고심(2011다87235)에서 원고패소 판결을 내린 원심을 확정했다. 재판부는 판결문에서 "채무자의 채무불이행 사실 자체만으로는 권리변동의 효력이 발생하지 않으므로 이를 채무자가 제3채무자에 대해 가지는 채권을 소멸시키는 적극적인 행위로 파악할 수 없고, 법정해제는 채무자의 객관적 채무불이행에 대한 제3채무자의 정당한 법적 대응인 점을 고려하면 채무자가 자신의 채무불이행을 이유로 매매계약이 해제되도록 한 것을 두고 민법 제405조 제2항에서 말하는 '처분'에 해당한다고 할 수 없다"고 밝혔다. 재판부는 "따라서 채무자가 채권자대위권 행사의 통지를 받은 후에 채무를 이행하지 않아 통지 전에 체결된 약정에 따라 매매계약이 자동으로 해제되거나 채권자대위권행사의 통지를 받은 후에 채무자의 채무불이행을 이유로 제3채무자가 매매계약을 해제한 경우 제3채무자는 그 계약해제로써 대위권을 행사하는 채권자에게 대항할 수 있다”고 설명했다.

이 대법원전원합의체판결로 “채무자가 채권자대위권 행사사실을 통지받은 후에 채무자의 채무불이행을 이유로 매매계약이 해제되도록 한 것은 언제나 채무자가 그 피대위채권을 처분하는 것에 해당하므로, 이를 가지고 대위권을 행사하는 채권자에게 대항할 수 없고, 그 결과 제3채무자 또한 그 계약해제로써 채권자에게 대항할 수 없다”는 취지의 위 [제4차 대법원 판결(2000다27343)]은 변경됐다.

4. 채무명의와 집행권원

강제집행을 하기 위해서는 집행권원과 집행문을 갖추어야 한다. 집행문이 붙은 집행권원을 '집행력 있는 정본' 또는 '집행정본'이라고 한다(**집행정본 = 판결정본 + 집행문**). 집행권원(執行權原)은 사법상의 급여청구권에 집행력을 인정한 공정의 문서를 말한다. 집행권원은 바로 강제집행의 근거가 되는 문서를 말한다.

현행법상 확정된 종국판결, 가집행선고 있는 판결, 집행판결, 항고로만 불복할 수 있는 재판, 확정된 지급명령, 이행권고결정, 화해권고결정, 조정에 갈음하는 결정, 가압류·가처분명령, 집행증서, 재판상 화해조서, 조정조서, 청구인낙조서, 검사의 집행명령 등이 집행권원이 된다.

구 민사소송법은 강제집행의 근거가 되는 문서를 독일어 원어인 *'Schuldstitel'*를 일본식으로 직역한 '채무명의(債務名義)'라는 용어를 썼으나, 2002년 제정된 민사집행법은 용어의 실질적 의미를 포착한 '집행권원'이라는 용어로 바꾸었다. 원래 title이라는 말에는 표제, 제목, 직함, 정당한 권리, 자격, 정당한 권리 등 뜻이 있다.

이제 집행권원이라는 말이 익숙해진 지도 8년여의 세월이 흘렀는데 채무명의라고 쓰인 옛날 판결문도 많이 접하게 되고, 최근에 개정된 법에도 채무명의라는 말이 보여 아직도 이 용어의 사용을 둘러싸고 혼란이 있는 듯하다.

엊그제 2010.1.25. 법률 제9941호 교통사고처리특례법 중 일부 개

정법률이 공포되었는데, 이 개정법은 지난해의 헌법재판소의 위헌결
정의 취지를 반영하여 피해자가 형법 제258조 제1항 또는 제2항의
중상해에 이르게 된 때에는 공소를 제기할 수 있도록 하고, 교통사
고를 야기한 음주측정 거부자를 음주운전 사고 운전자와 동일하게
처벌할 수 있도록 개정하였다. 그런데 이 법률에 '채무명의'라는 말
이 들어있다.

☞ **교통사고처리특례법 제3조 (처벌의 특례)**

② 차의 교통으로 제1항의 죄 중 업무상과실치상죄 또는 중과실치상죄와 「도
로교통법」 제151조의 죄를 범한 운전자에 대해서는 피해자의 명시한 의
사에 반하여 공소를 제기할 수 없다. 다만, 차의 운전자가 제1항의 죄 중
업무상과실치상죄 또는 중과실치상죄를 범하고 피해자를 구호하는 등 「도
로교통법」 제54조 제1항의 규정에 의한 조치를 하지 아니하고 도주 하거
나 피해자를 사고장소로부터 옮겨 유기하고 도주한 때, 같은 죄를 범하고
「도로교통법」 제44조제2항을 위반하여 음주측정요구에 불응(운전자가 채
혈측정을 요청하거나 동의한 때에는 제외한다)한 때와 다음 각 호의 1에
해당하는 행위로 인하여 동죄를 범한 때에는 그러하지 아니하다.〈개정
2010.1.25.〉

☞ **교통사고처리특례법 제4조 (보험 등에 가입된 경우의 특례)**

① 교통사고를 일으킨 차가 「보험업법」 제4조 및 제126조부터 제128조까
지, 「여객자동차 운수사업법」 제60조 · 제61조 또는 「화물자동차 운수
사업법」 제51조에 따라 보험 또는 공제에 가입된 경우에는 제3조 제2항
본문에 규정된 죄를 범한 당해 차의 운전자에 대하여 공소를 제기할 수
없다. 다만, 다음 각 호의 어느 하나에 해당하는 경우에는 그러하지 아니
하다.〈개정 2010.1.25.〉

1. 제3조 제2항 단서에 해당하는 경우

2. 피해자가 신체의 상해로 인하여 생명에 대한 위험이 발생하거나 불구 또
는 불치나 난치의 질병에 이르게 된 경우

3. 보험계약 또는 공제계약이 무효 또는 해지되거나 계약상의 면책규정 등으

로 인하여 보험회사, 공제조합 또는 공제사업자의 보험금 또는 공제금 지
급의무가 없게 된 경우
② 제1항에서 '보험 또는 공제'라 함은 교통사고의 경우 「보험업법」에 따른
보험회사나 「여객자동차 운수사업법」 또는 「화물자동차 운수사업법」에
따른 공제조합 또는 공제사업자가 인가된 보험약관 또는 승인된 공제약
관에 의하여 피보험자 또는 공제조합원과 피해자 간의 손해배상에 관한
합의 여부에 불구하고 피보험자 또는 공제조합원에 갈음하여 피해자의
치료비에 관해서는 통상비용의 전액을, 기타의 손해에 관해서는 보험약관
또는 공제약관에서 정한 지급기준금액을 대통령령이 정하는 바에 의하여
우선 지급하되, 종국적으로는 확정 판결 기타 이에 준하는 **채무명의**상
피보험자 또는 공제조합원의 교통사고로 인한 손해배상금 전액을 보상하
는 보험 또는 공제를 말한다.〈개정 2010.1.25.〉
③ 제1항의 보험 또는 공제에 가입된 사실은 보험회사, 공제조합 또는 공제
사업자가 제2항의 취지를 기재한 서면에 의하여 증명되어야 한다.〈개정
2010.1.25.〉

위 법률에서 말하는 '채무명의'는 '집행권원'으로 바뀌어야 할 것
임에도 불구하고 법령개정 작업을 하는 법무부 검사들이 민사집행법
을 제대로 알지 못해서 그런 것인지, 법제처 심사관들이 법령 문구
심사를 제대로 하지 못해서 그런 것인지 최근에 법률을 개정하면서
옛날 구닥다리 용어를 그대로 쓰는 우를 범했다.

그뿐만이 아니다. 현행 법률 중에 '채무명의'를 그대로 쓰는 법들
로는 다음과 같은 것들이 있다.

☞ **가사소송법 제41조 (심판의 집행력)**
금전의 지급, 물건의 인도, 등기 기타 의무의 이행을 명하는 심판은 **채무명의**
가 된다.

☞ **민사소송비용법 제12조 (비용의 수봉)**

① 법원이 당사자의 예납하지 아니한 비용을 지급한 때에는 제1심 수소법원의 결정에 의하여 예납하지 아니한 당사자나 판결에 의하여 비용을 부담한 당사자로부터 수봉하여야 한다. 이 결정은 집행력 있는 **채무명의**와 동일한 효력이 있다.

② 전항의 규정은 민사소송법 제131조 내지 제133조의 경우에 준용한다. 〈개정 2002.1.26.〉

그러나 강제집행의 기본법인 민사집행법에서 채무명의를 버리고 집행권원을 쓴 이상 위 법률에서 쓰고 있는 채무명의는 전부 집행권원으로 바뀌어야 한다.

그런데 2002년 민사소송법을 개정하면서 우리말로 고쳐 쓴다고 訴價(소송물가액)를 '소송목적의 값'으로 바꾼 것이나, '변론의 전취지'를 '변론 전체의 취지'로 바꾸어 풀어쓴 것은 그야말로 쓸데없는 개정이었다.

소로 주장하는 이익인 소송목적의 값을 줄여서 '소 값'으로 쓰는 견해도 있으나(정동윤 교수), 이 경우 '소 값'인지 '말 값'인지 '개 값'인지 알 수가 없고, 이런 용어의 개정에도 불구하고 옛날처럼 '소가'라는 말을 계속 쓰는 견해도 있다(이시윤 교수). 오히려 소가라고 하면 더 알아먹기 쉬운데도 더 긴 말로 '소송목적의 값'이라고 개악한 꼴이 되고 말았다. 요즘도 법원에서는 소가로 쓰는 사람들이 많다.

소가를 한자말이라고 하면서 우리말로 바꾸었다고 강변하는 사람들에게 그렇다면 가압류(假押留)나 가처분(假處分)은 왜 쉬운 우리말로 바꾸지 않았는지 반문하고 싶다. 가압류나 가처분을 가짜 진짜 압류나 진짜 처분이 아니라 가짜 압류나 가짜 처분으로 오해하는 사람도 있다. 가압류나 가처분의 '假' 자는 '임시의', '일시적인'의 뜻을 갖는 말이다. 가건물은 임시건물이고, 가설물은 임시시설물이다.

그렇다면 가압류나 가처분은 임시압류나 임시처분으로 바꿨어야 했다. 가집행(假執行)도 미확정 판결에 집행력을 부여하는 임시집행이다. 가압류나 가처분이 우리들의 법률생활에 굳어진 용어라고 하면 소가나 소송물가액도 마찬가지다.

[2010. 2. 4]

[주]

2011.4.12. 법률 제10575호로 개정된 교통사고처리특례법, 2010.3.31. 법률 제10212호로 개정된 가사소송법은 채무명의를 집행권원으로 바꿨으나, 2012.6.15. 현재까지도 민사소송비용법은 집행권원으로 바꾸지 않고 있다.

5. 뜻대로 안 되는 친양자

　최근에 친양자와 관련한 대법원 및 하급법원 판결이 있었다. 2008년부터 도입되어 시행되고 있는 친양자(親養子)는 '친생자처럼 취급되는 양자'라는 말로 외국에서 쓰고 있는 '완전양자'나 '특별양자'와 같은 개념이다. 통계에 의하면 2008년 1년 동안 2,491건의 친양자 입양신청이 있었고, 그중 1,743건이 인용된 것으로 나와 있다.

　2008년부터 시행되고 있는 개정민법은 기존의 (보통)양자제도를 그대로 두고, 養子의 복리를 증진시키고 입양 현실을 반영할 수 있도록 양친과 양자만을 친생자관계로 보아 종전의 친족관계를 종료시키는 대신 양친과의 친족관계만을 가지며 양친의 성과 본을 따르도록 하는 친양자제도를 둠으로써 양자제도를 이원화하고 있다. 친양자제도가 도입되게 된 배경은 재혼가정에서 아버지의 성과 아이의 성이 다름으로써 야기되는 사회적 편견을 불식시키기 위한 것이다.

　개정 민법에 의하면 부부 쌍방이 혈연관계가 없는 아이를 친양자로 입양하는 경우에는 3년의 혼인지속기간이 요구되고, 재혼가정에서 일방 배우자와 혈연관계 있는 아이를 친양자로 입양하는 경우에는 1년의 혼인지속기간이 요구된다. 친양자로 될 자는 15세 미만이어야 한다.

　친양자 입양은 친양자가 될 자의 친생부모의 입양동의를 얻어야 하고, 전남편이 사망한 후 재혼하여 새 남편이 친양자 입양을 하는 경우에는 모의 동의만으로 가능하다. 친양자를 하려는 자는 가정법원에 친양자 입양의 청구를 하여야 하고, 가정법원은 친양자로 될 자의 복리를 위하여 그 양육상황, 친양자 입양의 동기, 양친의 양육능력 그 밖의 사정을 고려하여 친양자의 입양이 적당하지 아니하다고 인정되는 경우에는 그 입양청구를 기각할 수 있다. 친양자는 법원의 선고(허가)에 의해서만 성립하고 사적인 계약에 의해서는 성립하지 않는다.

친양자는 입양된 때로부터 혼인 중의 출생자로 본다. 재혼가정의 경우에 배우자의 아이를 입양하는 경우에는 부부의 일방과는 이미 친자관계가 존재하므로 다른 일방과의 사이에서만 친생자관계가 개시된다. 아내의 전혼에서 출생한 자녀는 입양 시에 성을 변경하게 되는데, 양부의 성과 본을 따르거나 혼인신고 시에 어머니의 성과 본을 따르도록 합의한 경우에는 생모의 성과 본을 따를 수 있다.

친양자의 입양 전 친족관계는 친양자 입양이 확정된 때에 종료한다. 아내가 전혼의 아이를 데리고 재혼하여 재혼남편의 친양자로 입양시킨 경우에는 그 아이는 어머니와의 친자관계와 그 일가와의 친족관계는 유지되는 반면에 생부와의 친자관계 및 그 일가와의 친족관계는 소멸하게 된다. 친양자 입양이 확정되면 종래의 친족관계는 종료되기 때문에 친생부모의 면접교섭권은 인정되지 않는다.

친양자제도는 양친만을 양자의 법률상 부모로 인정하고 비록 친생부와의 친족관계는 소멸되지만 이는 법률상의 친자관계에 지나지 않고 친자 간의 자연적인 혈연관계나 인간적인 감정까지 부정하는 것은 아니므로 친양자 입양 전의 혈족 및 인척관계에 대해서는 근친혼금지(민법 제809조)의 대상에 포함된다.

현행법상 친양자 입양을 위해서는 친양자가 될 자의 친생부모의 동의를 얻어야 한다. 부인과 이혼한 남편이 아이를 돌보지도 않고 내팽

개치면서 아이가 재혼남편의 친양자로 입양하는 데 동의를 해주지 않는 경우에는 어떻게 될 것인가? 이 경우 친양자로 될 자가 친생부를 상대로 친양자 입양에 동의할 것을 소로 청구할 수 있는가? 친생부모가 동의권을 남용하는 경우에는 친권상실선고를 받아야 한다.

그런데 사람의 일은 알 수가 없는 것이어서 재혼한 부부가 다시 이혼을 하는 경우 친양자로 된 아이를 다시 또다시 재혼한 부부의 친양자로 입양할 수 있는지도 문제 된다.

최근 울산지법은 청구인 김 모 씨 부부가 자신의 딸이 낳은 4살짜리 외손녀를 친양자로 입양하겠다면서 낸 입양신청을 기각했다. 이 부부의 딸은 2006년 사실혼관계의 남성과의 사이에서 딸을 출산했지만 이후 둘 사이는 파탄을 맞았고, 아이의 친생부모는 경제적 능력도 없자 결국 김 씨 부부가 외손녀를 키웠고 2009년에는 성본변경 허가 결정을 받아 외손녀의 성을 딸의 성으로 바꿨다. 외손녀는 김 씨 부부를 외할아버지, 외할머니가 아닌 아빠, 엄마라고 불렀다. 실제 부모도 김 씨 부부가 낸 친양자 입양에 모두 동의했으나, 법원은 김 씨 부부의 친양자 입양을 받아들이지 않았다. 청구인이 외손녀를 친양자로 입양한다면 외조부모가 부모가 되고 친모가 자매로 되는 등 가족질서가 헷갈리고 공서양속에서도 정면으로 반한다는 이유에서이다.

최근 대법원은 부부가 협의이혼하면서 남편이 부인에게 미성년자녀에 대한 양육비 명목으로 4,000만 원을 일시불로 시급하고, 부인은 미성년자녀를 남편의 가족관계등록부에서 삭제하고 부인의 가족관계등록부에 등록하기로 하되, 만약 부인이 위 약정을 이행하지 않은 경우에는 부인이 남편에게 4,000만 원을 지급하기로 약정하였으나 미성년자녀가 계속 남편의 가족관계등록부에 등록된 상태로 있자 남편이 부인을 상대로 위 약정의 이행을 구하는 사건에서 원고인 남편의 청구를 기각한 원심을 확정하였다.

대법원은 이혼한 후 종전 배우자의 가족관계증명서에 그 자녀에 관한 사항이 기재되지 않도록 하기 위해서는 재혼하고 1년 이상 경과한 이후 재혼한 배우자로 하여금 종전 배우자와의 사이에 출생한 자녀를 친양자로 입양하도록 하는 수밖에 없는데, 부부가 이혼하면서 미성년자녀에 관한 사항을 일방 당사자의 가족관계등록부에서 말소하도록 요구하고, 이를 이행하지 못하는 경우 일정한 금원을 지급할 것을 약정하여 이를 강제하는 행위는, 상대방 당사자의 재혼과 미성년자녀의 친생자 입양 등을 강요함으로써 신분상 법률행위에 관한 의사결정의 자유를 침해하는 것으로서 민법 제103조에서 정하는 반사회질서의 법률행위라는 이유에서이다.

생부는 아이를 자신의 가족관계등록부에서 떼어내고 싶었지만 부인이 재혼하여 새 남편과의 사이에 친양자 입양을 하지 않은 이상 무망한 일이 되고 말았다. 친양자 입양을 법적으로 강제할 수는 없는 노릇이다.

[2010. 7. 11]

[주]

헌법재판소는 2012.5.31. 재판관 6인의 의견으로 친양자 입양을 청구하기 위해서는 친생부모의 친권상실, 사망 기타 동의할 수 없는 사유가 없는 한 그의 동의를 반드시 요하도록 한 구 민법 제908조의 2 제1항 제3호가 헌법에 위반되지 않는다고 선고하였다(2010헌바87). 헌법재판소는 이 사건 법률조항은 친양자 입양에 있어 무조건 친생부모의 동의를 요하도록 하고 있는 것이 아니라, '친생부모의 친권이

상실되거나 사망 기타 그 밖의 사유로 동의할 수 없는 경우'에는 그 동의를 배제하는 예외규정을 두어 친양자가 될 자의 권리를 보호하고 있으므로 기본권 제한의 비례성을 준수하고 있으므로 헌법에 위반되지 않는다고 판단하였다.

참고로, 2012년 2월 10일 민법개정에 의해 2013년 7월 1일부터는 친생부모의 학대·유기사실의 존재 등 친생부모가 친양자 입양에 대한 동의권을 남용한 사정이 법원에 의해 인정되는 경우 별도의 친권상실절차 없이 곧바로 법원이 친양자 입양청구를 인용할 수 있도록 법이 개정되었다. 또 친양자 입양 가능 연령도 현행 15세 미만에서 미성년자로 현실에 맞게 완화된다.

6. 소목지서(昭穆之序)와 친양자 재론

오늘 인터넷판 일간지들을 보니 창원지법 가사1단독 노 모 판사는 최 모(57) 씨 부부가 12살짜리 외손자를 친양자로 입양하겠다며 낸 입양청구를 이례적으로 받아들였다는 보도가 눈길을 끈다. 얼마 전에 울산지방법원에서 가족질서를 위해 외손자의 친양자 입양청구를 기각한 것과 대비된다.

노 판사는 "외손자가 최 씨 부부의 친양자가 되면 그들 사이의 유대관계가 한층 돈독해지고 더 많은 정신적, 물질적 관심과 지원을 받게 될 것이 예상됨에 따라 외손자의 복리를 위해 입양청구를 허가함이 상당하다"고 하면서, "초등학교 6학년인 외손자가 이번 허가로 친어머니와 이모가 가족관계등록부상 누나가 되는 사실을 잘 알고 있어 그들 사이에 가족질서상의 혼란이 초래된다고 보기 어렵다"고 덧붙였다고 한다.

"혈연관계 없는 아이도 특별한 제한 없이 입양할 수 있는데 하물며 혈연관계인 아이를 소목지서(昭穆之序)에 반한다는 이유로 입양할 수 없게 한다면 아이들의 복리를 위해 인정된 입양제도의 취지에 정면으로 반한다"는 이유도 들었다. '소목지서'란 양자로 될 수 있는 사람은 양친이 될 사람과 같은 항렬에 있는 남자혈족의 아들이어야 한다는 원칙을 뜻한다.

그러나 외손자를 자신의 친양자로 입양하는 것은 친양자를 도입하게 된 입법취지에 반하는 것으로 가족질서에 반하는 것이다. 2008년부터 친양자제도가 도입되게 된 배경은 재혼가정에서 아버지의 성과 아이의 성이 다름으로써 야기되는 사회적 편견을 불식시키기 위한 것이다. 아무나 관계없이 입양을 허용하고자 친양자제도가 도입된 것이 아니다.

창원지방법원 판사의 말처럼 외손자의 복리를 위하여 입양청구를 허용한다면 이는 친양자(親養子)가 아니라 친양손(親養孫)이다. 자식과 손자를 구별하지도 못하는 자가 가정법원판사라면 말이 안 된다.

외할아버지와 외할머니가 외손자를 줄곧 키우고 있고, 외손자 역시 외할아버지, 외할머니가 아닌 아버지, 어머니로 부르는 등 친아버지, 친어머니처럼 따르고 있다고 하더라도 이는 어렸을 때의 일이다. 외손자가 성년이 되고 자기의 정체성을 알았을 때 느낄 혼란을 생각해보면 아무래도 이런 식의 친양자 입양은 허용해서는 안 된다. 친엄마가 누나나 오빠가 되고, 외할머니가 어머니인 '할엄마'가 되는 것은 아무래도 정상이 아니다.

이 사건의 경우 친생부모 등 이해관계인들이 입양청구에 다 동의했다면 더 이상 친양자 입양허가에 대하여 다툴 방법도 없어 어떤 법원에서는 허용되지 않는 친양자 입양이 판사에 따라 친양자 입양이 허용되는 경우도 생길 수 있다. 물론 개명허가의 경우도 개명을 쉽게 허가하는 법원과 그렇지 않은 법원이 있어 사람들이 개명허가가 쉽게 나오는 법원 소재지로 주소를 옮겨가면서 개명허가신청을 하는 예를 보기도 한다.

그러나 호적비송 내지는 가족관계비송사건에서 가정법원판사들이 제멋대로 판단을 하고 상급심의 판단도 받아보지 못한 채 따로따로 확정되는 경우 우리의 가족법질서는 심각하게 훼손됨을 알아야 할 것이다.

[2010. 8. 9]

[주]

　대법원 2010.12.24.자 2010스151 결정은 딸의 재혼을 위해 외손녀를 친양자로 입양하게 해달라는 신청은 친족관계 질서에 혼란을 줄 수 있는 등의 이유로 받아들일 수 없다고 판시했다. 이 모 씨 부부가 다섯 살 된 외손녀를 친양자로 입양하겠다고 낸 친양자 입양신청 사건의 재항고사건에서 재판부는 "친양자 입양은 입양 자녀의 복리에 적합한지가 최우선이며 그 밖에 가족관계에 미치는 영향도 신중히 고려해 판단해야 한다"며 "외손녀를 친양자로 입양하면 엄마와 딸이 자매지간이 되는 등 가족 내부 질서에 중대한 혼란이 초래될 것이 분명해 받아들일 수 없다"고 판시했다. 이 씨 부부는 딸이 사실혼관계에 있던 남자와의 사이에서 아이를 낳은 뒤 남자와 헤어지자 "딸의 인생을 생각할 때 외손녀를 입양시켜야 하는데 제3자보다는 우리가 양부모가 되는 게 낫다"며 친양자 입양 신청을 했으나, 1·2심 재판부 모두 "입양한 자녀가 가족관계를 알게 될 경우 도리어 입양 당사자의 복리가 저해된다"며 신청을 기각했다.

　한편, 개인 병원을 운영하는 60대 여의사 A 씨는 2009년 11월 박 모 씨 부부의 두 자녀를 입양하기로 하고 서울가정법원에 입양 심판 청구서를 냈다. 그는 평소 친동생처럼 아끼던 박 씨가 2005년 암으로 숨진 뒤 박 씨 부인과 자녀의 생활비를 지원해왔다. 그러다 박 씨 부인이 재혼을 하게 되자 두 자녀의 양육을 자신이 맡기로 한 것이다. A 씨는 일반 입양과 달리 아이들을 자신의 친자식으로 받아들이는 친양자 입양의 길을 택했다. 그러나 서울가정법원은 A 씨가 미혼인 점을 들어 "친양자 입양 요건을 갖추지 못했다"며 청구를 각하했다. 민법 제908조의 2 제1항 1호는 <u>3년 이상 혼인 중인 부부가 공동으로 입양할 경우</u>에 한해 친양자 입양 청구를 할 수 있도록 규정

하고 있다. 2008년 법 개정으로 싱글도 일반 입양을 할 수 있게 됐
지만 친양자 입양은 불가능하다(중앙일보, 2012. 1. 26).

7. 명의신탁과 부동산실명법의 핵심
- 제3자 간 등기명의신탁과 계약명의신탁의 구별-

부동산에 관한 소유권 기타 물권을 실체적 권리관계에 부합하도록 실권리자 명의로 등기하게 함으로써 부동산등기제도를 악용한 투기·탈세·탈법행위 등 반사회적 행위를 방지하고 부동산 거래의 정상화와 부동산 가격의 안정을 도모하여 국민경제의 건전한 발전에 이바지함을 목적으로 1995년 7월 1일부터 「부동산실권리자명의 등기에 관한 법률」(이하 「부동산실명법」으로 약칭)이 시행된 지도 15년이 흘렀다.

우리 사회가 문제투성이기는 하지만 그나마 이 정도만큼이라도 투명화된 것은 부동산실명법과 금융실명법(금융실명거래 및 비밀보장에 관한 법률)의 공적이 크다고 생각한다. 어쩌면 YS식의 '무데뽀'(無鐵砲: むてっぽう)가 아니었으면 이런 법률이 제정되기까지는 시간이 더 걸렸을지도 모른다. YS에 대해서는 '무데뽀'니 무식하다는 등의 비판이 따라다니기도 하지만 정치상황을 읽는 눈은 예리했던 왕년의 노련한 정치가였다. YS가 아니었으면 DJ도 전임 대통령인 전두환과 노태우를 감옥으로 보내지 못했을 것이다. 이 사실은 누구도 부인하지 못할 것이다.

박정희가 집권하던 암흑의 유신시절 야당 동지이며 경쟁자였던 YS와 DJ가 개헌서명운동을 주도할 당시 DJ는 100만 명 서명운동을 전개하자고 했고, YS는 이왕이면 1,000만 명 서명운동을 하자고 했다. DJ가 1,000만 명이 가능한 것이냐고 했더니 YS가 하는 말 "누가 그

숫자를 세어보나! 1,000만 명 하면 하는 거지!!"

그러고 보면 요새 MB가 하는 일을 보면 정치인인지 현대건설 사장인지 알 수가 없다. 천안함 사태만 해도 그렇다. 그런 중대한 사태가 발생했으면 당장 국방부장관과 함참의장, 해군총장의 옷을 벗겼어야 한다. YS였으면 바로 그리 했을 것이다. 그래야 군기가 빠지고 나사가 풀린 군이 심기일전할 수 있다.

어떻게 백령도 최전방을 순시하는 초계함에서 장병들이 집으로 애인 앞으로 휴대폰이나 누르면서 경계에 임할 수 있는 것인지? 이거는 제대로 된 군인들이 아니다. 작전에 실패한 군인은 용서받을 수 있어도 경계에 실패한 군인은 용서받을 수 없다.

새 진용의 군부가 천안함사태를 조사하고 결과를 내놓아야 신뢰를 하지 누가 신뢰를 하겠는가? 지금도 곳곳에서 고속정이 어선과 충돌하는 한심한 일이 벌어지지를 않나, 정찰기가 속절없이 추락하지를 않나 한심해도 너무 한심한 일이 연이어 일어나고 있다. 지금도 그때의 국방부장관은 의연히 자리를 지키고 있다.

열받는 이야기는 그만하고 부동산실명법 이야기로 돌아가자.

부동산실명법에도 불구하고 아직도 차명으로 부동산을 보유하는 사람들이 많다. 판례는 지금까지 남의 이름으로 부동산 등기를 했던 사람들이 명의자를 상대로 제기한 부동산소유권이전등기소송에서 거의 전적으로 신탁자인 원고 측 손을 들어주고 있다.

판례의 기조는 명의신탁이 그 자체로 선량한 풍속 기타 사회질서에 위반하는 경우에 해당한다고 단정할 수 없을 뿐만 아니라 명의신탁자에 대해 과징금 등 행정적 제재나 형벌을 부과할 수 있다고 하더라도 궁극적으로는 명의신탁의 사법적 효력을 인정하여 명목상 소유자(명의자)보다는 실제 소유주(차명 보유자)의 재산권을 보호하고 있다.

부동산실명법에 의하면 명의신탁약정은 무효로 하고, 명의신탁약정에 따라 행하여진 등기에 의한 부동산물권변동은 무효로 하며(다만 계약명의신탁의 경우 매도인이 명의신탁약정의 존재를 알지 못한 경우에는 유효하다), 명의신탁약정의 무효와 등기의 무효는 제3자에게 대항하지 못한다(동법 제4조).

부동산실명법의 핵심은 사법적으로도 바로 명의신탁약정을 무효로 하고, 명의신탁약정에 따라 행해진 등기에 의한 물권변동도 무효로 보는 제4조에 있다. 이와 같이 강행규정인 부동산실명법에 따라 명의신탁약정을 무효로 보고, 명의신탁약정에 따라 행하여진 등기에 의한 물권변동까지 무효로 보는 경우 신탁대상 부동산의 소유권을 신탁자와 수탁자 중 누구에게 귀속시킬 것인지, 명의신탁자와 명의수탁자 사이의 법률관계는 어떻게 되는가 하는 것이 문제 된다.

주지하는 바와 같이 판례는 계약명의신탁에서 수탁자는 신탁자에 대하여 부당이득반환의무를 부담하는데 부동산실명법 시행 전에 계약명의신탁을 한 경우에는 당해 부동산 자체를 부당이득으로 반환하여야 하고, 부동산실명법 시행 후에 계약명의신탁을 한 경우에는 명의수탁자는 당해 부동산 자체가 아니라 명의신탁자로부터 제공받은 매수자금을 부당이득한 것으로 보고 있다.

☞ **부동산실명법 시행 전에 계약명의신탁을 한 경우**: *부동산실명법 제4조 제1항, 제2항의 규정에 의하면, 명의신탁자와 명의수탁자가 명의신탁약정을 맺고, 이에 따라 명의수탁자가 당사자가 되어 명의신탁약정이 있다는 사실을 알지 못하는 소유자와의 사이에 부동산에 관한 매매계약을 체결한 후 그 매매계약에 기하여 당해 부동산의 소유권이전등기를 수탁자 명의로 마친 경우에는 명의신탁자와 명의수탁자 사이의 명의신탁약정의 무효에도 불구하고 그 소유권이전등기에 의한 당해 부동산에 관한 물권변동 자체는 유효한 것으로*

취급되어 <u>명의수탁자는 당해 부동산의 완전한 소유권을 취득하게 되고</u>(대법원 2000.3.24. 선고 98도4347판결 참조), 부동산실명법 시행 전에 위와 같은 명의신탁약정과 그에 기한 물권변동이 이루어진 다음 부동산실명법 제11조에서 정한 유예기간 내에 실명등기 등을 하지 않고 그 기간을 경과한 때에도 같은 법 제12조 제1항에 의하여 제4항의 적용을 받게 되어 위 법리가 그대로 적용되는 것인바, 이 경우 명의수탁자는 명의신탁약정에 따라 명의신탁자가 제공한 비용을 매매대금으로 지급하고 당해 부동산에 관한 소유명의를 취득한 것이고, 위 유예기간이 경과하기 전까지는 명의신탁자는 언제라도 명의신탁약정을 해지하고 당해 부동산에 관한 소유권을 취득할 수 있었던 것이므로, 명의수탁자는 부동산실명법 시행에 따라 당해 부동산에 관한 완전한 소유권을 취득함으로써 당해 부동산 자체를 부당이득하였다고 보아야 할 것이고, 부동산실명법 제3조 제4조가 명의신탁자에게 소유권이 귀속되는 것을 막는 취지의 규정은 아니므로 명의수탁자는 명의신탁자에게 자신이 취득한 당해 부동산을 부당이득으로 반환할 의무가 있다(대법원 2002.12.26. 선고 2000다21123 판결, 대법원 2008.11.27. 선고 2008다62687 판결).

☞ **부동산실명법 시행 후에 계약명의신탁을 한 경우**: 부동산실명법 제4조 제1항, 제2항에 의하면, 명의신탁자와 명의수탁자가 이른바 계약명의신탁약정을 맺고 명의수탁자가 당사자가 되어 명의신탁약정이 있다는 사실을 알지 못하는 소유자와의 사이에 부동산에 관한 매매계약을 체결한 후 그 매매계약에 따라 당해 부동산의 소유권이전등기를 수탁자 명의로 마친 경우에는 명의신탁자와 명의수탁자 사이의 명의신탁약정의 무효에도 불구하고 그 명의수탁자는 당해 부동산의 완전한 소유권을 취득하게 되고, 다만 명의수탁자는 명의신탁자에 대하여 부당이득반환의무를 부담하게 될 뿐이라 할 것인데, 그 계약명의신탁약정이 부동산실명법 시행 후인 경우에는 명의신탁자는 애초부터 당해 부동산의 소유권을 취득할 수 없었으므로 위 명의신탁약정의 무효로 인하여 명의신탁자가 입은 손해는 당해 부동산 자체가 아니라 명의수탁자에게 제공한 매수자금이라 할 것이고, 따라서 명의수탁자는 당해 부동산 자체가 아니라 명의신탁자로부터 제공받은 매수자금을 부당이득하였다고 할 것이다(대법원 2005.1.28. 선고 2002다66922 판결, 대법원 2008.2.14. 선고 2007다69148, 69155 판결, 대법원 2007.6.14. 선고 2007다17284 판결 등).

다만, 부동산실명법 시행 전의 명의신탁의 경우에도 명의신탁자가 그 부동산을 취득할 수 없는 사유가 있는 경우에는 위 대법원 2000다21123 판결의 법리가 그대로 적용되는 것은 아니다. 판례는 부동산실명법 시행 전에 명의신탁자와 명의수탁자가 이른바 계약명의신탁약정을 맺고 명의수탁자가 당사자가 되어 명의신탁약정이 있다는 사실을 알지 못하는 소유자와 부동산에 관한 매매계약을 체결한 후 그 매매계약에 따라 당해 부동산의 소유권이전등기를 수탁자 명의로 마쳤으나 위 법률 제11조에서 정한 유예기간이 경과하기까지 명의신탁자가 그 명의로 당해 부동산을 등기이전하는 데 법률상 장애가 있었던 경우에는, 명의신탁자는 당해 부동산의 소유권을 취득할 수 없었으므로, 위 명의신탁약정의 무효로 인하여 명의신탁자가 입은 손해는 당해 부동산 자체가 아니라 명의수탁자에게 제공한 매수자금이고, 따라서 명의수탁자는 당해 부동산 자체가 아니라 명의신탁자로부터 제공받은 매수자금을 부당이득하였다고 할 것이라고 한다(대법원 2008.5.15. 선고 2007다74690 판결 참조).

또한 최근의 판례는 부동산실명법 시행 전에 명의수탁자가 명의신탁 약정에 따라 부동산에 관한 소유명의를 취득하였으나 실명화 등의 조치 없이 유예기간이 경과함으로써 명의신탁 약정은 무효로 되는 경우 명의신탁자가 당해 부동산의 회복을 위해 명의수탁자에 대해 가지는 소유권이전등기청구권은 그 성질상 법률의 규정에 의한 부당이득반환청구권으로서 민법 제162조 제1항에 따라 10년의 기간이 경과함으로써 시효로 소멸한다고 한다(대법원 2009.7.9. 선고 2009다23313 판결 참조).

따라서 부동산실명법 시행(1995.7.1.) 전에 명의신탁을 한 경우에는 시효중단조치가 없는 한 유예기간이 경과한 1996년 7월 1일부터

10년이 경과한 2006년 7월 1일 이후에는 명의수탁자에 대한 소유권이전등기청구권을 행사할 수 없는 결과가 된다.

일반적으로 명의신탁의 유형은 다음과 같은 세 가지 유형으로 분류된다.

〈1〉 **양자 간(兩者間) 등기명의신탁:** 신탁자(A)가 타인(수탁자, B)에게 등기명의를 신탁하기로 약정하고 수탁자 앞으로 등기명의를 이전하는 경우

이 경우의 명의신탁약정은 부동산실명법 제4조 제1항에 따라 무효이고, 신탁자는 수탁자를 상대로 위 약정이 유효임을 전제로 명의신탁해지를 원인으로 한 소유권이전등기청구나 말소청구를 할 수 없다. 또한 수탁자로서는 신탁자는 물론 제3자에 대한 관계에서도 수탁된 부동산에 대한 소유권자임을 주장할 수 없고, 소유권에 기한 물권적 청구권을 행사할 수도 없다(대법원 2006.8.24. 선고 2006다18402, 18419 판결).

그러나 수탁자 명의의 등기는 원인무효의 등기가 되므로 원칙적으로 신탁자는 수탁자를 상대로 원인무효를 이유로 그 등기의 말소를 구할 수도 있고, 명의신탁대상 부동산에 관하여 자기 명의로 소유권이전등기를 경료한 적이 있었던 신탁자로서는 수탁자를 상대로 진정명의회복을 원인으로 한 이전등기를 구할 수도 있다. 이를 강행법규에 위반하여 명의신탁약정을 한 신탁자의 청구라 하여 신의칙에 반한 것으로 볼 것은 아니다.

판례는 부동산을 소유자로부터 명의수탁받은 자가 이를 임의로 처분하였다면 명의신탁자에 대한 횡령죄가 성립한다고 한다.

〈2〉 **제3자 간 등기명의신탁(중간생략등기형 명의신탁):** 신탁자(A) 자신이 매도인(C)과 사이에 매매계약을 체결하고 등기명의만은 신탁자와 수탁자의 명의신탁약정에 따라 수탁자(B) 앞으로 이전하는 경우

이 경우에도 신탁자와 수탁자 사이의 명의신탁약정은 무효이고, 수탁자 명의의 등기도 명의신탁약정에 따른 것으로서 부동산실명법 제4조 제2항 단서에 해당되지 않아 무효이다. 그러나 명의신탁약정과 그에 의한 등기가 무효로 되면 명의신탁 부동산은 매도인 소유로 복귀하므로 매도인은 명의수탁자에게 무효인 명의수탁자 명의의 등기의 말소를 구할 수 있게 되고, 한편 부동산실명법은 매도인과 명의신탁자 사이의 매매계약의 효력을 부정하는 규정을 두고 있지 아니하여 매도인과 명의신탁자 사이의 매매계약은 여전히 유효하므로, 명의신탁자는 위 매매계약에 기한 매도인에 대한 소유권이전등기청구권을 보전하기 위하여 매도인을 대위하여 명의수탁자에게 무효인 명의수탁자 명의의 등기의 말소를 구할 수 있고, 매도인에게는 위 매매계약을 원인으로 한 소유권이전등기청구를 할 수 있다.

판례는 부동산을 그 소유자로부터 매수한 자가 그의 명의로 소유권이전등기를 하지 아니하고 제3자와 맺은 명의신탁약정에 따라 매도인으로부터 바로 그 제3자에게 중간생략의 소유권이전등기를 경료한 경우, 그 제3자가 그와 같은 명의신탁 약정에 따라 그 명의로 신탁된 부동산을 임의로 처분하였다면 신탁자에 대한 횡령죄가 성립한다고 한다.

☞ 명의신탁자가 소유자로부터 부동산을 양도받으면서 명의수탁자와 사이에 명의신탁약정을 하여 소유자로부터 바로 명의수탁자 명의로 소유권이전등기를 하는 이른바 3자간 등기명의신탁에 있어서, 명의수탁자가 부동산실명법에서 정한 유예기간 경과 후에 자의로 명의신탁자에게 바로 소유권이전등기를 경료해 준 경우, 같은 법에서 정한 유예기간의 경과로 기존 명의신탁약정과 그에 의한 명의수탁자 명의의 등기가 모두 무효로 되고, 명의신탁자는 명의신탁약정의 당사자로서 같은 법 제4조 제3항의 제3자에 해당하지 아니하므로 명의신탁자 명의의 소유권이전등기도 무효가 된다 할 것이지만, 한편 같은 법은 매도인과 명의신탁자 사이의 매매계약의 효력을 부정하는 규정을 두고 있지 아니하여 유예기간 경과 후로도 매도인과 명의신탁자 사이의 매매계약은 여전히 유효하므로, 명의신탁자는 매도인에 대하여 매매계약에 기한 소유권이전등기를 청구할 수 있고, 그 소유권이전등기청구권을 보전하기 위하여 매도인을 대위하여 명의수탁자에게 무효인 그 명의 등기의 말소를 구할 수도 있으므로, 명의수탁자가 명의신탁자 앞으로 바로 경료해 준 소유권이전

등기는 결국 실체관계에 부합하는 등기로서 유효하다(대법원 2004.6.25. 선고 2004다6764 판결).

☞ *이른바 3자 간 등기명의신탁의 경우 부동산실명법에서 정한 유예기간 경과에 의하여 그 명의신탁약정과 그에 의한 등기가 무효로 되더라도 명의신탁자는 매도인에 대하여 매매계약에 기한 소유권이전등기청구권을 보유하고 있어 그 유예기간의 경과로 그 등기 명의를 보유하지 못하는 손해를 입었다고 볼 수 없고, 또한 명의신탁 부동산의 소유권이 매도인에게 복귀된 마당에 명의신탁자가 무효의 등기명의인인 명의수탁자를 상대로 그 이전등기를 구할 수도 없다고 보아야 하므로, 결국 3자간 등기명의신탁에 있어서 명의신탁자는 명의수탁자를 상대로 부당이득반환을 원인으로 한 소유권이전등기를 구할 수 없다고 봄이 상당하다(대법원 2008.11.27. 선고 2008다55290, 55306 판결).*

〈3〉 **계약명의신탁:** 신탁자(A)와 수탁자(B)가 명의신탁약정을 체결하고 수탁자가 매매계약의 당사자가 되어 매도인(C)과 매매계약을 체결하고 수탁자 앞으로 등기명의를 이전하는 경우

계약명의신탁이 제3자 간 등기명의신탁과 다른 점은 계약명의신탁의 경우 매매계약이 매도인과 수탁자 사이에 체결되므로 매도인과 신탁자 사이에 별도의 매매계약이 존재하지 않는 점에 있다. 즉 계약명의신탁에 있어서는 매매계약 등 원인행위의 당사자가 매도인과 수탁자이고, 제3자 간 등기명의신탁에 있어서는 매도인과 신탁자가 당사자가 된다.

계약명의신탁의 경우에는 양자 간 등기명의신탁이나 제3자 간 등기명의신탁과 달리 수탁자는 신탁재산에 대한 소유권을 유효하게 취득하게 되고, 수탁자가 신탁재산을 처분하더라도 형사상 횡령죄나 배임죄로 처벌할 수 없다.

계약명의신탁의 경우 신탁자와 수탁자의 법률관계는 매매계약의 당사자인 매도인이 명의신탁약정의 존재를 알았는지에 따라 달라진다. 매도인이 명의신탁약정의 존재를 알았다면 수탁자 명의의 등기에 의한 물권변동은 무효로 되고(부동산실명법 제4조 제2항 본문), 몰랐다면 매도인과 수탁자 사이의 소유권이전등기는 유효가 된다(제4조 제2항 단서). 매도인의 선의·악의 판단시

점은 계약체결시를 기준으로 하고, 매도인의 악의에 대한 입증책임은 악의를
주장하는 자가 부담한다.

☞ 부동산경매절차에서 부동산을 매수하려는 사람이 다른 사람과의 명의신탁
약정 아래 그 사람의 명의로 매각허가결정을 받아 자신의 부담으로 매수대금
을 완납한 경우, 경매목적 부동산의 소유권은 매수대금의 부담 여부와는 관계
없이 그 명의인이 취득하게 되고, 매수대금을 부담한 명의신탁자와 명의를 빌
려 준 명의수탁자 사이의 명의신탁약정은 부동산 실권리자명의 등기에 관한
법률 제4조 제1항에 의하여 무효이므로, 명의신탁자는 명의수탁자에 대하여
그 부동산 자체의 반환을 구할 수는 없고 명의수탁자에게 제공한 매수대금에
상당하는 금액의 부당이득반환청구권을 가질 뿐이다. 경매절차에서 매수대금
을 부담한 명의신탁자와 매수인 명의를 빌려 준 명의수탁자 및 제3자 사이의
새로운 명의신탁약정에 의하여 명의수탁자가 다시 명의신탁자가 지정하는 제
3자 앞으로 소유권이전등기를 마쳐 주었다면, 제3자 명의의 소유권이전등기
는 위 법률 제4조 제2항에 의하여 무효이므로, 제3자는 소유권이전등기에도
불구하고 그 부동산의 소유권을 취득하거나 그 매수대금 상당의 이익을 얻었
다고 할 수 없다. 또한, 제3자 명의로 소유권이전등기를 마치게 된 것이 제3
자가 명의수탁자를 상대로 제기한 소유권이전등기 청구소송의 확정 판결에
의한 것이더라도, 소유권이전등기절차의 이행을 명한 확정 판결의 기판력은
소송물인 이전등기청구권의 존부에만 미치고 소송물로 되어 있지 아니한 소
유권의 귀속 자체에까지 미치지는 않으므로, 명의수탁자가 여전히 그 부동산
의 소유자임은 마찬가지이다(대법원 2009.9.10. 선고 2006다73102판결).

그러면 여기서 제3자 간 등기명의신탁과 계약명의신탁을 어떻게 구
별할 것인가? 위에서 본 바와 같이 제3자 간 등기명의신탁과 계약명
의신탁의 경우 신탁자의 지위가 다르므로 양자의 구별은 중요하다.

대법원은 최근 이에 대한 의미 있는 판결을 하고 있다(대법원 2010.10.28.
선고 2010다52799 판결). 판결요지는 명의신탁약정이 3자 간 등기명
의신탁인지 아니면 계약명의신탁인지의 구별은 계약당사자가 누구인가
를 확정하는 문제로 귀결되는바, 계약명의자가 명의수탁자로 되어 있

다 하더라도 계약당사자를 명의신탁자로 볼 수 있다면 이는 3자 간 등기명의신탁이 된다. 따라서 계약명의자인 명의수탁자가 아니라 명의신탁자에게 계약에 따른 법률효과를 직접 귀속시킬 의도로 계약을 체결한 사정이 인정된다면 명의신탁자가 계약당사자라고 할 것이므로, 이 경우의 명의신탁관계는 3자 간 등기명의신탁으로 보아야 한다는 것이다.

이 사건의 원심은, 원고가 J신협으로부터 X토지를 모두 자신의 자금으로 매수하였으나, 원고와 피고 B를 공동매수인으로 하여 매매계약서를 작성하였고, 이에 따라 원고와 피고 B가 공유로 소유권이전등기를 마친 사실을 인정한 다음, 원고는 피고 B에게 이 사건 각 토지 지분의 각 1/2 지분에 관한 소유 명의를 신탁하였고, 피고 B는 명의신탁약정에 따라 직접 매수인이 되어 J신협과 사이에 매매계약을 체결하고 자신 명의로 소유권이전등기를 마쳤으므로, 원고와 피고 사이의 명의신탁관계는 계약명의신탁에 해당한다고 판단하였다.

그러나 대법원은 이러한 원심의 판단을 배척하였다.

원심이 인정한 사실은 다음과 같다.

① 원고는 1985.10.경 군복무 중 교통사고로 뇌손상을 입어 의병 제대 후 국가유공자장애 1급의 판정을 받아 매월 약 300만 원의 연금을 받아오고 있다.

② 원고는 이 사건 매매계약 체결 당시 및 현재 정상인에 비해 지능이 다소 낮아 타인에게 쉽게 기망을 당하는 경향이 있으나, 자신의 행위의 의미나 결과를 정상적으로 인식하고 판단하는 능력은 갖추고 있다.

③ 원고는 오래전부터 가족들과 함께 이 사건 각 토지상의 무허가건물에 거주하여 왔는데, 친형인 피고 A 소유의 이 사건 각 토지 지분이 J신협에게 매각되자, 원고가 J신협으로부터 3,370만 원에 위 각 토지 지분을 매수하기로 하였다.

④ 원고는 1999.3.2. 전주보훈지청으로부터 1,000만 원을, 같은 달 12. 이

사건 각 토지 지분을 담보로 J신협으로부터 2,500만 원을 각 대출받아,
같은 날 J신협에 매매대금을 모두 지급하였고, 그 후 위 대출금을 자신의
연금으로 대부분 변제하였다.

⑤ 그런데 J신협은 국가유공자 1급 장애인으로 지능이 낮은 원고의 단독 명
의로 매매계약 체결 시 의사능력 흠결로 인한 법적 문제 등이 발생할 것
을 우려하여 공동매수인의 추가를 요청하였고, 이에 따라 매매계약서상
원고 및 피고 B를 공동매수인으로 기재하고 그들 공유로 소유권이전등기
를 마쳤다.

⑥ J신협은 당초 피고 A에 대한 대출금 회수를 위한 임의경매절차에서 이
사건 각 토지 지분을 매수하였고, 이 사건 각 토지상의 건물에 거주하던
원고 등을 상대로 토지인도청구소송을 제기하였다가 위 각 토지 지분을
매수하거나 지상 주택을 명도하겠다는 내용의 각서를 받고 소를 취하하
였고, 이에 따라 이 사건 매매계약을 체결하게 되었는바, 그와 같은 과정
에서 원·피고들의 관계, 원고가 연금을 받는 장애인이라는 사정 등을
알게 되었다.

⑦ 한편, 원고가 이 사건 각 토지 지분을 매수하고 그중 1/2 지분을 피고 B
에게 명의신탁한 것이 분명함에도, 피고들은 처음에는 피고 A가 1998.9.11.
J신협으로부터 이 사건 각 토지 지분을 4,000만 원에 매수한 후 자신
소유의 토지를 담보로 8,000만 원을 대출받아 그중 4,000만 원으로 매
매대금을 지급하였고 단지 그 명의만을 원고 및 피고 B에게 신탁한 것이
라고 주장하였다가, 나중에는 원고와 피고 A가 공동매수하였고 피고 A는
본인 지분만을 피고 B에게 명의신탁하였으며 매매대금 4,000만 원 중
1,500만 원을 부담하였다고 주장하는 등 허위 주장을 반복하고 있다.

그렇다면, 원고가 이 사건 매매계약의 당사자로서 J신협으로부터
이 사건 각 토지 지분을 매수하면서 그중 1/2 지분에 관한 등기명의
만을 피고 B로 하기로 한 것으로, 위 매매계약에 따른 법률효과는
명의신탁자인 원고에게 직접 귀속시킬 의도였던 사정이 인정되므로,
원고와 피고 B 사이의 명의신탁약정은 3자 간 등기명의신탁에 해당
한다고 보아야 함에도 불구하고 원심이 매매계약 명의자가 원고 및

피고 B라는 이유만으로 그 명의신탁약정이 계약명의신탁에 해당한다고 판단한 것은 명의신탁에 관한 법리를 오해하여 판결 결과에 영향을 미친 잘못이 있다는 이유로 원심을 파기환송하였다.

결국 제3자 간 등기명의신탁과 계약명의신탁의 구별은 계약당사자의 확정문제로 귀결한다. 행위자가 타인의 이름으로 계약을 체결한 경우 계약당사자의 결정 방법에 관하여 판례는 다음과 같은 일응의 기준을 마련해놓고 있다(대법원 2009.12.10. 선고 2009다27513 판결).

> "계약을 체결하는 행위자가 타인의 이름으로 법률행위를 한 경우에 행위자 또는 명의인 가운데 누구를 계약의 당사자로 볼 것인가에 관해서는, 우선 행위자와 상대방의 의사가 일치한 경우에는 그 일치한 의사대로 행위자 또는 명의인을 계약의 당사자로 확정해야 하고, 행위자와 상대방의 의사가 일치하지 않는 경우에는 그 계약의 성질·내용·목적·체결 경위 등 그 계약 체결 전후의 구체적인 제반 사정을 토대로 상대방이 합리적인 사람이라면 행위자와 명의자 중 누구를 계약 당사자로 이해할 것인가에 의하여 당사자를 결정하여야 한다."

판례에 의하면 부동산실명법이 형사벌과 과징금, 이행강제금 등의 행정제재에도 불구하고, 명의신탁자와 수탁자 사이의 법률관계에 관해서는 명의보다는 실질을 더 중시하는 입장이다. 이는 금융실명법의 경우에도 유사하다.

우리 사회가 좀 더 진전하여 명의자 중심으로 이행하는 과도기적 상황에서 대법원의 고민은 계속될 것이다.

[2010. 11. 15]

8. 일파만파 '함바'

도대체 '함바'가 뭐기에 함바의 불똥이 일파만파로 번지고 있다. 전 경찰청장과 해양경찰청장 등이 함바로 함몰하고 있다.

'함바'란 말은 노무자 합숙소란 뜻의 일본어 '飯場(はんば)'에서 온 말이다. 우리가 무심코 쓰는 말 곳곳에 일본어투 표현이 많이 남아 있는데, '노가다' 역시 마찬가지다. 노가다는 일본어 '土方(どかた)'에서 온 말로 (공사판) 노동자·막일꾼·인부를 뜻한다.

차제에 우리가 법률실무에서 많이 접하게 되는 일본어투 용어들을 몇 가지 살펴보기로 하자.

대법원판결에서 "논지는 이유 없다"는 표현을 지금도 많이 쓰는데 '논지(論旨, ろんし)'는 주로 일본책에서 많이 쓰는 표현이고, '말하는 취지'가 우리말이다. 소론(所論, しょろん)은 '주장하는 바'가 될 것이다.

수속(手續, てつづき)은 '차례, 절차, 과정'을 뜻하는 말이다. 일본에서는 手續法이라는 말을 쓰는데 이는 우리말로 절차법이다. 공항이나 항구 같은 곳에서 '입국수속' 또는 '출국수속'이라는 말을 거리낌 없이 쓰고 있는데 우리말에 원래 '수속'이라는 말은 없다.

옛날 대학 다닐 때 '일응(一應)'이라는 말을 입에 달고 다니는 교수님이 있었다. 지금도 민사소송법 교재에서 '一應의 推定'(이시윤), '一應의 證明'(송상현/박익환)이라는 말을 쓰기도 하나, 일응(一應, いちおう)은 일본말로서 우리말 사전에는 나오지도 않는, 우리말이

아니다. '일응'은 우리말로 하면 '우선, 일단, 한번'이라는 뜻이다. 이런 점을 의식하여 '一旦의 推定'이라고 쓰는 예도 있으나(정동윤/유병현), 원어의 Anscheinbeweis(prima-facie-Beweis)를 '表見證明'으로 번역하여 쓰는 것이 옳다는 견해도 있다(호문혁).

'적의(適宜, てきぎ)'라는 말도 '적당히, 알맞게'라는 말로 바꾸어야 할 일본말이다. 피고인이 보석을 청구하면 재판장은 보석결정을 하기 전에 검사의 의견을 묻도록 되어 있다(형사소송법 제97조 제1항). 이 경우 검사는 '보석을 불허함이 상당하다고 사료됨'이라는 기계적 의견을 송부하는 것이 통례인데, 변호사와 유착이 되어 있는 시골 지청 같은 곳에서는 '적의처리 하시압'이라는 의견을 붙이는 경우도 있었다. 보석으로 풀어줘도 좋다는 '짜고 치는 고스톱'이다. 다 옛날이야기다.

우리 민법에도 쓰고 있는 지분(持ち分, もちぶん)이라는 말도 '몫'이라는 우리말이 있다. 감안(勘案)하다는 말은 어떤 것에 대하여 '생각한다'는 뜻의 일본식 한자어이다. '살피다, 생각하다, 고려하다, 참작하다' 등의 말로 바꿔 쓸 수 있다.

'신병(身病, みから)'이라는 말도 많이 쓰고 있는데, 이는 '신체나 신원'을 가리키는 일본말이다. 언론보도에서 '피의자의 신병을 인도했다'느니, '검찰이 용의자의 신병을 확보하기 위해 농성장에 경찰을 투입했다'는 등의 말을 많이 쓰고 있다.

무심코 쓰고 있는 '앗사리(あっさり)'는 '솔직히, 분명히'로, '무데뽀(無鐵砲, むてぽう)'는 '무턱대고, 맹목적으로, 막무가내'로, '뗑깡(てんかん)' 부리는 것도 '말썽' 부리거나 '소란 피우는' 것으로 바꿔 써야 할 말이다. '다데기(たたき)'는 '다짐 또는 다진 양념'으로, 아시바(足場, あしば)는 발판이나 비계로, '야미(闇, やみ)'는 '뒷거래'

등으로 바꾸어야 할 말이다.

　어떤 책에서 보니 '가마니'는 원래 일본에서 건너온 말로 일본어 가마스(かます)에서 비롯된 말이라고 한다. 가마니가 일본에서 들어오기 전에는 우리나라에서는 '섬'을 썼는데 '섬'은 촘촘하지 않아 낟알이 작은 곡식을 담으면 날 사이로 술술 흘러나와서 많은 불편이 있었다고 한다. 이제 그 쌀 '가마니'를 대체할 우리말을 찾지 못할 정도로 우리말화되고 말았다.

　우리가 식당에서 냉면사리와 국수사리를 더 시켜 먹는 때가 있는데 이 '사리'는 일본말이 아니고 순수 우리말이다. 사리는 '국수, 새끼, 실 등을 포개어 감다'라는 뜻의 동사 '사리다'에서 온 말이다. 또한 뱀 따위가 몸을 똬리처럼 동그랗게 감거나, 다른 짐승이 겁을 먹고 꼬리를 내리는 모양새를 나타내기도 한다.

[2011. 1. 10]

9. 전관예우의 굴레

　요새 정부 고위직 인사청문회에서 법조계 전관(前官) 출신 고위인사의 전관예우가 연일 세인의 입방아에 오르내리고 있다. 정동기 감사원장 후보가 로펌에서 매월 1억 원의 보수를 받은 것으로 되어 있고, 헌재 재판관 지명자인 박한철 전 검사장도 4개월간 수입이 2억 4천만 원이라는 것은 보통 사람들의 눈에는 정상적인 급여라고는 볼 수 없는 큰돈이다. 정동기는 대검차장 출신이고, 박한철은 서울동부지검장 출신으로 둘 다 모두 대형로펌(바른과 김앤장)에 적을 두고 있는 법조인들이다.

　이들뿐만이 아니다. 지난 10년간 대법관에서 퇴직한 대법관 대부분이 로펌행을 택했다. 배기원, 조무제, 김영란 대법관만이 영남대, 동아대, 서강대로 갔을 뿐이다. 검찰총장 출신은 개인개업을 선호하는 경향이지만 최근에는 검찰고위직들도 로펌으로 몰려가고 있다.

　한승수 전 국무총리는 총리직 사퇴 한 달 만에 김앤장 고문으로 영입됐고, 윤증현 기획재정부 장관, 이재훈 전 지식경제부 장관 후보자, 서동원 전 공정거래위원회 부위원장도 발탁 전 직함이 '김앤장 고문'이었다. 과연 이들이 로펌에서 도대체 무슨 일을 하고 엄청난 보수를 받는 것일까? 사람들은 단순한 법률자문이기보다는 정부 공직자로서 맺은 인맥을 동원한 로비스트 역할임을 알고 있다.

　대법관의 정년은 65세이다. 65세 정년을 마치고 법조에서 일가를 이룬 분들이 체면불구하고 로펌으로 몰려가는 것은 잘못돼도 아주 잘못된 관행이다. 그쯤 됐으면 후학을 양성하든지 법원의 상임조정 위원을 하든지(박준서 전 대법관은 서울중앙지방법원의 상임조정위 원을 하고 있다) 이 사회 곳곳에서 할 일이 많다. 이런 분들이 변호 사로서 자신이 몸을 담고 있던 국가조직에 누를 끼치고 있는 것은 아닌지 심각히 고려해보아야 한다.

법원이나 검찰의 고위직을 마치고 고액의 연봉으로 로펌으로 몰려 가는 현상은 그만한 수요가 있기 때문이고 이 좋지 못한 관행이 쉽 게 사라질 것 같지도 않다. 법조계뿐만이 아니다. 공정거래위원회나 국세청 간부들도 로펌에 둥지를 트는 경우가 많다. 정부 고위직을 퇴직한 인사들이 산하 기관으로 가는 것도 마찬가지다. 지방자치단 체의 고위직 공무원도 마찬가지다. 이 사회가 그만큼 전관을 따지는 이상한 나라이기 때문이다. 장관을 퇴직한 사람들에게도 '장관님'으 로 불러주는 사회이다.

법원이나 검찰에서 퇴직하여 로펌에 둥지를 틀었다가 언젠가는 다 시 장·차관으로 들어가는 회전문 인사가 이어지면서 전관예우의 악 순환은 톱니처럼 물고 물리며 돌아간다. 얼마 전에 검사들과 이야기 를 하다 보니 검찰 고위직을 퇴직했다고 만만히 대해 줄 수가 없는 고충을 이야기하는 것을 들었다. 그들이 언제 다시 장관으로 들어오 지 말라는 법이 없기 때문이라는 것이다. "꺼진 불도 다시 보자"는 화재예방 구호만이 아니라 그곳 사람들의 일종의 처신술이기도 하다.

현업에 있을 때 대기업의 간부로 있는 대학동창이 찾아왔다. 자기 가 모시는 상사가 성남지원에서 배임 등으로 1심 재판에서 실형을 선고받고 항소해야 하는데 유능한 변호사를 찾아달라는 것이다. 사 건 내용을 들어보니 피고인은 전과도 없고, 이미 피해회복이 되었으 며, 피해자와도 합의가 되어 보나마나 그냥 두어도 항소심에서는 최소한 집행유예가 선고될 것이니 어느 변호사를 선임해도 마찬가지라고 이야기해도 구속된 피고인의 가족은 그게 아니었다.

꼭 최근에 법원에서 나온 고위직 부장판사 출신 변호사를 소개해 달라는 것이었다. 구치소나 교도소에 구속된 피고인에게는 하루가 1년처럼 길게 느껴진다. 이게 지푸라기도 잡고 싶은 피고인 가족들의 궁박한 마음이다. 보통 사람들은 법원이나 검찰에서 재직한 변호사가 맡은 사건에 대하여 후배 판·검사가 유리하게 사건을 처리해줄 것으로 믿는다. 이게 우리 국민들의 법의식이다. 이런 법의식에다 유난히도 학연이나 지연 등 연줄문화가 상승작용을 하면서 전관예우는 의식적·무의식적으로 작동하게 되어 있다.

어쩔 수 없이 근처에 사무실을 연 고법부장 출신의 변호사를 소개해주었다. 뻔한 사건이라 예상대로 1회 공판기일로 결심되고 바로 집행유예로 석방되었다. 아무것도 아닌 사건에 대한 보수로 피고인 가족이 그 고법부장 출신 변호사에게 얼마의 보수를 주었느냐고 물어보았더니 5,000만 원을 주었다는 것이다. 내가 맡았으면 500만 원이면 될 사건을 5,000만 원이나 주느냐고 했더니 어쩔 수가 없더라는 것이다.

이런 법조계 풍토에서 전관예우라는 고질병은 쉬이 사라지지 않을 것이다. 법원이나 검찰에서 퇴직한 고위직 인사들에게 변호사를 하지 말라고 할 수도 없고, 개업지 제한 같은 미봉책도 통하지 않는다. 그렇다고 이런 풍토를 그냥 방치하고 있어야 하는가? 이 사회가 전관예우의 풍토에서 벗어날 길은 없을까?

법이 일관성 있고 공정하게 적용될 때 신뢰라는 사회적 자본이 형성된다. 법이 제대로 예측 가능하도록 작동하지 않는 사회에서 사회적 신뢰는 형성되기 어렵다. 전관예우가 판을 치는 사회라면 그만

큼 우리 사회는 거래비용이 많이 드는 전근대사회를 벗어날 수 없
다. 전관예우의 수요는 이러한 사회적 환경에서 생기는 것이라면 이
러한 수요가 생기지 않도록 사회적 환경을 바꾸는 수밖에 달리 방
법이 없다.

[2011. 1. 27]

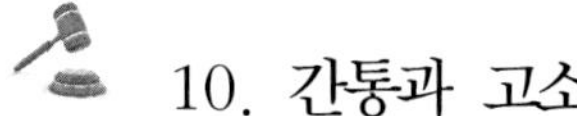

10. 간통과 고소

형법 개정작업을 하면서 간통죄를 폐지하려고 하고 있으나, 2011년 1월 30일 현재 간통죄는 엄연히 살아 있다. 간통과 관련된 형법과 형사소송법의 관련 규정은 다음과 같다.

형법 제241조 (간통)

① 배우자 있는 자가 간통한 때에는 2년 이하의 징역에 처한다. 그와 상간한 자도 같다.

② 전항의 죄는 배우자의 고소가 있어야 논한다. 단, 배우자가 간통을 종용 또는 유서한 때에는 고소할 수 없다.

형사소송법 제229조 (배우자의 고소)

① 형법 제241조의 경우에는 혼인이 해소되거나 이혼소송을 제기한 후가 아니면 고소할 수 없다.

② 전항의 경우에 다시 혼인을 하거나 이혼소송을 취하한 때에는 고소는 취소된 것으로 간주한다.

형사소송법 제230조 (고소기간)

① 친고죄에 대해서는 범인을 알게 된 날로부터 6월을 경과하면 고소하지 못한다. 단, 고소할 수 없는 불가항력이 사유가 있는 때에는 그 사유가 없어진 날로부터 기산한다.

형사소송법 제232조 (고소의 취소)

① 고소는 제1심 판결선고 전까지 취소할 수 있다.

② 고소를 취소한 자는 다시 고소하지 못한다.

형사소송법 제233조 (고소의 불가분)

친고죄의 공범 중 그 1인 또는 수인에 대한 고소 또는 그 취소는 다른 공범자에 대해서도 효력이 있다.

최근에 시행된 변호사시험 모의고사(선택형)에는 간통과 강간과 관련된 문제가 5문제가 출제되었다. 특히 간통과 관련해서는 고소와 관련된 문제가 빠지지 않는다. 간통죄는 절대적 친고죄이고, 고소 전후에 따라 간통 피의자의 지위가 달라진다. 또 간통죄의 고소에는 이혼소송이나 혼인의 해소가 전제되어야 하기 때문에 이혼과 관련된 문제도 믹스된다. 먼저 모의시험 문제 중 간통 관련 문제 하나를 보자.

A 녀의 법률상 배우자인 甲 남이 乙 녀와 2010.7.1. 23:00경 1회 간음하고 2010.7.3. 01:00경 1회 간음하여 A가 2010.12.10. 甲과 乙을 간통죄로 고소하였다. 이에 대한 설명으로 옳은 것은? (다툼이 있는 경우 판례에 의함)

① A 녀와 甲 남이 협의상 이혼의 확인을 받았을 경우 이에 의한 이혼신청을 하지 않았다고 하더라도 혼인이 해소되었기 때문에 A 녀의 간통 고소는 고소로서의 효력이 있다.

② A 녀가 甲 남과 乙 녀를 간통으로 고소하기 이전에 A 녀와 甲 남의 이혼소송이 계속 중이었고 그 소송 중 A 녀와 甲 남이 이혼의사를 명백히 진술하였고 별거에 이르렀지만 위자료, 재산분할 등에 대해서는 의견 차이가 있었던 경우 A 녀가 甲 남의 간통을 종용하였다고 볼 수 없다.

③ A 녀가 甲 남과 乙 녀에 대한 간통사건 1심 재판계속 중 甲 남에 대해서만 고소 취소한 경우 법원은 甲 남에 대해서만 공소기각 판결을 선고하여야 한다.

④ 乙 녀에게도 법률상 배우자인 B 남이 있었고 甲 남과 乙 녀 모두 서로 상대방이 배우자 있는 자임을 알았을 경우 B 남도 고소하였다면, 甲 남과 乙 녀의 2010.7.1. 간통과 상간은 상상적 경합관계에 있고, 그와 2010.7.3. 범행과는 실체적 경합관계에 있다.

⑤ A 녀가 이혼소송을 제기한 후 甲 남과의 협의이혼이 성립되어 협의이혼신고를 한 다음 혼인해소의 목적을 달성하였다고 판단하고 이혼소송을 취하한 경우 A 녀의 간통 고소는 취소된 것으로 간주된다.

위와 같은 문제는 다음과 같은 판례를 알고 있으면 쉽게 답이 나온다.

☞ 협의상 이혼의 확인이 있다 하여 여기에 혼인생활 중에 있었던 간통행위를 유서한다는 의사가 당연히 내포되어 있다고는 할 수 없다. 형사소송법 제229조 제1항에는 "형법 제241조의 경우에는 혼인이 해소되나 이혼소송을 제기한 후가 아니면 고소할 수 없다"고 규정되어 있고 위 조항의 이혼소송은 이혼심판을 의미한다고 할 것인바, 협의상 이혼의 확인은 호적법 제79조의 2의 규정에 의하여 인정된 제도로서 이혼심판청구와는 그 성질과 절차를 달리하므로 형사소송법 제229조 제1항에 규정된 이혼소송에는 해당되지 아니한다 할 것이고 또한 협의상 이혼의 확인을 받은 것만으로는 혼인이 해소되었다고 볼 수도 없어 협의상 이혼의 확인을 받고 이에 의한 이혼신고를 하기 전에 한 고소는 위 법조에 위반된 고소라 하겠으나 위 고소가 있은 뒤 위 협의상 이혼의 확인에 의한 협의이혼신고를 하여 혼인이 해소되었다면 위 고소는 혼인의 해소시부터 장래를 향하여 유효한 고소가 된다(대법원 1986.6.24. 선고 86도482 판결).

☞ 당사자가 더 이상 혼인관계를 지속할 의사가 없고 이혼의사의 명백한 합치가 있는 경우에는 비록 법률적으로는 혼인관계가 존속한다 하더라도 상대방의 간통에 대한 사전 동의라고 할 수 있는 종용에 관한 의사표시가 그 합의 속에 포함되어 있는 것으로 보아야 하는바, 일방 또는 쌍방이 제기한 이혼소송 계속 중 위자료, 재산분할 등에 관해서는 의견차이가 있었지만 각자 이혼의사를 명백히 진술하였다면 적어도 이혼에 대해서는 명백한 합의가 있었다고 봄이 상당하다. (쌍방이 제기한 이혼소송 계속 중 가사조사관의 면접조사기일에 세 차례에 걸쳐 출석하며 진술할 때 위자료·재산분할 등에 관해서는 의견차이가 있었으나 쌍방이 이혼에 대하여 명백히 뜻을 같이하였고 조사면접기일의 진행 중 별거에 이른 사안에서, 쌍방 간 이혼의사의 명백한 합치가 있어 배우자의 간통행위를 종용한 경우에 해당한다고 본 사례)(대법원 2008.7.10. 선고 2008도3599 판결)

☞ 혼인 당사자가 더 이상 혼인관계를 지속할 의사가 없고 이혼의사의 합치가 있는 경우에는 비록 법률적으로 혼인관계가 존속한다고 하더라도 간통에

대한 사전 동의인 종용에 해당하는 의사표시가 그 합의 속에 포함되어 있는 것으로 보아야 할 것이고, 그러한 합의가 없는 경우에는 비록 잠정적·임시적·조건적으로 이혼의사가 쌍방으로부터 표출되어 있다고 하더라도 간통 종용의 경우에 해당하지 않는다(대법원 2000.7.7. 선고 2000도868 판결 등 참조). (간통 고소 이후 이혼사건에서 형사고소를 취소하기로 하는 내용의 조정이 성립된 것만으로는 고소인이 간통에 대한 고소 취소의 의사표시를 한 것으로 볼 수 없다고 한 사례)(대법원 2008.11.27. 선고 2008도2493 판결)

☞ 협의이혼 의사확인 신청서를 제출하였더라도 혼인 당사자 일방이 협의이혼 전 숙려기간 진행 중에 그 신청을 취하한 경우에는 이혼의사의 합치가 있었다고 보기 어렵고, 그 후 그 일방이 이혼소송을 제기하였다가 그 취하서를 제출하였다면 비록 상대방이 이전에 이혼청구를 인낙하는 취지로 답변하였다거나 소취하에 부동의하였더라도 간통 종용의 의사표시는 유효하게 철회되었다고 볼 수 있으므로, 협의이혼 의사확인 신청과 이혼소송의 제기 사실만으로는 간통행위에 대한 종용이 있었다고 볼 수 없다고 한 사례(대법원 2009.7.9. 선고 2008도984 판결).

[2011. 1. 30]

11. 친족, 친척, 가족 그리고 권당

　시중의 장삼이사들은 친족, 친척, 가족의 개념을 정확히 알지 못하고 되는 대로 대충 쓰고 있고, 제주 사회에서는 권당(궨당)이라는 것도 있어 이들 개념들 사이에 어떠한 차이가 있는지를 알아보는 것도 무의미하지는 않을 것이다.

　전통적으로 써온 **친척(親戚)**이라는 말은 친족(親族)과 척족(戚族)의 복합어였고, 척족에는 외족(外族)과 처족(妻族)이 포함되어 있다. 옛날에 나라에 중죄를 범한 자에게 "三族을 滅한다"고 할 때의 3족은 바로 친족, 외족, 처족을 의미한 것이다.

　현행 민법상에 '친척'이라는 말은 보이지 않는다. 다만 남북이산가족 생사확인 및 교류촉진에 관한 법률에서 '남북 이산가족'이란 이산의 사유와 경위를 불문하고, 현재 군사분계선 이남지역(이하 '남한'이라 한다)과 군사분계선 이북지역(이하 '북한'이라 한다)으로 흩어져 있는 8촌 이내의 친척·인척 및 배우자 또는 배우자이었던 자를 말한다는 규정(제2조 제1호)과 가정의례준칙에 혼인예식을 거행할 때 하객초청은 친척·인척을 중심으로 간소하게 한다는 규정이 있는 정도이다(제8조). 그러나 이러한 규정들은 민법 규정과 맞지 않으므로 여기서의 친척은 친족으로 바꿔야 정확한 용어가 될 것이다.

　현행 민법상의 친족의 개념에는 위 3족(친척)의 전부 또는 일부가 포함되어 있다. 전통적 용어의 친족은 민법상의 혈족, 전통적 용어의 외족과 처족은 민법상의 인척과 일치한다.

민법상 **친족**이란 배우자, 혈족 및 인척으로 하고(제767조), **혈족**
(血族, 혈연관계가 있는 친족관계: 피붙이) 중 자기의 직계존속(부모,
조부모 등)과 직계비속(아들, 손자)을 직계혈족이라 하고, 자기의 형제
자매와 형제자매의 직계비속(조카, 생질, 이질), 직계존속의 형제자매
(백부, 숙부, 고모, 이모, 외숙) 및 그 형제자매의 직계비속(종형제자매,
고종4촌, 외종4촌, 이종4촌)을 방계혈족이라 한다(제768조). 옛날에는
자매의 직계비속(생질 등)과 직계존속의 자매의 직계비속(고종형제자
매, 이종형제자매 등)이 방계혈족에서 제외되었으나, 1990년부터 이를
친족의 범위에 포함시켜 남·여계혈족을 동일하게 취급하고 있다.

인척(姻戚, 혼인으로 맺어진 친족관계: 살붙이)이란 혈족의 배우자
(형제의 처, 고모의 부 등), 배우자의 혈족(배우자의 부모, 형제자매
등), 배우자의 혈족의 배우자(배우자의 백·숙부 또는 형제의 처, 배
우자의 고모·이모 또는 자매의 부 등)로 한다(제769조). 혈족의 배
우자의 혈족(형제의 처의 부모·형제자매, 자매의 부의 부모·형제
자매 등)은 관습상 '사돈'에 해당하는데 1990년부터 이를 인척에서
제외하고 있다. 즉 현행법상 사돈은 친족의 범위에 들어가지 않는다.

인척관계는 이혼한 경우 당연히 소멸하지만 배우자 일방의 사망
시에는 잔존배우자가 재혼하면 인척관계가 소멸된다(제775조). 그러
나 당사자가 아닌 그들 사이에서 태어난 아이들과 시집(처가)의 친족
사이의 혈족관계는 아무런 영향이 없다.

배우자가 친족이기는 하지만 어딘가 불완전한(?) 친족이다. 때문에
이들 사이에는 촌수도 없다. 언젠가 갈라서면 그야말로 남남이 되는
사이가 바로 배우자이다. 언젠가는 적으로 돌변할 수 있는 화약고가
바로 배우자이다. 원래 여자들은 남편과 자식 중에서 자식을 선택한
다. 여자들에게 남편이야 없어도 되는 존재이지만 자식(아들)만은 없

어서는 안 될 존재이고, 아들은 바로 여자들의 존재근거 내지 존재
이유가 된다. 옛날 정조의 어머니 혜경궁 홍 씨에게도 시아버지(영
조)나 남편(사도세자)보다 아들(정조)과 친정아버지(홍봉한)가 더 소중
했던 것은 이미 알려진 바이다.

친족관계로 인한 법률상 효력은 민법 또는 다른 법률에 특별한 규
정이 없는 한 ① 8촌 이내의 혈족, ② 4촌 이내의 인척, ③ 배우자
에 미친다(제777조). 옛날에는 혈족에 있어서는 아버지 쪽으로 8촌까
지(8촌 이내의 부계혈족), 어머니 쪽으로 4촌까지(4촌 이내의 모계혈
족)를 친족까지 했던 것을 1990년 개정법에 의하여 어머니 쪽까지 8
촌으로 늘어나 지금까지 친족이 아니던 모계 5촌 이상 8촌까지도 친
족범위에 포함되어 양성평등에만 급급한 나머지 친족범위가 너무 넓
어졌다는 비판을 받고 있다.

인척관계로는 지금까지 시집 쪽으로는 시아버지 쪽 8촌(부의 8촌
이내의 부계혈족), 시어머니 쪽 4촌까지(부의 4촌 이내의 모계혈족),
시집 쪽은 광범위하게 남편 혈족범위를 그대로 친족으로 하던 것을
시아버지와 시어머니 쪽 모두 4촌까지, 친정 쪽은 부모(처의 부모)만
을 친족으로 했던 것을 역시 4촌까지로 확대되었다. 따라서 처가 남
편 쪽으로 법률상 효력을 발생하는 친족범위는 축소되고, 남편은 처
의 부모 외에 처남·처제(2촌), 처숙부모·고모(3촌), 처의 4촌까지도
친족범위로 들어오게 되었다.

민법 제779조는 **가족**의 범위를 배우자, 직계혈족 및 형제자매를
말하고 직계혈족의 배우자, 배우자의 직계혈족 및 배우자의 형제자
매는 생계를 같이하는 경우에 한하도록 함으로써 친족의 범위 중 일
정한 제한을 가하고 있다. 2008년부터 호주제와 호적제도가 폐지되
고 가족관계등록제도가 시행되고 있다. 본적이라는 개념도 없어지고

등록기준지라는 새로운 개념이 쓰이고 있다. 가족은 주로 부양과 관련하여 문제 된다.

제주에는 **권당(眷黨)**이라는 것이 있는데 이는 주로 친족과 외척, 고종, 이종 등 친척을 두루 일컫는 말로 범위가 일정하지 않으나, 종중이나 문중과 유사한 용어이다. 제주에서는 민주당이나 한나라당보다 권당 내지 궨당이 더 힘이 센 당이라는 말이 있을 정도로 권당문화가 뿌리 깊게 남아 있다. 이는 섬이라는 지리적 환경과 제주의 마을이 집성촌으로 이루어졌던 데서 연유하는 면이 크다. 옛날에는 믿을 사람은 권당밖에 없었을 것이다. 아직도 국회의원선거 등 각종 선거에서 위력을 발휘하는 것이 바로 제주의 권당이다.

[2011. 8. 27]

12. 선의(善意)

　법률용어 중에 시중에서 쓰는 용어 감각과 다른 법률용어들이 많은데 '선의(善意)'도 그중의 하나이다. 법률에는 '선의'와 '악의(惡意)'가 많이 나오는데 이 말은 한자 그대로 '착한 뜻', '나쁜 뜻'과는 달리 '모르는 것'과 '아는 것'이다.

　'선의의 제3자'는 어떤 사실을 알지 못하는 제3자를 뜻한다. 민법 등 각종 법률에는 "선의의 제3자에게는 대항하지 못한다"는 규정을 많이 볼 수 있다. 예컨대 진의 아닌 의사표시의 무효나 통정한 허위표시의 무효, 착오로 인한 의사표시의 취소는 선의의 제3자에게 대항하지 못한다(민법 제107조 제2항, 제108조 제2항, 제109조 제2항).

　甲은 경기악화로 부도가 날 것을 염려하여 자신의 부동산을 처남인 乙에게 매매한 것으로 하여 소유권이전등기를 마쳐 놓았으나, 乙이 그 부동산을 아무런 사정도 모르는 丙에게 매각하여 버린 경우, 甲과 乙의 가장매매는 허위표시에 해당하여 무효이므로 甲은 乙을 상대로 소유권이전등기의 말소를 구할 수 있다. 甲으로부터 乙 앞으로 소유권이전을 해주는 원인이 되는 계약이 무효이면 소유권이 이전되지 않는다. 그러나 그동안 乙이 이러한 사실관계를 전혀 '모르는' 丙에게 그 부동산을 팔고 등기명의까지 이전해주면 甲은 '선의의 제3자'인 丙에게 허위표시의 무효를 주장할 수 없고, 결국 丙은 유효하게 소유권을 취득하고 甲은 丙으로부터 그 부동산을 되찾아올 수 없는 결과가 된다.

오늘 방송통신대학 법학과 교수 출신의 곽노현 서울시 교육감이 서울시 교육감 후보 단일화를 이루어준 서울교대 박명기 교수의 어려운 처지를 외면할 수 없어서 2억 원을 '선의'로 지원했을 뿐이라는 회견문을 발표하였다.

곽 교육감은 유독 선의를 강조하고 있으나, 곽 교육감이 얼마나 부자인지는 모르지만 2억 원이라는 거액의 돈을 주었다는 사실 하나만으로 여론의 집중포화를 피할 수 없게 되었다. 안타까운 일이다.

법학교수 출신의 곽 교육감이 쓴 '선의'는 법률에서 이야기하는 '선의'일까? 선거가 끝났다고는 하지만 후보단일화를 이루어준 후보에게 거액의 돈을 선의로 지원했다는 것은 일반인의 법감정에 반한다. 세상에 공짜는 없는 법이다. 선의로 지원했다는 말은 법률용어로 증여했다는 뜻인데 그렇다면 수증자인 박 교수가 증여세신고를 했을까? 증여재산가액이 2억 원이면 증여세는 3,000만 원이다.

곽 교육감이 자신의 행위가 범죄인지 아닌지, 부당한지 아닌지, 부끄러운 일인지 아닌지는 사법당국과 국민의 판단에 맡기겠다고 했는데 자신의 행위에 대한 법적 평가에 대해서는 잘 알고 있을 것이다.

역시 돈이 문제이다.

[2011. 8. 28]

[주]

서울중앙지방법원 형사27부(재판장 김형두 부장판사)는 2012.1.19. 돈을 받은 박명기 피고인에게는 징역 3년을 선고하고 돈을 준 곽노현 피고인에게는 벌금 3,000만 원을 선고하였다(판결문을 보면 A4용지로 목차만 5페이지에 판결문이 188페이지에 이르는 장문의 판결이

다). 그러나 서울고등법원 형사2부(김동오 부장판사)는 2012.4.17. 곽
노현 교육감에 대한 항소심에서 징역 1년을, 박명기 전 서울교대 교
수(54)는 징역 1년 6개월에 추징금 2억 원을 선고했고, 2012.6.15.
현재 상고심 진행 중이다.

13. 벌금, 추징금, 과태료, 과징금, 이행강제금, 부과금, 범칙금

주위에서 벌금과 과태료, 범칙금이 어떻게 다른 것인지 물어보는 사람이 있어 여기서 관련되는 개념들을 명백히 해본다.

먼저 **'벌금'**은 법원의 재판에 의하여 일정한 금액의 지급의무를 강제적으로 부담케 하는 형벌(재산형)의 일종이다. 형법은 형의 종류로 사형, 징역, 금고, 자격상실, 자격정지, 벌금, 구류, 과료, 몰수를 규정하고(제41조), 벌금은 5만 원 이상(감경하는 경우에는 5만 원 미만으로 할 수 있다. 제45조)이고, 과료는 2천 원 이상 5만 원 미만으로 한다(제47조). 벌금을 납입하지 아니한 자는 1일 이상 3년 이하의 기간 노역장에 유치하여 작업에 복무하게 한다. 벌금의 시효는 3년이다.

'추징금'은 뇌물 수수, 세금 포탈, 마약 거래, 성매매 같은 범죄로 얻은 수익을 국가가 거둬들이는 금전을 말한다. 추징금 미납액이 가장 많은 사람은 김우중 전 대우그룹 회장으로 19조 990억 원이고, 전두환 전 대통령은 추징금 2,205억 원 중 533억 원을 내거나 징수당하고 1,672억 원이 밀려 있는 것으로 알려지고 있다. 추징금은 추징 대상자가 죽거나 추징금을 선고받은 날로부터 3년이 지나면 더 이상 강제 징수할 수 없다.

'과태료'는 행정상의 의무위반에 대한 질서벌이며, 원칙적으로 법원에 의하여 부과되고, 이에 대한 불복은 비송사건절차법에 의한다.

행정청이 과태료를 부과하고, 그에 대한 불복을 법원에서 하는 경우
도 있다(공정거래법상의 과태료도 이와 같다). 과태료는 행정상 의무
를 이행시키기 위하여 부과하는 의무 제재금으로 행정질서벌에 해당
하며, 행정상의 질서에 장애를 준 단순한 의무태만에 대한 제재로서
형벌이 아니다. 과태료 납부의무를 이행하지 않았을 때에는 비송사
건절차법 등에서 정한 절차대로 진행되며 근거법률에 의하여 강제집
행을 할 수도 있다.

'**과징금**'이란 주로 경제법상의 의무에 위반한 자가 당해 위반행위
로 경제적 이익을 얻을 것이 예정되어 있는 경우에 당해 의무위반행
위로 인한 불법적인 이익을 박탈하기 위하여 그 이익액에 따라 과하
여지는 일종의 행정제재금으로 우리나라의 경우 공정거래법에서 처
음으로 도입되었다.

원래의 과징금이 경제법상의 의무위반행위 자체로 얻은 불법적인
이익을 박탈하는 행정제재금인 데 대하여 점차 이러한 전형적 형태
를 벗어나 변형된 형태의 과징금제도가 많은 법률에서 채택되고 있
다. 변형된 형태의 과징금이란 인·허가사업에 관한 법률에 의한 의
무위반을 이유로 단속상 그 인·허가사업 등을 정지하여야 할 경우
에 이를 정지시키지 아니하고 사업을 계속하게 하되, 사업을 계속함
으로써 얻은 이익을 박탈하는 행정제재금이다. 오늘날에는 변형된
형태의 과징금이 일반화되어 있고, 우리와 같은 다양한 형태의 과징
금제도를 두고 있는 나라는 그 예를 찾을 수가 없다.

과징금은 행정청에 의하여 부과되고 그에 대한 불복은 행정쟁송절
차에 의한다. 부동산실권리자 명의등기에 관한 법률은 실명등기의무
를 위반한 명의신탁자 등에게 당해 부동산가액의 30%에 해당하는
과징금을 부과할 수 있도록 하고 있다(동법 제5조 등).

과징금은 행정청에 의하여 부과되는 단순한 금전적 부담으로서 형사벌이 아니다. 따라서 이론상으로는 같은 위반행위에 대하여 한편으로 행정제재금인 과징금을 부과하고 다른 한편으로 형사제재적인 벌금을 과하는 것도 가능하다. 그러나 실질적으로는 과징금이나 벌금은 다 같은 금전부담으로 양자를 동시에 부과하는 것은 이중처벌의 문제가 생길 수 있다.

'**부과금**'이란 어떤 사업을 수행하기 위하여 필요한 경비를 다수의 관계자로부터 징수하는 경우에 사용된다. 대기환경보전법·수질환경보전법상의 배출부과금제도는 오염물질로 인한 대기나 수질환경상의 피해를 방지하고 배출허용기준의 준수를 강제하는 것으로 변형된 형태의 과징금이라 할 수 있다.

'**이행강제금**'은 행정상 강제집행의 일종인 집행벌의 성격을 갖고 있는 점에서 과징금과 구별된다. 건축법은 건축물의 철거 등의 시정명령을 받은 후 시정기간 내에 당해 시정명령의 이행을 하지 아니한 건축주 등에 대하여 당해 시정명령의 이행에 필요한 상당한 이행기간을 정하여 그 기한까지 이행하지 아니한 경우에는 법정의 이행강제금을 부과하도록 하고 있다.

'**가산세**'는 조세법상의 의무위반에 대한 금전적인 제재로서 의무이행확보를 위한 행정상의 조치이고(소득세법상의 신고불성실가산세, 납부불성실가산세 등), 가산금은 조세를 납기까지 이행하지 아니할 경우에 그 불이행에 대한 제재로서 과하는 일정한 금전부담이며(국세징수법 제21조 등), **부당이득세**는 정부가 결정 등을 통한 통제가격을 초과하여 거래를 하지 아니할 의무를 강제하는 수단이다(부당이득세법 제1조).

'**범칙금**'은 도로교통법, 경범죄처벌법 위반 등 일상생활에서 흔히

일어나는 경미한 범죄행위(경범죄)에 대해 부과하는 것으로 경찰서장이 법규 위반자에게 발부한다. 즉 범칙금이란 통고처분이라는 절차를 통하여 범칙행위자에게 부과되는 금전적 제재로서, 사법적 절차에 앞서 행정기관이 법규 위반자에게 금전적 제재를 통고하고, 기간 내에 범칙금을 납부하면 형사절차를 면제해주는 제도이며, 범칙금을 납부하지 않았을 경우에는 즉결심판 등 형사절차로 이행되는 특성이 있다. 즉결심판은 교통법규 위반 등 경미한 범죄에 대해 경찰서장의 청구로 판사가 심리하는 약식재판 절차다. 경찰이 제시한 증거가 곧바로 증거능력을 갖고 검사가 아닌 경찰이 사실상의 기소권을 행사한다는 점에서 형사소송법 원칙의 예외로 분류된다. 즉결심판에서 벌금이나 구류를 받은 사람이 결과에 불복하면 법원에 정식재판을 청구할 수 있다.

[2011. 12. 30]

14. 상속포기와 사해행위

빚이 많은 채무자가 상속을 받을 수 있는데도 빚을 갚지 않기 위해 상속을 포기하거나 상속인들 사이에 협의분할을 하는 것이 가능한가?

대법원은 상속재산의 분할협의는 상속이 개시되어 공동상속인 사이에 잠정적 공유가 된 상속재산에 대하여 그 전부 또는 일부를 각 상속인의 단독소유로 하거나 새로운 공유관계로 이행시킴으로써 상속재산의 귀속을 확정시키는 것으로 그 성질상 재산권을 목적으로 하는 법률행위이므로 사해행위취소권 행사의 대상이 될 수 있다고 보고 있으나(대법원 2007.7.26. 선고 2007다29119판결) 상속포기가 사행행위가 되는지에 관해서는 대법원판례가 없었고, 일부 하급심에서 상속포기는 사해행위가 되지 않는다고 판시해 왔다.

대표적으로 서울중앙지방법원 2008.10.10. 선고 2007가단433075 판결을 들 수 있다.

채권자취소권의 대상이 되는 법률행위에는 단독행위도 포함된다 할 것이나, 이는 적극적으로 채무자의 총재산에 감소를 초래하는 것을 필요로 하고(대법원 1982.5.25. 80다1403 판결), 소극적으로 채무자의 총재산의 증가를 방해하는 것에 지나지 않는 것은 포함되지 않는다 할 것이다. 상속인은 원칙적으로 상속개시 있음을 안 날로부터 3개월 내에 단순승인이나 한정승인 또는 포기를 할 수 있는데(민법 제1019조 제1항), ① 위 기간 내에 단순승인이나 한정승인을 하거나 단순승인 간주(위 기간 내에 한정승인 또는 포기를 하지 아니한 때)의 효력이 발생하면 상속인은 상속재산을 구성하는 권리의무를 취

대법원은 최근 상속의 포기는 재산권에 관한 법률행위에 해당하지 아니하여 사해행위취소의 대상이 되지 못함을 선언하였다(대법원 2011.6.9. 선고 2011다29307 판결).

사실관계는 다음과 같다.

甲은 乙을 상대로 2억 8,000만 원 및 그에 대한 지연손해금의 지급을 구하는 약정금청구소송을 제기하여 2007.10.23. 승소판결을 받았다. 그런데 을 및 A, B, C의 어머니(이하 망인)가 2009.12.4. 사망하였다. 그러자 망인의 공동상속인 중 乙은 상속포기기간 동안인 2010.1.28. 가정법원에 상속포기신고를 하였고, 위 신고는 2010.3.15. 법원에 의하여 수리되었다. 乙을 제

외한 나머지 공동상속인들은 乙은 처음부터 망인의 상속인에 해당하지 아니
한다고 생각하여, 위 상속포기신고와 같은 날인 2010.1.28. 乙을 제외한 채
망인의 상속재산에 관하여 그들의 법정상속분 비율에 따라 이를 분할하는 내
용으로 상속재산분할협의를 한 다음 2009.12.4.자 협의분할로 인한 재산상
속을 원인으로 하여 각 지분소유권이전등기를 마쳤다. 甲은 이미 채무초과상
태에 있던 乙이 2009.12.4. 공동상속인들인 A, B, C 등과 사이에 이 사건
상속재산 중 자신의 상속분에 관한 권리를 포기하는 내용으로 행한 상속재산
분할협의는 채권자인 甲을 해하는 사해행위에 해당하므로 취소되어야 하고,
그 원상회복으로 A, B, C는 위 각 지분소유권이전등기의 말소등기절차를 이
행할 의무가 있다고 주장하면서 A, B, C를 피고로 하여 사해행위취소의 소
를 제기한 사안이다.

대법원은 다음과 같은 이유로 상속포기는 사해행위가 되지 않는다
고 한다(주심 양창수 대법관).

상속의 포기는 상속이 개시된 때에 소급하여 그 효력이 있고(민법 제1042
조), 포기자는 처음부터 상속인이 아니었던 것이 된다(대법원 2003.8.11.자
2003마988 결정 등 참조). 따라서 상속포기의 신고가 아직 행하여지지 아
니하거나 법원에 의하여 아직 수리되지 아니하고 있는 동안에 포기자를 제외
한 나머지 공동상속인들 사이에 이루어진 상속재산분할협의는 후에 상속포기
의 신고가 적법하게 수리되어 상속포기의 효력이 발생하게 됨으로써 공동상
속인의 자격을 가지는 사람들 전원이 행한 것이 되어 소급적으로 유효하게
된다고 할 것이다. 이는 설사 포기자가 상속재산분할협의에 참여하여 그 당
사자가 되었다고 하더라도 그 협의가 그의 상속포기를 전제로 하여서 포기자
에게 상속재산에 대한 권리를 인정하지 아니하는 내용인 경우에는 마찬가지
로 볼 것이다. 한편 상속의 포기는 비록 포기자의 재산에 영향을 미치는 바
가 없지 아니하나(그러한 측면과 관련하여서는 '채무자 회생 및 파산에 관한
법률' 제386조도 참조) 앞서 본 대로 상속인으로서의 지위 자체를 소멸하게
하는 행위로서 이를 순전히 재산법적 행위와 같이 볼 것은 아니다. 오히려
상속의 포기는 1차적으로 피상속인 또는 후순위상속인을 포함하여 다른 상속
인 등과의 인격적 관계를 전체적으로 판단하여 행하여지는 '인적 결단'으로

서의 성질을 가진다고 할 것이다. 그러한 행위에 대하여 비록 상속인인 채무자가 무자력 상태에 있다고 하여서 그로 하여금 상속포기를 하지 못하게 하는 결과가 될 수 있는 채권자의 사해행위 취소를 쉽사리 인정할 것이 아니다. 그리고 상속은 피상속인이 사망 당시에 가지던 모든 재산적 권리 및 의무·부담을 포함하는 총체재산이 한꺼번에 포괄적으로 승계되는 것으로서 다수의 관련자가 이해관계를 가지는 바인데, 위와 같이 상속인으로서의 자격 자체를 좌우하는 상속포기의 의사표시에 사해행위에 해당하는 법률행위에 대하여 채권자 자신과 수익자 또는 전득자 사이에서만 상대적으로 그 효력이 없는 것으로 하는 채권자취소권의 적용이 있다고 하면, 상속을 둘러싼 법률관계는 그 법적 처리의 출발점이 되는 상속인 확정의 단계에서부터 복잡하게 얽히게 되는 것을 면할 수 없다. 또한 이 사건에서의 원고와 같이 상속인의 채권자의 입장에서는 상속의 포기가 그의 기대를 저버리는 측면이 있다고 하더라도 채무자인 상속인의 재산을 현재의 상태보다 악화시키지 아니한다. 이러한 점들을 종합적으로 고려하여 보면, 상속의 포기는 민법 제406조 제1항에서 정하는 '재산권에 관한 법률행위'에 해당하지 아니하여 사해행위 취소의 대상이 되지 못한다고 봄이 상당하다.

결국 빚이 많은 상속인은 상속포기를 함으로써 상속재산이 채권자 앞으로 가는 것을 막을 수 있다는 결론이 된다. 그러나 상속포기가 아닌 상속재산의 분할은 사해행위가 됨을 주의하여야 한다. 상속인이 여러 사람인 경우 공동상속인은 각자의 상속분에 따라 상속재산을 공유(공동소유)하게 되고, 상속재산의 분할이란 공동상속인 각자 상속분에 따라 개개의 상속재산을 분배하여 단독소유로 하는 것을 말한다. 미성년자인 子와 공동상속인인 母가 협의분할을 하는 경우 미성년자를 위한 특별대리인을 선임하여야 한다.

피상속인이 유언으로 상속재산의 분할방법을 지정한 경우 또는 유언으로 5년 내의 기간 내에 상속재산의 분할을 금지한 경우(제1012조)가 아닌 한 공동상속인은 언제든지 그 협의에 의하여 상속재산을 분할 할 수 있고, 분할협의가 성립되지 않은 경우에는 가정법원에 그 분할의 조정 또는 심판을 구할 수 있다(제1013조).

협의분할은 공동상속인 전원의 합의에 의하는 것이고(따라서 한 사람이라도 반대하면 협의분할을 할 수 없으나, 반드시 한자리에서 이루어질 필요는 없고 순차적으로 이루어질 수도 있으며, 상속인 중 한 사람이 만든 분할 원안을 다른 상속인이 후에 돌아가며 승인하여도 무방하다) 공동상속인들은 반드시 상속분에 따라서 분할할 필요는 없다(상속인 중 한 사람 앞으로 상속재산을 몰아줄 수도 있다). 상속재산 분할협의를 합의해제하여 다시 새로운 분할협의를 할 수 있다(다만 상속재산 분할협의가 합의해제되면 그 협의에 따른 이행으로 변동이 생겼던 물권은 당연히 그 분할협의가 없었던 원상태로 복귀하지만, 민법 제548조 제1항 단서의 규정상 이러한 합의해제를 가지고서는, 그 해제 전의 분할협의로부터 생긴 법률효과를 기초로 하여 새로운 이해관계를 가지게 되고 등기·인도 등으로 완전한 권리를 취득한 제3자의 권리를 해하지 못한다). 상속재산분할의 협의가 이루어졌을 때에는 협의분할용 인감증명을 첨부하고 '상속재산분할협의서'를 작성하여 상속등기 등에 사용할 수 있다. 상속재산의 분할은 상속개시된 때(사망 시)에는 소급하여 그 효력이 있다. 그러나 분할의 소급효로 제3자의 권리를 해하지 못한다(제1015조).

공동상속인 상호 간에 상속재산에 관하여 협의분할이 이루어진 결과 공동상속인 중 1인이 고유의 상속분을 초과하는 재산을 취득하게 되었다 하여도 이는 상속개시 당시의 피상속인으로부터 승계받은 것으로 보아야 하고 다른 공동상속인으로부터 증여받은 것으로 볼 것은 아니다(판례의 입장). 따라서 협의분할에 따른 상속세 외에 증여세를 낼 필요가 없다. 상속개시된 후 인지되거나 재판이 확정되어 공동상속인이 된 자도 그 상속재산이 아직 분할되거나 처분되지 아니한 경우에는 당연히 다른 공동상속인들과 함께 분할에 참여할 수 있고, 다른 공동상속인이 이미 분할 기타의 처분을 한 때에는 그 상속분에 상당한 가액의 지급을 청구할 수 있다(제1014조).

다음의 사례를 보자.

오 모(여) 씨는 1997년 12월 평소 알고 지내던 이 모 씨로부터 6,400만 원을 빌린 뒤 이 중 절반만 갚고 절반은 갚지 않았다. 그러던 중인 2001년 7월 남편의 사망으로 부동산을 상속받을 수 있게 됐는데 그는 빚을 갚지 않기 위해 딸 김 모 씨와 짜고 그 부동산에 대한 자신의 상속분 3분의 1을 딸에게 무상으로 넘겼다. 딸 김 씨는 2005년 7월 조 모 씨에게 부동산을 1억 2,500만 원에 매도하면서 임대차보증금 9,500만 원은 조 씨가 떠안기로 하고 나머지 3,000만 원만 지급받았다. 그러면 오 씨에게 3,400만 원을 받지 못한 이 씨는 김 씨를 상대로 오 씨의 상속분에 대한 사해행위의 취소를 구하고 얼마를 반환받을 수 있는가?

대법원 2007.9.6. 선고 2007다30447 판결은 이 씨가 김 씨를 상대로 낸 사해행위 취소 청구 소송에서 "오 씨와 피고인 딸 사이의 상속재산 분할협의는 사해행위에 해당한다"고 판시하였다. 그러나 어느 부동산에 관한 법률행위가 사해행위에 해당하는 경우에는 원칙적으로 그 사해행위를 취소하고 소유권이전등기의 말소 등 부동산 자체의 회복을 명하여야 하는 것이나, 다만 원물반환이 불가능하거나 현저히 곤란한 경우에는 원상회복의무의 이행으로서 사해행위 목적물 가액 상당의 배상을 명하여야 하는 것이고, 이러한 가액배상에 있어서는 일반 채권자들의 공동담보로 되어 있어 사해행위가 성립하는 범위 내의 가액배상을 명하여야 하는 것이므로, 그 부동산에 관하여 주택임대차보호법 제3조 제1항이 정한 대항력을 갖추고 임대차 계약서에 확정일자를 받아 임대차보증금 우선변제권을 가진 임차인 또는 같은 법 제8조에 의하여 임대차보증금 중 일정액을 우선하여 변제받을 수 있는 소액임차인이 있는 때에는 수익자가 배상하여야 할 부동산의 가액에서 그 우선변제권 있는 임차보증금 반환채권 금액을 공제하여야 하고, 이러한 법리는 주택 소유자의 사망으로 인하여 그 주택에 관한 포괄적 권리의무를 승계한 공동상속인들 사이에 이루어진 상속재산 분할협의가 일부 상속인의 채권자에 대한 사해행위에 해당하는 경우 그 상속인의 상속지분을 취득한 수익자로 하여금 원상회복 의무의 이행으로서 지분 가액 상당의 배상을 명하는 경우에도 그대로 적용된다고 판시하였다.

참고로 여기서 다음의 사례를 통하여 가분채무도 상속재산분할의 대상이 되는지 살펴보자.

甲은 乙은행으로부터 금 5,000만 원을 대출받아 이를 변제하지 못하고 있는 동안 사망하였다. 甲의 상속인 중에서 1인만이 법정상속분을 초과하여 甲의 대출금채무를 부담하기로 약정하는 경우 이는 乙은행에게도 그 효력이 미치는가?

금전채무와 같이 급부의 내용이 可分인 채무가 공동상속된 경우, 이는 상속개시와 동시에 당연히 법정상속분에 따라 공동상속인에게 분할되어 귀속되는 것이므로 상속재산분할의 대상이 될 여지가 없다. 위와 같이 상속재산분할의 대상이 될 수 없는 상속채무에 관하여 공동상속인들 사이에 분할의 협의가 있는 경우라면 이러한 협의는 민법 제1013조에서 말하는 상속재산의 협의분할에 해당하는 것은 아니지만, 위 분할의 협의에 따라 공동상속인 중의 1인이 법정상속분을 초과하여 채무를 부담하기로 하는 약정은 면책적 채무인수의 실질을 가진다고 할 것이어서, 채권자에 대한 관계에서 위 약정에 의하여 다른 공동상속인이 법정상속분에 따른 채무의 일부 또는 전부를 면제하기 위해서는 민법 제454조의 규정에 따른 채권자의 승낙을 필요로 한다. 여기에 상속재산분할의 소급효를 규정하고 있는 민법 제1015조가 적용될 여지는 없다(대법원 1997.6.24. 선고 97다8809 판결).

[2011. 8. 11]

15. 검사가 무죄를 구형하는 재정신청제도의 문제점

신문보도를 보면 검사가 피고인에게 무죄를 구형하는 사례가 종종 보도되고 있다. 세상을 떠들썩하게 만들었던 판사 장모의 하 모 양 청부살해사건과 관련하여 장모 윤 씨가 정범인 조카 등을 위증으로 고소한 사건에서 검사는 피고인에게 울며 겨자 먹기 식으로 무죄를 구형해야 했다. 추상같이 피고인의 유죄를 이끌어내야 할 검사가 공판정에서 어찌된 일로 피고인에게 죄가 없다고 하는 황당한 일이 벌어지고 있는 것인가?

종전에는 고소사건에 관하여 검사가 불기소처분을 하면 고소인은 관할 고등검찰청에 항고를 제기하고 항고가 기각되면 대검찰청에 재항고를 할 수 있었다. 대검의 재항고 기각결정을 받은 고소인은 헌법재판소에 검사의 불기소처분에 대한 헌법소원을 제기할 수 있었다. 종전에는 헌법재판소의 헌법소원 사건 중 검사의 불기소처분에 대한 헌법소원사건이 상당수를 차지하고 있었다. 위헌법률심판 등 헌법재판에 전력을 쏟아야 할 헌법재판소가 이와 같은 시시콜콜한 헌법소원 사건에 정력을 빼앗기는 것은 본말이 전도된 것이었다. 더더욱 헌법재판소가 이러한 헌법소원을 인용하더라도 그 결정이 기소에 대한 기속력 있는 결정도 아니어서 그 효과라는 것도 별 볼일 없는 것이었다.

그러한 경위로 검찰청법과 형사소송법이 개정되었다. 이제 헌법재판소는 불기소처분에 대한 헌법소원의 늪에서 해방될 수 있게 되었다. 먼저 현행 검찰청법(2012.1.17. 법률 제11153호)과 형사소송법(2011.8.4.

법률 제11002호)의 관련 규정을 보자.

☞ **검찰청법** 제10조 (항고 및 재항고)

① 검사의 불기소처분에 불복하는 고소인이나 고발인은 그 검사가 속한 지방검찰청 또는 지청을 거쳐 서면으로 관할 고등검찰청 검사장에게 항고할 수 있다. 이 경우 해당 지방검찰청 또는 지청의 검사는 항고가 이유 있다고 인정하면 그 처분을 경정하여야 한다.

② 고등검찰청 검사장은 제1항의 항고가 이유 있다고 인정하면 소속 검사로 하여금 지방검찰청 또는 지청 검사의 불기소처분을 직접 경정하게 할 수 있다. 이 경우 고등검찰청 검사는 지방검찰청 또는 지청의 검사로서 직무를 수행하는 것으로 본다.

③ 제1항에 따라 항고를 한 자(형사소송법 제260조에 따라 재정신청을 할 수 있는 자는 제외한다. 이하 이 조에서 같다)는 그 항고를 기각하는 처분에 불복하거나 항고를 한 날부터 항고에 대한 처분이 이루어지지 아니하고 3개월이 지났을 때에는 그 검사가 속한 고등검찰청을 거쳐 서면으로 검찰총장에게 재항고할 수 있다. 이 경우 해당 고등검찰청의 검사는 재항고가 이유 있다고 인정하면 그 처분을 경정하여야 한다.

④ 제1항의 항고는 형사소송법 제258조 제1항에 따른 통지를 받은 날부터 30일 이내에 하여야 한다.

⑤ 제3항의 재항고는 항고기각 결정을 통지받은 날 또는 항고 후 항고에 대한 처분이 이루어지지 아니하고 3개월이 지난 날부터 30일 이내에 하여야 한다.

⑥ 제4항과 제5항의 경우 항고 또는 재항고를 한 자가 자신에게 책임이 없는 사유로 정하여진 기간 이내에 항고 또는 재항고를 하지 못한 것을 소명하면 그 항고 또는 재항고 기간은 그 사유가 해소된 때부터 기산한다.

⑦ 제4항 및 제5항의 기간이 지난 후 접수된 항고 또는 재항고는 기각하여야 한다. 다만, 중요한 증거가 새로 발견된 경우 고소인이나 고발인이 그 사유를 소명하였을 때에는 그러하지 아니하다.

☞ **형사소송법** 제260조 (재정신청)

① 고소권자로서 고소를 한 자(형법 제123조부터 제126조까지의 죄에 대해

서는 고발을 한 자를 포함한다. 이하 이 조에서 같다)는 검사로부터 공소를 제기하지 아니한다는 통지를 받은 때에는 그 검사 소속의 지방검찰청 소재지를 관할하는 고등법원(이하 '관할 고등법원'이라 한다)에 그 당부에 관한 재정을 신청할 수 있다. 다만, 형법 제126조의 죄에 대해서는 피공표자의 명시한 의사에 반하여 재정을 신청할 수 없다. 〈개정2011.7.18.〉

② 제1항에 따른 재정신청을 하려면 검찰청법 제10조에 따른 항고를 거쳐야 한다. 다만, 다음 각 호의 어느 하나에 해당하는 경우에는 그러하지 아니하다.

1. 항고 이후 재기수사가 이루어진 다음에 다시 공소를 제기하지 아니한다는 통지를 받은 경우

2. 항고 신청 후 항고에 대한 처분이 행하여지지 아니하고 3개월이 경과한 경우

3. 검사가 공소시효 만료일 30일 전까지 공소를 제기하지 아니하는 경우

③ 제1항에 따른 재정신청을 하려는 자는 항고기각 결정을 통지받은 날 또는 제2항 각 호의 사유가 발생한 날부터 10일 이내에 지방검찰청검사장 또는 지청장에게 재정신청서를 제출하여야 한다. 다만, 제2항 제3호의 경우에는 공소시효 만료일 전날까지 재정신청서를 제출할 수 있다.

④ 재정신청서에는 재정신청의 대상이 되는 사건의 범죄사실 및 증거 등 재정신청을 이유 있게 하는 사유를 기재하여야 한다.

제261조 (지방검찰청검사장 등의 처리)

제260조 제3항에 따라 재정신청서를 제출받은 지방검찰청검사장 또는 지청장은 재정신청서를 제출받은 날부터 7일 이내에 재정신청서·의견서·수사관계 서류 및 증거물을 관할 고등검찰청을 경유하여 관할 고등법원에 송부하여야 한다. 다만, 제260조 제2항 각 호의 어느 하나에 해당하는 경우 지방검찰청검사장 또는 지청장은 다음의 구분에 따른다.

1. 신청이 이유 있는 것으로 인정하는 때에는 즉시 공소를 제기하고 그 취지를 관할 고등법원과 재정신청인에게 통지한다.

2. 신청이 이유 없는 것으로 인정하는 때에는 30일 이내에 관할 고등법원에 송부한다.

제262조 (심리와 결정)

① 법원은 재정신청서를 송부받은 때에는 송부받은 날부터 10일 이내에 피의자에게 그 사실을 통지하여야 한다.

② 법원은 재정신청서를 송부받은 날부터 3개월 이내에 항고의 절차에 준하여 다음 각 호의 구분에 따라 결정한다. 이 경우 필요한 때에는 증거를 조사할 수 있다.

1. 신청이 법률상의 방식에 위배되거나 이유 없는 때에는 신청을 기각한다.

2. <u>신청이 이유 있는 때에는 사건에 대한 공소제기를 결정한다.</u>

③ 재정신청사건의 심리는 특별한 사정이 없는 한 공개하지 아니한다.

④ 제2항의 결정에 대해서는 불복할 수 없다. 제2항 제1호의 결정이 확정된 사건에 대해서는 다른 중요한 증거를 발견한 경우를 제외하고는 소추할 수 없다.

⑤ 법원은 제2항의 결정을 한 때에는 즉시 그 정본을 재정신청인·피의자와 관할 지방검찰청검사장 또는 지청장에게 송부하여야 한다. 이 경우 제2항 제2호의 결정을 한 때에는 관할 지방검찰청검사장 또는 지청장에게 사건기록을 함께 송부하여야 한다.

⑥ 제2항 제2호의 결정에 따른 <u>재정결정서를 송부받은 관할 지방검찰청 검사장 또는 지청장은 지체 없이 담당검사를 지정하고 지정받은 검사는 공소를 제기하여야 한다.</u>

제262조의 4 (공소시효의 정지 등)

① 제260조에 따른 재정신청이 있으면 제262조에 따른 재정결정이 있을 때까지 공소시효의 진행이 정지된다.

② 제262조 제2항 제2호의 결정이 있는 때에는 공소시효에 관하여 그 결정이 있는 날에 공소가 제기된 것으로 본다.

우리나라는 가히 '고소의 왕국'이다. 쩍하면 고소, 고발이 난무하는 나라이다. 자기는 법을 잘 지키지 않으면서 시비가 붙으면 '법대로' 하자고 우기는 사람들이 많은 나라이다.

종래에는 형법 제123조 내지 제125조의 직권남용, 불법체포감금,

독직폭행에 대해서만 재정신청이 가능하였으나, 2008년 1월 1일부터 시행된 개정 형사소송법은 피해자의 권리보호를 위하여 대상범죄에 제한 없이 모든 고소인이 재정신청을 할 수 있도록 하였다. 재정신청은 고소인만 가능하고 피의자나 고발인은 할 수 없다. 위 3개 죄의 경우에는 고발인도 재정신청을 할 수 있다. 위와 같은 재정신청을 할 수 있는 자는 재항고를 할 수 없다.

위와 같이 고소사건에 대하여 검사가 불기소처분을 하면 고소인은 관할 고등검찰청에 항고를 제기할 수 있고, 고등검찰청의 항고기각결정을 받은 고소인은 10일 이내에 지방검찰청 검사장(지청장 포함)에게 재정신청서를 제출할 수 있다. 지방검찰청검사장은 재정신청서를 제출받은 날부터 7일 이내에 재정신청서·의견서·수사 관계 서류 및 증거물을 관할 고등검찰청을 경유하여 관할 고등법원에 송부하여야 한다. 법원은 재정신청서를 송부받은 날부터 3개월 이내에 신청이 법률상의 방식에 위배되거나 이유 없는 때에는 신청을 기각하고, 신청이 이유 있는 때에는 사건에 대한 공소제기를 결정한다. 재정결정서를 송부받은 관할 지방검찰청 검사장은 지체 없이 담당검사를 지정하고 지정받은 검사는 공소를 제기하여야 하도록 되어 있다.

재정신청에 따라 법원으로부터 공소제기결정을 받은 검사는 검찰이 이미 무혐의 판단한 피고인에 대하여 공소를 제기하고 피고인의 유죄를 입증해야 하는 고약한 상황에 놓이게 된다. 검사로서는 재판과정에서 공소유지를 소홀히 하거나 무죄 판결에도 항소, 상고를 하지 않는 사례가 빈번하고, 검사가 피고인에 대해 구형의견을 내지 않고 소극적으로 재판부의 판단에 맡기는가 하면 아예 무죄를 구형하는 예가 있는 것은 이 때문이다.

그렇다면 이와 같은 현상은 검찰의 불기소처분에 대한 견제장치로 도입된 재정신청 제도의 취지를 몰각하는 것이다. 이와 같이 재정신청사건에서 법원이 공소제기결정을 한 경우에는 검사가 아니라 공소유지를 담당할 변호사를 지정하도록 해야 한다. 구 형사소송법에는 법원의 부심판결정에 따라 공소유지지정변호사가 공소유지를 담당하도록 하고 있었다.

부천서 성고문사건으로 널리 알려진 이른바 권인숙 양 사건에서 조영황 변호사가 공소유지지정변호사로 활약했던 경험을 기억하고 있다. 잠시 이 사건을 돌이켜본다.

5공 당시인 1986년 다른 사람의 주민등록증에 사진을 바꿔 끼우고 위장취업을 하였다는 혐의로 구속된 권인숙은 구치소에서 담당형사였던 문귀동 경장으로부터 고문과 강제추행을 당했다는 이유로 인천지검에 문 경장을 고소하였다. 변호사들도 같은 내용으로 문 경장을 고발하였다. 검사는 문귀동의 강제추행사실에 관해서는 증거불충분을 이유로 불기소처분을 하고, 나머지 가혹행위사실은 기소유예처분을 하였다. 검사의 불기소처분에 대하여 고소인과 고발인은 서울고등법원에 변호사 166명을 대리인으로 하여 재정신청을 하였다.

서울고등법원이 재정신청을 기각하자 고소인과 고발인은 대법원에 재항고를 하였다. 대법원은 시대가 바뀐 1988년(전두환이 물러나고 노태우 정부가 들어섰다) 서울고법의 기각결정을 파기하고 사건을 서울고법으로 환송하는 결정을 하였다. 서울고법은 피의자 문 경장에 대하여 가혹행위죄(형법 제125조)로 심판에 부(付)하는 결정을 하였다.

인천지방법원은 조영황 변호사를 공소유지지정변호사로 선임하였다. 조 변호사는 준강제추행사실(형법 제299조)을 추가하는 공소장변경신청을 하였고, 법원은 공소장변경을 허가하였다. 인천지법은 부심판결정서에 기재된 가혹행위의 범죄사실과 추가된 준강제추행의 범죄사실을 모두 유죄로 인정하고 피고인 문 경장에 대하여 징역 5년, 자격정지 5년을 선고하였다. 이 판결에 대하여 쌍방이 항소를 제기하였으나, 서울고법이 항소를 각 기각하였고, 대법원이 1889년 3월 14일 문 경장의 상고를 기각하였다.

권인숙은 국가를 상대로 문 경장의 가혹행위로 입은 손해배상을 청구하였고 서울민사지방법원은 국가에게 권인숙이 입은 정신적 손해 3,000만 원의 지급을 명하였다. 국가는 문 경장을 상대로 구상금을 청구하였고, 법원은 문 경장에게 2,500여만을 물어내도록 판결하였다. 권인숙은 그 후 미국유학을 마치고 지금은 모 대학의 여성학 교수가 된 것으로 알고 있다.

위와 같은 권인숙·문 경장 사건에서 조영황 변호사와 같은 공소유지지정변호사를 시중에서는 별 생각 없이 '특별검사'로 불렀으나, 특별검사와는 실체가 다르다. 조영황 변호사는 중졸(부산 금성중) 출신으로 제10회 사법시험에 합격하고 변호사로 일관한 분인데 부천서 성고문사건의 공소유지지정변호사로 성가를 높이고 60세에 장흥군법원판사를 거쳐 2004년 장관급인 국민고충처리위원장(현 국민권익위원장)과 국가인권위원회 위원장을 지낸 입지전적 인물이다. 조 변호사님의 부인이 제주 출신인데 어느 날 저녁 만나 술 한잔을 하면서 자신은 카바레를 많이 가는데 카바레에 가서 발바닥을 floor에 다다닥 부딪치면서 땀이 나도록 몸을 흔들다 보면 운동도 되고 스트레스도 다 날아간다고 하면서 나에게 카바레에 한번 가볼 것을 권유하던 일이 생각난다.

[2012. 12. 15]

16. 법관재임용제도의 명암

　재임용제도를 둘러싸고 말들이 많다. 특히 특수한 지위에 있는 대학교원과 법관의 재임용제도에 관하여 끊임없는 논란이 제기돼 왔다. 목하 인기를 끌며 상영되고 있는 영화 <부러진 화살>은 대학재임용에서 탈락한 교수가 법원에 그 억울함을 호소하면서 발단이 된 것이다.

　최근에는 법관재임용제가 언론의 스포트라이트를 받고 있다.

> *"작년 9월 양승태(梁承泰) 대법원장이 취임한 이후 20여 년간 형식적으로 이뤄지던 법관재임용심사가 대폭 강화됐다. 이로 인해 지난 23년간 단 3명에 불과하던 재임용 부적격 대상자가 올해는 5～6명까지 급증할 전망이다. 대법원에 따르면 최근 진행 중인 법관재임용심사에서 적격심사(사실상 부적격) 대상자로 분류된 법관이 15～16명에 이르고 이들 중에는 '가카의 빅엿' 표현으로 논란이 됐던 서기호(41·사법연수원 29기) 서울북부지법 판사도 포함돼 있다."*(조선일보 2012.2.2.자).

　먼저 법관재임용과 관련한 법적 근거를 살펴보자.

　대법원장과 대법관이 아닌 법관의 임기는 10년으로 하며, 법률이 정하는 바에 의하여 연임할 수 있다(헌법 제105조 제3항). 대법관의 임기는 6년으로 하고 연임할 수 있고, 판사의 임기는 10년으로 하며 연임할 수 있다(법원조직법 제45조 제2항, 제3항). 법관은 10년마다 재임용심사를 받아 연임되면, 헌법상 탄핵 또는 금고 이상의 형의 선고에 의하지 아니하고는 파면되지 아니하며, 징계처분에 의하지 아니하고는 정직·감봉 기타 불리한 처분을 받지 아니한다(헌법 제106조 제1항). 법관의 신분보장을 위한 규정들이다.

판사의 연임에 관하여 2005.3.24. 법원조직법 제45조의 2가 신설되었고, 2011.7.18. 제45조의 2 제1항이 개정되었다. 개정 전에는 대법관회의의 동의만으로 연임발령이 가능하였던 것을 인사위원회의 심의를 거치도록 하였다.

☞ 법원조직법 제45조의 2 (판사의 연임)
① 임기가 만료된 판사는 인사위원회의 심의를 거치고 대법관회의의 동의를 받아 대법원장의 연임발령으로 연임한다.〈개정 2011.7.18.〉
② 대법원장은 다음 각 호의 어느 하나에 해당한다고 인정되는 판사에 대해서는 연임발령을 하지 아니한다.
1. 신체 또는 정신상의 장해로 인하여 판사로서 정상적인 직무를 수행할 수 없는 경우
2. 근무성적이 현저히 불량하여 판사로서 정상적인 직무를 수행할 수 없는 경우
3. 판사로서의 품위를 유지하는 것이 현저히 곤란한 경우
③ 판사의 연임절차에 관하여 필요한 사항은 대법원규칙으로 정한다.
[본조신설 2005.3.24.]

법원조직법에는 판사의 연임절차에 관하여 필요한 사항은 대법원규칙으로 정하도록 되어 있는데 종전의 판사연임 등에 관한 규칙은 폐지되고, 2012년 1월 1일부터 시행되는 법관인사규칙(개정 2011.12.30. 대법원규칙 제2379호)에서 법관의 연임에 관한 규정을 두고 있다.

이 규칙에 의하면 임기가 만료되는 판사는 임기만료 2개월 전까지 연임희망원 또는 불희망원을 소속 기관의 장을 경유하여 대법원장에게 제출하여야 하고(제14조), 대법원장은 연임희망원을 제출한 판사

의 연임적격에 관한 심의를 법관인사위원회(이하 '위원회')에 요청한
다(제15조). 위원회는 연임적격을 심의하기 위하여 필요한 때에는 법
원행정처장에게 근무성적평정 등 관련 자료를 제출하거나 필요한 사
항을 조사하여 보고하도록 요구할 수 있고(제16조), 연임적격 여부가
문제 되는 판사에게 그 사유를 알려주고 이에 대한 의견을 진술할
기회를 부여하여야 하며, 위 판사는 위원회의 회의에 출석하여 의견
을 진술하거나 출석하지 아니하고 서면으로 의견을 진술할 수 있으
며, 필요한 자료를 제출할 수 있다(제17조). 위원회는 연임적격에 관
한 심의결과를 대법원장에게 보고하되, 연임부적격으로 심의된 판사
에 대해서는 그 취지 및 사유와 해당 판사의 의견 등 관련 자료를
첨부하여야 한다(제18조). 대법원장은 연임희망원을 제출한 판사 중
연임적격으로 인정되는 판사에 대하여 연임에 관한 대법관회의의 동
의를 구하고, 대법관회의는 연임동의를 구한 판사 중 연임부적격으
로 의심이 되고 충분한 조사가 이루어지지 않았다고 인정되는 판사
에 대해서는 법관인사위원회에 재심의를 요구할 수 있다(제19조). 대
법원장은 대법관회의가 동의한 연임신청 판사에 대하여 연임발령을
하고, 대법원장은 연임신청 판사 중 연임하지 않기로 결정된 판사에
대해서는 그 취지 및 사유를 통지한다(제20조).

위와 같은 절차에 따라 연임 여부가 결정되는데 1988년 이후 지금
까지 10년 임기만료로 인한 연임발령을 받지 못하고 재임용에서 탈락
한 법관은 3명으로 알려지고 있다. 1993년의 신평 판사와 1997년의
방희선 판사는 기억나는데 나머지 한 사람은 기억나지 않는다. 국회의
원 조배숙의 전남편이었던 신평(사법연수원 13기)은 현재 경북대 법전
원 교수로, 방희선(사법연수원 16기)은 동국대 교수로 있다. 사법개혁
을 촉구하는 글을 쓰거나(신평) 구속영장이 기각된 대학생들을 불법구

금한 경찰관 5명을 직접 고발했고, 이후 인사조치에서 불이익을 받자 헌법소원까지 내는 등(방희선) 돌출행동을 한 것이 탈락 원인으로 알려져 있으나, 이 사유로 당시의 임명권자인 대법원장의 심기가 불편한 점은 있을지 몰라도 이러한 것들은 연임거부사유에 해당하지도 않는 것들이다. 이처럼 법관연임제도가 악용되는 일면이 있음을 부인할 수 없다.

이러한 법관의 임기 및 연임제도는 1948년 제헌헌법 당시부터 존재해왔다. 제헌헌법 제79조는 법관의 임기는 10년으로 하되 법률이 정하는 바에 의하여 연임할 수 있다고 규정하고 있었다. 그러나 연임절차에 관한 법률이나 규정이 없었다. 유신헌법 이래 대법원장이나 대법관이 아닌 법관의 임명권자는 대통령이었으나, 1987년 헌법에서 대법원장으로 바뀌었다.

법관의 임기만료에 의한 재임용은 1958년에 단 한 차례만 있었을 뿐 정치적 격변기 또는 헌법개정에 따라 임기를 채우지 못한 법관들 중 많은 법관들이 재임용에서 탈락한 아픈 역사가 있다. 5·16 후 1961년 52명의 법관이 재임용에서 탈락했고, 유신헌법 선포 후인 1973년 56명의 법관이 재임용에서 탈락했다. 1971년 국가배상법 위헌 판결에서 위헌 의견을 낸 대법원판사 방순원 등 9명을 포함해, 학생들을 무죄 석방하거나 구속영장을 기각한 판사들도 대개 재임용에서 탈락했다. 이른바 5공으로 불리는 신군부가 집권하면서 1981년 37명의 법관이 재임용에서 탈락했다. 10·26 사건 상고심에서 김재규에게 신군부가 원한 내란목적살인죄 대신 단순살인이라는 소수의견을 제시한 대법원판사 6명(양병호, 민문기, 임항준, 김윤행, 서윤홍)은 모두 전두환 정권이 출범하면서 법복을 벗었다. 이때 탈락한 법관들 중에는 정권의 입장에서 껄끄러운 법관들이 상당수 있었다.

이런 역사적 경험에 비추어 법관재임용제도를 부정적으로 바라보게 되는 시각이 형성된 것으로 볼 수 있다. 그러나 이제는 법관재임용제도가 옛날처럼 정략적으로 이용될 수 있는 그러한 군사정권도 아니고 권위주의정권도 아니다. 법관의 임명권이 대법원장으로 돌아온 1987년 헌법 이후 법관재임용에서 탈락한 법관이 몇 없을 정도로 거의 형식적으로 법관들이 연임이 되다 보니 법관으로서의 직무능력이 부족한 답답하기 짝이 없는 법관이나 법관으로서의 자질을 의심받는 법관도 사표만 내지 않으면 법관직을 유지해온 것도 사실이다.

결국 법관재임용이라는 제도가 문제가 아니라 제도의 운용이 문제라는 이야기가 된다. 공정한 절차와 기준에 따라 법관을 평가하여 부적격 법관들을 걸러내는 여과장치는 반드시 있어야 한다. 그래야 사법부가 정체되지 않고 국민들에게 다가갈 수 있다. 미국 워싱턴에서 세탁소를 운영하는 한인 교포가 바지를 분실했다는 이유로 6,500만 달러(약 602억 원)의 소송을 제기해 2년 동안 법적 시비를 건 미국인 로이 피어슨 판사가 10년 임기의 워싱턴행정심판소 판사직 재임용에서 탈락했다는 보도가 있었다.

참고로 검사는 재임용제도와 비슷한 것으로 '적격심사제도'라는 것이 있다. 검찰총장을 제외한 검사는 임명 후 7년마다 적격심사를 받게 되어 있다(검찰청법 제39조). 검사의 적격심사를 위하여 법무부에 검사적격심사위원회가 구성되어 있다. 그러나 이 적격심사제도는 거의 형식적으로 운영되고 있고, 문제가 되는 검사들은 알아서 조용히 사표를 내고 검찰을 떠나는 것으로 알고 있다.

[2012. 2. 2]

17. 교수재임용제도의 명암

　　그동안 재임용제도를 둘러싼 논쟁이 치열했던 분야는 법관재임용보다 대학교원 재임용이었다. 대학교수는 원래 체질적으로 삐딱한 성격에다 삐딱한 말을 잘하는 사람들인데 정부정책에 날을 세우고 비판적인 국·공립대학 교수나 사립대학 재단의 전횡에 눈을 감지 못하고 발목을 잡는 사립대학 교수들 중 상당수가 교원재임용이라는 덫에 걸려 대학에서 쫓겨나야 했던 것이다. 이들을 포함한 이른바 해직교수들 중에는 유명한 교수들이 많이 포함되어 있는데 이들은 나중에 민주화정권이 들어서면서 정부의 요직을 차지하거나 대학의 총장으로 선임되었다.

　　헌법 제31조 제6항을 이어받아 교육공무원법 제43조 제2항 및 교원지위향상을 위한 특별법 제6조 제1항은 모두 "교원은 형의 선고·징계처분 또는 법률이 정하는 사유에 의하지 아니하고는 의사에 반하여 휴직·면직 등 불리한 처분을 받지 아니한다"는 취지로 규정하여 교원의 신분을 두텁게 보장하고 있다. 교원 중에서도 초·중등교원의 경우 일반적으로 승인된 기초적인 지식의 전달에 중점이 있는 반면, 대학교원의 경우 초·중등교원과 달리 학문의 연구, 교수기능을 유기적으로 결합하여 학문의 발전과 국가사회에 대한 봉사를 위주로 하는 점에서 동일한 평면에서 바라볼 수 없다. 교원재임용제도 초·중등교원이 아닌 대학교원에 관한 것이다.

　　어떠한 제도를 이해하기 위해서는 그 제도의 연혁을 알아야 한다.

대학교원재임용제는 유신시대인 1975년 도입된 역사적 맥락을 보더라도 정년보장으로 인한 대학교원의 무사안일을 타파하고 연구분위기를 제고하는 동시에 대학교육의 질도 향상시키기 위하여, 대학교원을 임용함에 있어 기간을 정하여 임용하고 그 임용기간이 만료되면 임면권자인가 교원으로서의 적격성을 심사하여 다시 임용할 것인지를 결정할 수 있도록 한다는 순수한 동기에서 이 제도가 도입된 것이 아니었다. 이 제도가 사실상 정권에 비판적인 반체제교수나 사학재단의 전횡에 항의하는 교수들을 퇴출시키기 위한 제도로 악용되어왔음은 그 이후의 법률환경의 변화가 이를 증명한다.

교육공무원 중 대학교원이 아닌 초·중등교원은 정년(62세)이 보장되고, 일반 공무원도 다른 법률에 특별한 규정이 없으면 정년(60세)이 보장되나(국가공무원법 제74조), 대학교원만은 기간제임용제도를 거쳐 1999년 계약제 임용제도로 정착되었다.

1999.1.29. 법률 제5717호로 개정된 교육공무원법 제11조의 2는 "대학의 교원은 대통령령이 정하는 바에 의하여 근무기간·급여·근무조건, 업적 및 성과약정 등 계약조건을 정하여 임용할 수 있다"고 규정하고, 이 조항의 시행일을 2002.1.1.부터로 규정하였다(부칙 제1조).

2003.2.7 및 12.18. 헌법재판소에서 재임용제를 규정한 사립학교법(법률 제4226호 및 법률 제5274호) 제53조의 2 제3항이 각 헌법불합치결정을 받은 후 2005.1.27. 교육공무원법과 사립학교법의 개정으로 재임용거부사유, 교원의 진술기회, 재임용거부 사전통지, 사후 구제절차에 관한 상세한 규정이 입법화되었다.

현재 우리나라의 거의 모든 대학은 국·공립과 사립을 불문하고 신규 전임교원의 임용과 관련하여 기간임용제 및 재임용제를 내용으로 하는 계약제를 채택하고 있다. 현행법상의 교원임용방식은 대체로 국·공립대학의 경우 교수 개인별로 기간을 정하여 임용하고 계약기간 종료 후 재계약을 하며 일정 직위(교수 또는 부교수) 이상부터 정년을 보장하여 임용하는 계약에 기한 기간제 임용방식과 정년보장 임용방식을 혼합한 방식을 취하고 있다.

종전에 판례와 실무는 재임용에서 탈락된 국·공립대학 교원들이 교수재임용거부처분취소 내지 교원임용거부처분취소의 형태로 행정소송을 제기하면 재임용거부처분은 행정소송법상의 처분이 아니라는 이유로 본안에 관한 판단에 이르지도 않고 소를 각하하는 문전박대(門前薄待)를 하여 왔다. 사립대학 교원이 제기한 교수지위확인의 소 내지 재임용거부처분무효확인의 소의 경우에는 무효확인을 구할 소의 이익이 없다는 이유로 소각하 판결을 하여 왔다.

판례의 입장은 임용기간이 만료됨으로써 대학교원으로서의 신분관계는 당연히 종료되고, 임용기간이 만료된 자를 다시 임용할 것인지는 결국 임용권자의 판단에 따른 재량행위에 속한다고 보고 있었다. 행정처분의 처분성과 소의 이익을 토대로 한 판례는 철옹성이었고, 재임용 탈락교원들은 법원의 판단도 받아보지 못한 채 광야로 내쫓겼다.

이러한 판례의 부당함에 대하여 줄기찬 문제제기가 이어졌고, 법원을 기대할 수 없는 재임용탈락교원들은 헌법재판소의 문을 두드리기 시작하였으나, 헌법재판소도 두 차례 합헌결정을 한 후 2003.2.27. 선고 2000헌바26 결정에서 다수의견(7인)으로 헌법불합결정을 하기에 이르렀고, 결국 대법원도 2004년 서울대 김민수 교수 사건에 관한 대법원전원합의체판결에서 전원일치의견으로 종래의 입장을 변경하기에 이르렀다(대법원 2004.4.22. 선고 2000두7735 전원합의체판결).

위와 같은 헌재의 불합치결정에 따라 관련법의 정비가 이루어지기 시작하였다. 2005.1.27. 법률 제7353호로 교육공무원법이 개정되어 절차규정을 정비하였으며, 법률 제7354호로 교원지위향상을 위한 특별법이 개정되었다. 위 개정 교원지위법은 종전의 교원징계재심위원회를 교원소청심사위원회로 변경하고, 소청심사의 대상에 재임용거부처분을 포함시켰으나, 역시 부칙에서 그 시행일을 공포한 날(2005.1.27.)로 규정하였다. 같은 날 법률 제7352호로 사립학교법이 개정되어 개정 교육공무원법과 같은 절차규정을 두고 시행일을 공포일(2005.1.27.)로부터로 규정하였다.

위 개정 교육공무원법이 그 시행일을 공포일인 2005년 1월 27일로 규정하면서 과거 재임용이 거부되었던 교원에 대해서는 별다른 경과규정을 두고 있지 않았다. 이에 따라 대학교원 기간임용제가 도입된 이후 위법부당하게 재임용에서 탈락된 대학교원에 대한 재임용탈락결정이 정당한 기준에 의해서 이루어졌는지에 대하여 재임용을 위한 재심사 기회를 부여함으로써 부당하게 재임용에서 탈락된 대학교원의 권익보호와 구제를 목적으로 의원입법으로 2005.7.13. 법률 제7583호로 「대학교원 기간임용제 탈락자 구제를 위한 특별법」(이하 「구제특별법」이라 한다)이 제정되어 2005년 10월 14일부터 시행되었다. 재임용탈락교원에 대한 재임용 재심사 및 소송업무를 수행하기 위하여 교원지위법에 의하여 설치된 심사위원회에 교원소청심사특별위원회를 설치하였는데, 위 특별법은 한시법으로 재임용탈락교원은 이 법 시행일로부터 6월 이내에 특별위원회에 재임용 재심사를 청구할 수 있도록 하였다.

현행의 대학교원 임용제하에서 대학의 전임교원들은 특별한 사정이 없는 한 정년까지 재직할 것을 전제로 하여 임용된 것으로 보아야 하고, 다만 일정한 기간마다 대학교원으로서의 교수능력과 자격이 있는지를 심사하여 부적격자를 재임용에서 제외함으로써 대학교육의 질적 향상을 기하기 위한 것으로 이해하여야 한다. 실제로도 재임용심사기준을 충족하면 거의 대부분 재임용되고 있다.

재임용심사와 관련하여 재임용거부의 객관적 사유, 즉 재임용심사 기준에 미달한다는 사유가 전혀 존재하지 않거나 그 사유가 존재한다 하더라도 교원으로서의 능력과 자질을 검증하여 적격성을 심사하기 위한 재임용심사에 있어서 허용될 수 있는 정도의 재량권을 일탈·남용한 결과 합리적인 기준에 기초한 공정한 심사가 결여된 것으로 인정되어 재임용거부의 효력 자체를 부정하는 것이 사회통념상 타당하다고 인정될 경우에는 그 재임용거부결정은 무효가 될 것이다.

영화 <부러진 화살>은 재임용을 거부당한 김명호 교수가 학교법인(성대)을 상대로 그 거부처분의 부당함을 다툰 사건을 소재로 하고 있다. 김명호 교수의 교수지위확인 민사사건에서 대법원은 헌법 및 교육 관련 법령의 취지에 비추어 보면, 사립대학의 교수로서는 대학교원 기간임용제 탈락자 구제를 위한 특별법 및 학교법인의 정관에서 교수의 자격 심사기준으로 삼고 있는 덕목인 학문연구, 학생교육, 학생지도, 교육관계 법령의 준수 및 기타 교원으로서의 품위 유지에 관한 능력과 자질을 기본적으로 갖추고 있어야 하고, 이는 재임용의 경우에도 마찬가지라 할 것이며, 학문연구에 관한 능력과 자질을 갖추고 있다고 하더라도 학생교육 및 학생지도를 비롯하여 교육관계 법령의 준수 및 기타 교원으로서의 품위 유지에 관한 능력과 자질을 갖추지 못한 결과 교육을 받을 기본권을 가진 학생의 교육을 담당할 사립대학 교원으로서의 자격에 미달한다고 인정되는 경우에는 재임용을 거부할 수 있음을 밝혔다(대법원 2008.2.1. 선고 2007다9009 판결). 이 사건의 항소심과 상고심 판결문을 읽어보면 김명호 교수가 어떠한 사람인지를 알 수 있다.

위와 같은 경과를 거쳐 교수재임용제도가 시행되고 있다. 현재 교수재임용에서 탈락하는 교수는 거의 없는 실정이다. 웬만하면 정년보장 교수가 되고 있다. 사회 일각이 교수를 바라보는 시각은 65세 정년까지 교수의 자리를 지키는 '철밥통'이다. 한번 교수가 되기가 어렵지 일단 교수가 되면 '만고땡'이라는 시각이 존재하고 있다. 어떻게 저런 사람이 교수가 되었는지 의심이 가는 교수도 있다. 법관재임용과 마찬가지로 공정한 절차와 기준에 따라 교수를 평가하여 부적격 교수들을 걸러내는 여과장치는 반드시 있어야 한다. 그래야 대학이 정체되지 않는다.

[2012. 2. 3]

|법창(法窓)으로 세상 엿보기|

# 1. 법정스님의 유언과 법

법정스님이 입적한 후 법정스님의 책들에 대한 유언의 해석을 둘러싸고 말들이 많다. 무소유의 삶을 살다 가신 스님에게 속세의 법을 들이대는 것이 마땅하지는 않지만 어쨌든 현실은 이 문제를 해결하여야 할 법적 과제가 가로놓여 있다.

우선 공개된 법정스님의 유언장 전문을 읽어보자.

◇ **남기는 말**

1. 모든 분들에게 깊이 감사드립니다. 어리석은 탓으로 제가 저지른 허물은 앞으로도 계속 참회하겠습니다.

2. 내 것이라고 하는 것이 남아 있다면 모두 '사단법인 맑고 향기롭게'에 주어 맑고 향기로운 사회를 구현하는 활동에 사용토록 하여주시기 바랍니다. 그러나 그동안 풀어놓은 말빚을 다음 생으로 가져가지 않으려 하니, 부디 내 이름으로 출판한 모든 출판물을 더 이상 출간하지 말아주십시오.

3. 감사합니다. 모두 성불하십시오.

2010년 2월 24일 법정 속명 박재철

◇ 상좌들 보아라

1. 인연이 있어 신뢰와 믿음으로 만나게 된 것을 감사한다. 괴팍한 나의 성품으로 남긴 상처들은 마지막 여행길에 모두 거두어가려 하니 무심한 강물에 흘려보내주면 고맙겠다. 모두들 스스로 깨닫도록 열과 성을 다해서 거들지 못하고 떠나게 되어 미안한 마음 그지없다. 내가 떠나더라도 마음속에 있는 스승을 따라 청정수행에 매진하여 자신 안에 있는 불성을 드러내기 바란다.

2. 덕조는 맏상좌로서 다른 생각하지 말고 결제 중에는 제방선원에서 해제 중에는 불일암에서 10년간 오로지 수행에만 매진한 후 사제들로부터 맏사형으로 존중을 받으면서 사제들을 잘 이끌어주기 바란다.

3. 덕인, 덕문, 덕현, 덕운, 덕진과 덕일은 덕조가 맏사형으로서 존중을 받을 수 있도록 수행을 마칠 때까지는 물론, 그 후에도 신의와 예의로 서로 존중하고 합심하여 맑고 향기로운 도량을 이루고 수행하기 바란다.

4. 덕진은 머리맡에 남아있는 책을 나에게 신문을 배달한 사람에게 전하여 주면 고맙겠다.

5. 내가 떠나는 경우 내 이름으로 번거롭고 부질없는 검은 의식을 행하지 말고, 사리를 찾으려고 하지도 말며, 관과 수의를 마련하지 말고, 편리하고 이웃에 방해되지 않는 곳에서 지체없이 평소의 승복을 입은 상태로 다비하여 주기 바란다.

2010년 2월 24일 법정 박재철

서울 성북구 성북동 323

통속적으로는 사람이 죽음에 임하여 남기는 말을 유언이라 할 수 있으나, 법률상 유언이란 유언자의 사망과 동시에 일정한 법률효과를 발생시키는 것을 목적으로 일정한 방식에 따라서 하는 상대방 없는 단독행위를 말한다. 유언은 자필증서, 녹음, 공정증서, 비밀증서, 구수증서 등 다섯 가지 방식으로만 할 수 있고 엄격한 요식성을 요구하고 있다.

유언은 일정한 법률효과의 발생을 목적으로 해야 하기 때문에 유언사항이 다음과 같이 법정되어 있다. 이를 유언법정주의라고 한다.

① 재단법인의 설립(민법 제47조 제2항)
② 친생부인(민법 제850조)
③ 인지(민법 제859조 제2항)
④ 후견인 지정(민법 제931조)
⑤ 상속재산의 분할방법의 지정 또는 위탁(민법 제1012조)
⑥ 상속재산분할금지(민법 제1012조)
⑦ 유언집행자의 지정 또는 위탁민법 (제1093조)
⑧ 유증(민법 제1074조 이하)
⑨ 신탁(2011.7.15. 개정 신탁법 제3조)

따라서 "나 죽으면 너희 아빠 재혼은 안 된다", "내 시신을 화장해서 한강에 뿌려다오", "가족 간에 화목하게 살아라" 등 친족 간의 정의나 장례방식 또는 훈계나 도덕적 의미를 가진 말 등은 민법상의 유언이 아니다.

법정스님에게 속계의 배우자나 직계비속, 직계존속은 없을 것이고, 형제자매나 4촌 이내의 방계혈족이 있는지는 알지 못한다. 법적상속인이 있으면 스님의 유언이 있더라도 그들이 유류분(遺留分)을 주장할 수 있는 여지는 있다. 법적으로는 법정스님의 사망으로 법정스님의 재산상 권리의무는 상속인들에게 포괄적으로 승계되게 되어 있다. 상속인이 없으면 일정기간 상속인수색공고를 거쳐 관할 세무서가 국유귀속절차를 밟게 된다.

법정스님의 유언장이 자필증서유언으로서의 요건을 전부 갖춘 것을 전제로 하면 법률적 의미가 있는 유언 부분은 '남기는 말' 2항뿐이다. 이 유언의 취지는 스님의 모든 재산은 '사단법인 맑고 향기롭게'에게 유증한다는 의미이다. 그리고 자신의 출판물에 대한 절판의 지를 밝히고 있다.

법정스님은 다 알다시피 300만 권 이상이 팔린 것으로 알려진 「무소유」 등 수십 권의 책들이 있다. 아마도 인세수입도 상당할 것이다. 그러면 법정스님의 출판물에 대한 저작권의 행방은 어떻게 되는 것일까?

저작자는 저작권을 갖는다. 저작권은 크게 저작재산권과 저작인격권으로 나누어지고, 저작재산권은 복제권, 공연권, 공중송신권, 전시권, 배포권, 대여권, 2차적저작물작성권(저작권법 제16조 내지 제22조)을 그 내용으로 한다. 저작권 또는 저작재산권은 한 다발의 권리묶음(bundle of rights)이고 타인의 이용을 금지할 수 있는 일련의 행위유형들이다.

저작재산권은 저작인격권과 달리 주로 저작자의 재산적 이익을 도모하기 위한 것이므로 저작재산권은 그 전부 또는 일부를 양도할 수 있고, 상속, 포기가 가능하며, 이를 등록한 경우 제3자에게 대항할 수 있다. 또 저작재산권자는 저작권을 양도하지 아니하고 오직 타인에게 저작물의 이용을 허락할 수도 있다(저작권법 제42조). 허락은 저작재산권자의 이용승낙의 의사표시이며, 따라서 이용권은 계약에 의해서 발생한다.

저작자는 출판업자와 출판계약을 하면서 저작재산권 중 복제권과 배포권을 출판업자에게 부여하고 그에 대한 대가로 인세를 받는다. 출판업자는 복제권과 배포권에 따라 저작물을 여러 권 찍어내어 사람들에게 팔 수 있는 권리를 갖게 된다. 그런데 우리 저작권법은 이러한 저작물에 대한 저작권은 저작권자가 살아 있는 동안, 그리고 저작자가 죽은 때로부터 50년이라고 규정하고 있다. 한미 FTA협정이 발효되게 되면 저작자 사후 70년으로 늘어나게 될 것이다. 사후

50년이 지난 작가들인 셰익스피어나 이광수의 소설은 누구나 자유로이 책으로 출간하여 팔아먹을 수 있다(2011.6.30. 개정 저작권법 제39조는 저작재산권은 저작자가 생존하는 동안과 사망 후 70년간 존속하고, 이 규정은 한·EU FTA 발효 후 2년이 되는 날부터 시행하도록 하고 있다).

법정스님의 사망으로 앞으로 50년 동안 스님의 저작권이 존속하게 된다. 그 후는 누구나 자유로이 당해 저작물을 이용할 수 있다. 위 유언에 따라 스님의 저작권을 유증받은 사람이 소유하게 된다. 따라서 앞으로 50년간은 스님의 저작물에 대한 저작권은 수증자에게 있고, 저작물은 수증자의 처분에 달려 있다.

그러면 앞으로 스님의 책들은 어떻게 될 것인가? 스님은 스님의 이름으로 출간된 모든 출판물은 더 이상 출간하지 말아달라고 당부하고 있다. 스님이 최근에 발간된 책들에 대하여 출판사와 계약기간을 얼마로 정하여 계약을 체결하였는지는 알 수 없으나, 통상 10년 단위로 계약을 체결하는 것이 관례이다. 그렇다면 스님의 저작권을 승계한 수증자(사단법인 '맑고 향기롭게')가 스님의 유지에 따라 출간된 책의 절판을 요구하는 것은 출판계약의 해지에 해당할 것이다. 출판사로서는 책을 출간하기 위하여 조판, 인쇄 등 투자비용이 지출되었을 것이고, 이에 대한 원상회복 내지는 청산문제가 남는다.

스님의 그동안 풀어놓은 말빚을 거두려고 하는 뜻이 명백한 이상 스님의 유지를 받들어 수증자와 출판사 사이에 원만한 해결이 이루어지기를 기대한다. 그렇다고 스님이 남겨놓은 자산을 사장시켜 버리는 것도 문제이다. 어떠한 방식으로든 스님의 좋은 글을 많은 사람들이 계속 읽을 수 있도록 함으로써 세파에 지친 중생들이 비움으로써 얻는 삶의 충만함을 느낄 수 있도록 해야 할 것이다.

그러면 여기서 명사들의 최후의 메시지는 어떤 것들이었는지를 살펴보자. 나로서는 버나드쇼의 묘비명이 자꾸만 아른거린다.

- 소크라테스: "여보게, 크리톤. 아스클레피오스에게 닭 한 마리를 빚졌네. 자네가 대신 갚아주게."
- 공자: "하늘이 무슨 말을 하던가? 사시가 운행되고 만물이 생장하지만, 하늘이 무슨 말을 하던가?"
- 붓다: "그대들에게 간곡하게 말한다. 모든 형성된 것들은 무너지게 마련이다. 부지런히 정진하여라."
- 예수: "아버지, 제 영혼을 아버지 손에 맡깁니다." (누가복음 23장 46절) "이제 다 이루어졌다."(요한복음 19장 30절)

- 교황 요한 바오로 2세(1920~2005): "나는 행복합니다. 그대들도 행복하시오. 울지 말고 함께 기쁘게 기도합시다."
- 마더 테레사 수녀: "인생이란 낯선 여인숙에서의 하룻밤과 같다."

- 서산대사: 자신의 모습을 그린 영정을 보면서 "80년 전에는 저것이 나이더니, 80년 뒤에는 내가 저것이구나!"
- 범해(梵海, 1820~1896)선사(조선 후기에 「동사열전(東師列傳)」을 저술): "헛된 한 생각이 빚은 73년 생애, 창밖의 벌처럼 떠든 것도 부질없어라. 문득 저 언덕에 올라가면서, 아! 바다 위에 뜬 물거품임을 알았네."
- 숭산(崇山)스님: "걱정 말아라. 만고광명(萬古光明)이요, 청산유수(靑山流水)니라."

- 효봉(曉峰, 1888~1966)스님: "내가 말한 모든 법, 그거 다 군더더기. 오늘 일을 묻는가, 달이 일천강(一千江)에 비치리."
- 구산(九山, 1909~1983)스님: "온 산의 단풍이 봄의 꽃보다 붉으니, 삼라만상이 큰 기틀을 온통 들어냈도다. 삶도 공하고, 죽음도 또한 공하니 부처의 해인삼매 중에 미소 지으며 가노라."
- 법정스님: "사리를 찾으려고 하지 말며 탑도 세우지 마라."

- 버나드 쇼: "우물쭈물하다가 내 이럴 줄 알았다(*I knew if I stayed around long enough, something like this would happen*)."
- 시인 하이네(1856년 몰): "하느님은 날 용서하실 거야. 용서하는 게 그분의 일이니까."
- 테너 카루소: "여보, 숨이 안 쉬어져."
- 작곡가 베토벤: "하늘에선 나도 들을 수 있을 거야."
- 볼테르: "하느님의 이름으로, 제발 편히 죽게 날 좀 내버려둬요."

- 유한양행 창업자 유일한: "대학까지 졸업시켰으니 자립해서 살아가거라. 아내는 딸 재라가 그 노후를 잘 돌보아주기 바란다."
- 박수근 화백: "천당이 가까운 줄 알았는데 멀어 멀어."
- 걸레스님 重光: "괜히 왔다 간다."

[2010. 3. 18]

2. 세금 내고 욕먹고

법정보조사론 강의를 위해 휘발유에 붙는 세금에는 어떠한 것이 있는지 법령조사를 하다가 담배에 붙는 세금, 맥주에 붙는 세금도 함께 알아보았다. 사실 휘발유나 담배나 맥주 값의 반 이상은 세금이다.

휘발유는 그렇다 치고 사람들은 세금담배를 피우고 세금술을 마실 정도로 많은 세금을 내면서도 사회적으로는 그에 상응한 대접을 받지 못하고 있다. 이제는 죄인처럼 숨어 피워야 하는 것이 담배이고, 술 마시고 주정한다고 욕까지 먹어야 한다. 그리고 모든 사고의 근원에는 술이 자리를 잡고 있다. 세금 내고 욕먹는 세상이다.

[휘발유와 세금]

휘발유에 붙는 세금으로는 다음과 같은 것들이 있다.
- 개별소비세: ℓ 당 475원(개별소비세법 제1조 제2항 제4호 가목)
- 교통·에너지·환경세: ℓ 당 529원(교통·에너지·환경세법 제2조 제1항 제1호, 제2항, 제3항. 동법시행령 제3조의 2 제1호 가목)
- 자동차세: ℓ 당 137.54원(교통·에너지·환경세액의 260/1,000)(지방세법 제135조, 제136조, 동시행령 제131조)
- 교육세: 79.35원(교통·에너지·환경세액의 15/100)(교육세법 제3조, 제5조)
- 부가가치세: (출고가＋교통·에너지·환경세＋주행세＋교육세)의 10%(관세와 수입부담금 제외)

주유소에 기름 넣으러 가는 것이 아니라 세금 바치러 가는 꼴이다. 그래도 자동차가 없으면 생활 자체가 쉽지 않게 사회구조는 변화되었고, 세금을 내면서도 자동차를 타고 다닐 수밖에 없다. 세금이 면제되는 면세유라는 것도 있고, 유가환급금이라는 것도 있어 세금제도를 잘 활용하는 사람들도 있다.

[담배와 세금]

담배에 붙는 세금들로는 다음과 같은 것들이 있다.
- □ 담배소비세: 흡연용 제1종 궐련 20개비(1갑)당 641원(지방세법 제52조 제1항 제1호 가목, 동시행령 제61조 제1호 가목)
- □ 지방교육세: 321원(담배소비세액의 50/100)(지방세법 제151조 제1항 제4호)
- □ 국민건강증진부담금: 궐련 20개비당 354원(국민건강증진법 제23조)
- □ 부가가치세: 공급가액의 10/100(부가가치세법 제13조, 제14조)
- □ 폐기물부담금: 20개비당 7원(자원의 절약과 재활용촉진에 관한 법률 제19조, 동시행령 제11조, 별표 2)
- ※ 연초경작농민안정화기금 20개비당 15원(담배사업법 제25조의3, 동시행규칙 제17조는 2008.1.14.부로 삭제됨: 법률 제6460호 담배사업법중개정법률 부칙 제2조 및 법률 제6806호 엽연초생산협동조합법중개정법률 부칙 제2항에 따른 협약에 따라 연초생산안정화기금의 조성목표액 4,100억 원 중 주식회사 케이티앤지가 납입하기로 한 1,100억 워을 제외한 담배제조업자의 출연금이 3,000억 원에 도달하는 때부터 시행한다. 부칙 제1조 참조).
- ※ KT&G(담배의 제조 및 판매는 KT&G가 담당하고 인삼 및 홍삼사업은 자회사인 한국인삼공사가 담당하고 있다)는 2007년 총매출액 6조 5,000억 원 중 담배소비세 2조 323억 원, 교육세 1조 162억 원 등 세금으로 4조 2,300억 원을 납부하고 있다.

정부가 조세 외에 걷고 있는 각종 부담금이 2007년에만 13조 6,396억여 원에 이르고 있다. 부담금은 정부의 사업에 특별한 이해관계를 가진 사람에게 부과해 관련된 특정사업의 경비에만 충당하도록 하는 일종의 강제징수금이다. 예컨대, '물이용부담금'의 경우 생활·공업용수 사용자를 대상으로 수도요금과 함께 부과하여 상수원 상류지역 수질개선과 상수원 보호 규제로 재산권 행사에 제약을 받는 주민들의 보상을 위한 재원으로 쓰이고 있다.

그러나 이러한 부담금이 중복 부과되거나 엉뚱한 곳에 부과돼 잘못 집행되는 등 운영상의 문제가 많은 것으로 지적되고 있다. 2001년 138억 원이었던 '국민건강증진부담금'의 징수 실적은 매년 119.5%씩 증가해 2007년 1조 5,486억 원으로 늘었다. 담배에 부과하고 있는 이 부담금은 담뱃값이 인상되면서 크게 늘어났다.

위와 같이 담배에는 '국민건강증진부담금', '폐기물부담금', '연초경작농민안정화부담금' 등이 동시 부과돼 부담금 중복 부과라는 비판이 제기되고 있다. 담배 1갑(2,500원)의 경우 흡연자는 62%에 해당하는 1,542원을 세금과 부담금으로 납부하고 있다. '국민건강증진부담금' 명목으로 걷는 담배부담금은 본래 사용해야 하는 건강증진사업에는 10%도 쓰이지 않고 전체 징수액의 평균 72%를 건강보험 급여비를 지원하는 데 쓰이고 있고, 그 외에 보건의료기술개발 R&D사업, 한방치료기술개발, 국립암센터 운영 등 각종 일반 보건업무 사용에 쓰이고 있어 부담금의 취지와 배치되고 있다.

담배소비세가 지방세이다 보니 지자체들은 담배판매수입 증대에 혈안이 되어 있다. 국가가 금연정책을 표방하는 이면에는 지방세수 확충을 위해 흡연을 방치하는 이율배반정책이 시행되고 있는 것이다. 어쨌든 흡연가나 애연가들은 사실상 국가재정을 든든히 하는 훌륭한 납세자이면서도 자신들의 흡연권은 제대로 확보하지 못하고 있는 실정이다.

[맥주와 세금]

맥주와 소주에는 어떠한 세금이 붙는가를 살펴보자.
□ 주세: 72%(주세법 제22조)
□ 교육세: 21.6% = 주세액의 30/100(교육세법 제5조)
□ 부가가치세: 과세가격의 10% + 주세의 10%(7.2%) + 교육세의 10%(2.16%)
  = 19.36%(부가가치세법 제13조, 제14조)
합계: 112.96%

술은 종가세(출고가격×세율)로 세금을 매긴다. 맥주, 소주, 위스키는 모두 세율이 72%이다. 소주 1병의 출고원가는 417원인데 세금이 주세 72%, 교육세 21.6%, 부가세 19.36%로 합계 471원이다. 출고원가의 1.13배의 세금이 붙고 있는 것이다. 담배는 끊는다고 하더라도 술은 쉬이 끊을 수도 없는 일이라 울며 겨자 먹기 식으로라도 세금 내며 술을 마실 수밖에 없다.

맥주나 소주나 마시면 마실수록 국가에 세금을 많이 내고 있는 셈이다. 그러나 사람들은 자신들이 술을 마시고 있는 것이 아니라 세금을 마시고 있는 사실을 인식하지 못한다. 국가가 세금 얼마 내라면 난리를 치는 사람들도 술과 담배 속에 들어 있는 세금은 눈치 채지 못한다. 이게 바로 간접세의 정체이다. 간접세는 조세저항도 없고 징수하기가 쉽다. 조세권력이 어찌하면 더 간접세를 쥐어짤지 고심에 고심하는 이유가 바로 이곳에 있다. 우리나라는 간접세의 비중이 미국에 비해 몇 배나 높다.

부자가 맥주 1병을 마시나 가난한 지게꾼이 맥주 1병을 마시나 그들은 똑같이 세금을 내고 있다. 우리나라는 2010년 1년 동안 맥주판매로 1조8천억원의 주세수입을 올렸고, 소주판매로 1조원의 주세수입을 올렸다. 기분 좋아 마시는 술이나 기분이 울적하여 마시는 술이나 똑같이 세금이 매겨져 국가재정을 튼튼하게 하고 있다 1년에 거두어들이는 연간 상속세액이 몇천억에 불과한 사실을 보면 간접세인 주세나 담배소비세가 차지하는 비중은 압도적이다.

[2009. 3. 12]

[주]

세무사인 제주대법전원생 이명 군의 도움으로 각종 세율은 2012.
6. 15.기준으로 바꾸었다.

3. 이혼 후 친권자인 生母가 사망한 경우 生父의 친권이 부활하는가?

탤런트 최진실 씨의 자살 후 최진실의 자녀들의 친권이 전남편인 조성민에게 복귀하는지를 둘러싸고 논란이 있었다. 먼저 관련 보도를 보자.

최진실 씨의 자녀들 어떻게 되나
법적 대리인 역할 親權은 조성민 씨에게
양육권은 환경 감안해 친인척에도 인정

최진실 씨의 아들(7)과 딸(5)의 친권(親權)은 누가 행사하게 될까.

최 씨는 2004년 조성민 씨와 협의이혼하면서 친권과 양육권을 모두 가져갔고, 홀로 두 아이를 키워왔다. 지난 5월에는 성(姓)·본(本) 변경 신청을 통해, 두 아이 성을 '조씨'에서 '최씨'로 바꿔 아이들의 이름에서 친부(親父)의 흔적을 없애기도 했다.

2일 서울가정법원에 따르면, 최 씨의 사망으로 두 아이의 친부인 조성민 씨가 이혼 당시 포기했던 친권이 자동적으로 부활된다. 법률적으로 명확한 규정은 없지만 지금까지의 판례나 통설이 그렇다는 것이다. 친권을 가지면 자녀가 성인이 될 때까지 자녀의 법적 대리인으로서 '의사 결정권'을 갖게 된다.

최 씨가 자녀에게 물려준 재산도, 조 씨가 대신 관리할 수 있다. 최 씨 어머니나 동생 등이 이를 막으려면 별도의 친권상실 심판 청구를 해야 한다.

양육권은 조금 다르다. 친부라고 해서 양육권까지 자동으로 부활하지는 않는다. 만약 조성민 씨가 양육권을 주장하며 최 씨 가족과 분쟁이 생길 경우, 소송을 통해 해결할 수밖에 없다. 최근 가정법원은 '아이와의 친밀도'나 '양육환경' 등 '자녀의 복리'를 최우선해 양육권자를 정하는데, 친인척 등 제3자도 양육권자로 인정하고 있다.

류정 기자 well@chosun.com/조선일보 입력: 2008.10.03 05:41

위 신문기사는 서울가정법원을 인용하여 최 씨의 사망으로 두 아이의 친부인 조성민 씨가 이혼 당시 포기했던 친권이 자동적으로 부활된다는 식으로 보도하고 있고 대부분 그렇게 알고 있다.

물론 2005년 개정 전 민법이 시행될 당시의 대법원판례는 이와 같은 입장을 따르고 있었다. 학설은 친권이 부활한다는 입장과 후견이 개시된다는 입장으로 나뉘어 있었다.

> "1991.1.1.부터 개정된 민법이 시행되면서 이혼한 모의 친권제한에 관한 위 제909조 제5항이 삭제되고, 부칙 제9조에서 '구법에 의하여 개시된 친권에 관해서도 이 법 시행일부터 이 법의 규정을 적용한다'고 규정됨으로써 이혼으로 인하여 모가 친권을 상실하고 후견이 개시된 경우라도 위 개정된 민법의 시행일부터는 모의 친권이 부활되어 모가 전혼인 중의 자에 대하여 친권자로 되고 후견인의 임무는 종료된다."(대법원 1994.4.29. 선고 94다1302 판결)

변호사 현업에 종사할 때 보험회사의 자문업무 하다가 당혹스러운 것이 이런 경우였다. 甲은 부인 乙이 외간 남자와 눈이 맞아 자식들도 팽개치고 놀아나는 바람에 乙과 이혼하면서 미성년 자식의 친권행사자를 친부인 甲으로 정했다. 아이는 할머니(甲의 모)가 키우고 있고 수년 동안 乙은 자식을 찾아본 적도 없는데 甲이 갑자기 교통사고 등으로 사망한 경우 자식 앞으로 상속될 재산과 보험금의 귀속을 둘러싸고 친권자임을 주장하는 전처 乙과 시댁 사이에 분쟁을 많이 다툰 적이 있다.

어떤 경우에는 甲이 죽은 후 어떻게 소식을 들었는지 乙이 나타나 자식의 친권자임을 주장하면서 보험회사로부터 자식의 보험금만 찾아 내빼버리는 경우도 있었다. 이때 판례의 '친권자동부활론' 때문에 참으로 난감하였고, 대법원판례가 참으로 문제가 많다는 생각을 많이 하였다. 친권자동부활론에 의하는 경우에도 가족관계등록부(구 호적부)에 그 내용이 공시되지 않기 때문에 제3자로서는 과연 생존 친에게 친권이 돌아온 것인지 알 수도 없다. 보험회사로서는 이런 경우에는 상대방으로 하여금 소송을 하도록 유도하거나 아니면 공탁 제도를 활용할 수밖에 없었다.

어쨌든 법원실무는 종래 위와 같은 '친권자동부활론'을 따르고 있었다. 위와 같은 판례의 입장은 1990.1.13. 법률 제4199호로 개정되기 이전의 민법 제909조 제5항에 의하면, 부모가 이혼한 경우에 그 모는 전혼인 중에 출생한 자의 친권자가 되지 못한다고 규정하고 있었던 것이 삭제되고 부모가 이혼한 경우에는 부모의 협의 또는 가정법원이 친권을 행사할 자를 정하도록 규정함에 따른 것이다.

종전 판례와 같이 부모의 이혼 후 친권행사자가 사망하면 잔존 배우자의 친권이 부활한다고 해석할 여지는 충분히 있었다. 즉 친권행사자로 지정되지 않은 부모의 일방은 친권 그 자체를 잃는 것이 아니라 여전히 친권을 보유하면서 그 행사만 정지된다고 새길 수 있었다. 그러나 2005년 개정법에 의하여 이제는 '친권행사자'의 개념이 민법에서 사라지고 '친권자'라는 개념만 있는 상태에서는 친권이 당연히 부활하는 것으로 보기는 어렵게 되어 있다.

최진실과 조성민이 이혼을 하면서 최진실을 친권자로 정한 것이고 친권행사자로 정한 것이 아니라면 최진실만이 친권자이지 조성민은 친권자가 아니다(보도처럼 취진실과 조성민이 2005년 이전에 이혼을 하면서 최진실을 친권행사자로 지정했다면 종전 판례에 따라 조성민의 친권이 부활한다고 볼 수도 있다). 2005년 개정법 시행 전에는 조성민과 같은 생존친도 친권(보유)자이지만 이혼하면서 친권행사자로 생모인 최진실을 지정하였다가 최진실의 사망으로 조성민이 보유하였던 친권이 되살아나는 것으로 볼 수 있었으나 이제는 상황이 바뀌었다. 이 바뀐 상황을 이해하지 못하고 언론은 종전 판례대로 보도를 하고 있다.

여기서 민법 관련 규정의 개정 연혁을 보자.

- -

☞ **1990.1.13. 법률 제4199호**

제909조 (친권자)

① 미성년자인 자는 부모의 친권에 복종한다.

② 친권은 父母가 혼인 중인 때에는 부모가 공동으로 이를 행사한다. 그러나 부모의 의견이 일치하지 아니하는 경우에는 당사자의 청구에 의하여 가정법원이 이를 정한다.

③ 부모의 일방이 친권을 행사할 수 없을 때에는 다른 일방이 이를 행사한다.

④ 혼인 외의 자가 인지된 경우와 부모가 이혼한 경우에는 부모의 협의로 **친권을 행사할 자**를 정하고, 협의할 수 없거나 협의가 이루어지지 아니하는 경우에는 당사자의 청구에 의하여 가정법원이 이를 정한다. 친권자를 변경할 필요가 있는 경우에도 또한 같다.

⑤ 양자는 양부모의 친권에 복종한다.

☞ **2005.3.31 법률 제7427호**

제909조 (친권자)

① 부모는 미성년자인 자의 친권자가 된다. 양자의 경우에는 양부모가 친권자가 된다.

④ 혼인 외의 子가 인지된 경우와 부모가 이혼한 경우에는 부모의 협의로 **친권자**를 정하여야 하고, 협의할 수 없거나 협의가 이루어지지 아니하는

경우에는 당사자는 가정법원에 그 지정을 청구하여야 한다.

⑤ 가정법원은 혼인의 취소, 재판상 이혼 또는 인지청구의 소의 경우에는 직
권으로 **친권자**를 정한다.

⑥ 가정법원은 자의 복리를 위하여 필요하다고 인정되는 경우에는 자의 4촌
이내의 친족의 청구에 의하여 정하여진 **친권자**를 다른 일방으로 변경할
수 있다.

☞ **2007.12.21 법률 제8720호**

제909조 (친권자)

④ 혼인 외의 子가 인지된 경우와 부모가 이혼하는 경우에는 부모의 협의로
친권자를 정하여야 하고, 협의할 수 없거나 협의가 이루어지지 아니하는 경
우에는 가정법원은 직권으로 또는 당사자의 청구에 따라 친권자를 지정하여
야 한다. 다만, 부모의 협의가 자(子)의 복리에 반하는 경우에는 가정법원은
보정을 명하거나 직권으로 친권자를 정한다.〈시행일 2008.6.22.〉

- -

위와 같이 2005년 개정법의 해석에 있어서는 종전 규정에서와 같
은 동일한 해석을 할 수 없다. 2005년 개정법 이후에는 이혼 후 친
권자인 생모가 사망하면 생부의 친권이 자동적으로 부활하는 것이
아니고 후견이 개시되는 것으로 보는 것이 옳을 것이다. 더더욱 최
진실은 자식들의 성과 본을 조씨에서 최씨로 변경까지 하였다.

물론 후견이 개시되는 경우에도 생존친인 조성민이 1순위가 될 것
이나, 이 경우에는 조성민이 자녀의 재산을 처분함에 있어서 친족회
의 동의를 얻어야 하는 점에서 미성년자녀의 재산이 보호될 수 있다.
이 경우에 후견인변경청구도 가능하다.

만약에 조성민의 친권이 부활된다면 자식들의 법정대리인으로 최
진실이 남기고 간 모든 재산을 마음대로 처리할 수 있다는 결과가
된다. 최진실의 별다른 유언이 없다면 최진실의 법정상속인은 직계

비속인 자식 둘뿐이고, 이혼한 전남편인 조성민이나 최진실의 부모 또는 형제는 상속인 자격이 없다.

그렇지만 조성민이 친권자가 된다면 자식들의 법정대리인으로 자식들이 상속받은 최진실의 모든 재산에 대한 관리권한을 행사할 수 있다. 물론 조성민의 친권이 부활하여 자식에 대한 친권행사를 하는 경우에도 친권의 남용을 이유로 친권상실선고를 청구하는 방법이 있으나, 이는 조성민에게 현저한 비행이라는 친권상실사유가 있어야 가능하다.

조성민이 여론의 뭇매를 맞고 자식들에 대한 친권 등 모든 권리를 포기한 것으로 보도되고 있으나, 최진실이 이런저런 문제를 심사숙고하지 못하고 우울증으로 인한 충동자살로 삶의 끈을 놓음으로써 앞으로 자식들과 전남편 조성민, 최진실의 친가 등 사이에 심각한 법적 분쟁이 잠복되어 있고, 나이 어린 자식들이 그 와중에 겪게 될 고통은 최진실도 심각하게 생각하지 못했을 것이다. 아니 최진실이 이런 사실을 알았다면 악착같이 살았지 자살은 택하지도 않았을 것이다.

법무부는 위와 같은 논란을 종식시키기 위하여 이혼 후 자녀의 친권자가 사망할 경우 법원이 친권자를 지정하도록 하는 민법개정을 추진하고 있다.

[2009. 4. 2]

[주] 이른바 '최진실법' 2013.7.1. 시행

2011.5.19. 법률 제10645호 민법 일부 개정법률은 제909조의 2를 신설하여 이혼 등으로 단독 친권자로 정해진 부모의 일방이 사망하거나 친권을 상실하는 등 친권을 행사할 수 없는 경우에 가정법원의

심리를 거쳐 친권자로 정해지지 않았던 부모의 다른 일방을 친권자로 지정하거나 후견이 개시되도록 하고, 입양이 취소되거나 파양된 경우 또는 양부모가 사망한 경우에도 가정법원의 심리를 거쳐 친생부모 또는 그 일방을 친권자로 지정하거나 후견이 개시되도록 하여 부적격의 부 또는 모가 당연히 친권자가 됨으로써 미성년자의 복리에 악영향을 미치는 것을 방지하고, 이혼 등으로 단독 친권자로 정해진 부모의 일방이 유언으로 미성년자의 후견인을 지정한 경우라도 미성년자의 복리를 위하여 필요하다고 인정되면 후견을 종료하고 친권자로 정해지지 않았던 부모의 다른 일방을 친권자로 지정할 수 있게 하여 미성년자의 복리를 증진시키려는 내용을 담고 있다.

☞ **개정민법 제909조의 2 (친권자의 지정 등)**

① 제909조 제4항부터 제6항까지의 규정에 따라 단독 친권자로 정하여진 부모의 일방이 사망한 경우 생존하는 부 또는 모, 미성년자, 미성년자의 친족은 그 사실을 안 날부터 1개월, 사망한 날부터 6개월 내에 가정법원에 생존하는 부 또는 모를 친권자로 지정할 것을 청구할 수 있다.

② 입양이 취소되거나 파양된 경우 또는 양부모가 모두 사망한 경우 친생부모 일방 또는 쌍방, 미성년자, 미성년자의 친족은 그 사실을 안 날부터 1개월, 입양이 취소되거나 파양된 날 또는 양부모가 모두 사망한 날부터 6개월 내에 가정법원에 친생부모 일방 또는 쌍방을 친권자로 지정할 것을 청구할 수 있다. 다만, 친양자의 양부모가 사망한 경우에는 그러하지 아니하다.

③ 제1항 또는 제2항의 기간 내에 친권자 지정의 청구가 없을 때에는 가정법원은 직권으로 또는 미성년자, 미성년자의 친족, 이해관계인, 검사, 지방자치단체의 장의 청구에 의하여 미성년후견인을 선임할 수 있다. 이 경우 생존하는 부 또는 모, 친생부모 일방 또는 쌍방의 소재를 모르거나 그가 정당한 사유 없이 소환에 응하지 아니하는 경우를 제외하고 그에게 의견을 진술할 기회를 주어야 한다.

④ 가정법원은 제1항 또는 제2항에 따른 친권자 지정 청구나 제3항에 따른

후견인 선임 청구가 생존하는 부 또는 모, 친생부모 일방 또는 쌍방의 양육의사 및 양육능력, 청구 동기, 미성년자의 의사, 그 밖의 사정을 고려하여 미성년자의 복리를 위하여 적절하지 아니하다고 인정하면 청구를 기각할 수 있다. 이 경우 가정법원은 직권으로 미성년후견인을 선임하거나 생존하는 부 또는 모, 친생부모 일방 또는 쌍방을 친권자로 지정하여야 한다.

⑤ 가정법원은 다음 각 호의 어느 하나에 해당하는 경우에 직권으로 또는 미성년자, 미성년자의 친족, 이해관계인, 검사, 지방자치단체의 장의 청구에 의하여 제1항부터 제4항까지의 규정에 따라 친권자가 지정되거나 미성년후견인이 선임될 때까지 그 임무를 대행할 사람을 선임할 수 있다. 이 경우 그 임무를 대행할 사람에 대해서는 제25조 및 제954조를 준용한다.

1. 단독 친권자가 사망한 경우
2. 입양이 취소되거나 파양된 경우
3. 양부모가 모두 사망한 경우

⑥ 가정법원은 제3항 또는 제4항에 따라 미성년후견인이 선임된 경우라도 미성년후견인 선임 후 양육상황이나 양육능력의 변동, 미성년자의 의사, 그 밖의 사정을 고려하여 미성년자의 복리를 위하여 필요하면 생존하는 부 또는 모, 친생부모 일방 또는 쌍방, 미성년자의 청구에 의하여 후견을 종료하고 생존하는 부 또는 모, 친생부모 일방 또는 쌍방을 친권자로 지정할 수 있다.

☞ **제912조** 제목 '(친권행사의 기준)'을 '(친권 행사와 친권자 지정의 기준)'으로 하고, 같은 조 제목 외의 부분을 제1항으로 하며, 같은 조에 제2항을 다음과 같이 신설한다.

② 가정법원이 친권자를 지정함에 있어서는 자(子)의 복리를 우선적으로 고려하여야 한다. 이를 위하여 가정법원은 관련 분야의 전문가나 사회복지기관으로부터 자문을 받을 수 있다.

제4편 제4장 제3절 제3관에 제927조의 2를 다음과 같이 신설한다.

☞ **제927조의 2 (친권 상실과 친권자의 지정 등)**

① 제909조 제4항부터 제6항까지의 규정에 따라 단독 친권자가 된 부 또는 모, 양부모(친양자의 양부모를 제외한다) 쌍방에게 다음 각 호의 어느 하

나에 해당하는 사유가 있는 경우에는 제909조의 2 제1항 및 제3항부터 제5항까지의 규정을 준용한다. 다만, 제2호와 제3호의 경우 새로 정하여진 친권자 또는 미성년후견인의 임무는 미성년자의 재산에 관한 행위에 한정된다.

1. 제924조에 따른 친권상실의 선고가 있는 경우
2. 제925조에 따른 대리권과 재산관리권 상실의 선고가 있는 경우
3. 제927조 제1항에 따라 대리권과 재산관리권을 사퇴한 경우
4. 소재불명 등 친권을 행사할 수 없는 중대한 사유가 있는 경우

② 가정법원은 제1항에 따라 친권자가 지정되거나 미성년후견인이 선임된 후 단독 친권자였던 부 또는 모, 양부모 일방 또는 쌍방에게 다음 각 호의 어느 하나에 해당하는 사유가 있는 경우에는 그 부모 일방 또는 쌍방, 미성년자, 미성년자의 친족의 청구에 의하여 친권자를 새로 지정할 수 있다.

1. 제926조에 따라 실권의 회복이 선고된 경우
2. 제927조 제2항에 따라 사퇴한 권리를 회복한 경우
3. 소재불명이던 부 또는 모가 발견되는 등 친권을 행사할 수 있게 된 경우

☞ **제931조 (유언에 의한 미성년후견인의 지정 등)**

① 미성년자에게 친권을 행사하는 부모는 유언으로 미성년후견인을 지정할 수 있다. 다만, 법률행위의 대리권과 재산관리권이 없는 친권자는 그러하지 아니하다.

② 가정법원은 제1항에 따라 미성년후견인이 지정된 경우라도 미성년자의 복리를 위하여 필요하면 생존하는 부 또는 모, 미성년자의 청구에 의하여 후견을 종료하고 생존하는 부 또는 모를 친권자로 지정할 수 있다.

4. "우리 엄마 좀 잡아 가세요"

공무원 시험 닦달하자 딸이 경찰에 폭행신고

"요즘 취직이 좀 어렵니… 공무원 시험 준비하라니깨!"

"싫어요. 공무원은 생각만 해도 답답하다고!"

24일 저녁 서울 강동구의 한 주택. 대학교 4학년 이 모(23·여) 씨와 어머니 김 모(53) 씨가 실랑이를 벌이고 있었다. 김 씨는 딸이 대학에 입학한 뒤 "공무원 시험을 보라"고 계속 권유했다. 그러다 딸의 졸업이 다가오자 취업이 어려울 수 있다는 초조함에 이날 또 공무원 시험을 채근했던 것.

하지만 이 씨는 계속해서 "공무원 시험은 치지 않겠다"고 버텼고, 김 씨는 노란 고무줄을 팅겨 이 씨의 손등을 때렸다. 자리를 피하려는 딸의 어깨를 세게 잡으며 "어딜 가느냐"고 목소리를 높였다.

이때 갑자기 이 씨가 전화기를 들고 '엄마가 나를 폭행한다'고 경찰에 신고했다. 결국 모녀는 출동한 경찰차에 실려 경찰서로 향했다. 이 씨는 "이전에도 진로 문제로 말다툼할 때면 엄마에게 맞았다"며 "100m 접근 금지 처분을 내려 달라"고 요구했다. 조사를 마친 경찰은 딸을 먼저 돌려보냈다. 어머니 김 씨에게 "따님의 스트레스가 심한 것 같으니 좀 이해하셔야겠다"고 당부했다. 경찰은 김 씨를 폭행혐의로 불구속 입건한 뒤 귀가시켰다.

임현욱 기자(중앙일보 2009.3.26.)

위와 같은 언론보도를 보고 당혹감을 느낀 사람들이 꽤 많을 것이다. 도대체 어떻게 해서 딸이 엄마를 가정폭력범죄로 신고를 하고, 100미터 이내의 접근금지를 신청할 수 있는 것인지 연식이 좀 되는

사람들은 이해하기 어려운 일들이 왕왕 벌어지고 있다. 닭고기 튀김을 시키라는 말을 듣지 않는 아들의 뺨을 때린 아버지를 어머니가 100미터 이내 접근금지신청을 하기도 했다.

최근에 부부간, 부모와 자식 간 등 가족구성원들 사이에 접근금지신청사건이 속출하고 있다. 100미터 이내의 접근금지신청이 받아들여지는 경우 집 길이가 100미터 이상이 아닌 한(실제로 집 길이가 100미터나 될 정도로 큰 집에 사는 사람은 거의 없다) 집이 누구 명의든 가해자가 집을 나가야 한다는 결론이다. 자식들이 접근금지로 아버지를 집에서 내쫓는 상황이 발생하고 있는 것이다.

원래 형법상의 폭행죄는 反意思不罰罪로 되어 있고(형법 제260조 제3항), 형사소송법상 자기나 배우자의 직계존속은 고소할 수 없게 되어 있다(형사소송법 제224조). 그러나 가정폭력범죄의 경우 누구든지 가정폭력범죄를 알게 된 때에는 이를 수사기관에 신고할 수 있고, 피해자는 형사소송법 제224조의 규정에 불구하고 행위자가 자기 또는 배우자의 직계존속인 경우에도 고소할 수 있다(가정폭력범죄의 처벌 등에 관한 특례법 제4조 제1항, 제6조 제2항). 성폭력범죄의 경우에도 형사소송법 규정에 불구하고 자기 또는 배우자의 직계존속을 고소할 수 있다(성폭력범죄의 처벌 및 피해자보호 등에 관한 법률 제18조).

'가정폭력'이라 함은 가정구성원 사이의 신체적·정신적 또는 재산상 피해를 수반하는 행위를 말하고, '가정폭력범죄'라 함은 가정폭력으로서 형법 제257조(상해, 존속상해), 제258조(중상해, 존속중상해), 제260조(폭행, 존속폭행) 제1항·제2항, 제261조(특수폭행) 및 제264조(상습범)에 해당하는 죄를 말한다(가정폭력범죄의 처벌 등에 관한 특례법 제2조). 사실상 가정 내에서 치고받는 행위는 대부분 가정폭력범죄에 해당한다.

진행 중인 가정폭력범죄에 대하여 신고를 받은 사법경찰관리는 즉시 현장에 임하여 폭력행위의 제지, 행위자·피해자의 분리 및 범죄수사, 피해자의 가정폭력 관련 상담소 또는 보호시설 인도(피해자의 동의가 있는 경우에 한한다), 긴급치료가 필요한 피해자의 의료기관 인도, 폭력행위의 재발 시 임시조치를 신청할 수 있음을 통보하는 등의 조치를 취하여야 한다(동법 제5조).

검사는 가정폭력범죄가 재발될 우려가 있다고 인정하는 때에는 직권 또는 사법경찰관의 신청에 의하여 법원에 제29조 제1항 제1호(격리), 제2호(100미터 이내 접근금지) 또는 제3호(전기통신을 이용한 접근금지)의 임시조치를 청구할 수 있다. 검사는 행위자가 위 청구에 의하여 결정된 임시조치를 위반하여 가정폭력범죄가 재발될 우려가 있다고 인정하는 때에는 직권 또는 사법경찰관의 신청에 의하여 법원에 제29조 제1항 제5호(구치소 유치)의 임시조치를 청구할 수 있다(동법 제28조 제1항, 제2항).

가정법원판사는 가정보호사건의 원활한 조사·심리 또는 피해자의 보호를 위하여 필요하다고 인정한 때에는 결정으로 행위자에게 주거 또는 점유하는 방실로부터의 퇴거 등 격리, 100미터 이내의 접근금지, 전기통신을 이용한 접근금지, 의료기관 기타 요양소에의 위탁, 국가경찰관서의 유치장 또는 구치소에의 유치에 해당하는 임시조치를 할 수 있다. 격리나 접근금지 등의 임시조치기간은 2개월, 의료기관 위탁이나 구치소 유치의 임시조치기간은 1개월을 초과할 수 없다(동법 제29조). 가정폭력사건의 경우에도 임시조치의 청구를 받은 사법경찰관이 검사에게 사유를 보고하고 임시조치를 신청하지 않을 수 있다.

위 신문보도의 사례도 어머니가 딸이 걱정스러워한 행동으로 사회상규상 벌할 수 없는 정당행위에 해당하는 행위로 볼 수 있다. 후속보도를 보니 집으로 돌아온 딸은 가출해버렸고, 엄마는 그 딸을 찾느라 백방으로 쫓아다니고 있다고 한다.

형법 제20조(정당행위)는 법령에 의한 행위 또는 업무로 인한 행위, 기타 사회상규에 위배되지 아니하는 행위는 벌하지 아니하도록 정당방위, 긴급피난 등과 함께 위법성조각사유로 규정하고 있다.

판례는 형법 제20조 소정의 '사회상규에 위배되지 아니하는 행위'라 함은 법질서 전체의 정신이나 그 배후에 놓여 있는 사회윤리 내지 사회통념에 비추어 용인될 수 있는 행위를 말하고, 어떠한 행위가 사회상규에 위배되지 아니하는 정당한 행위로서 위법성이 조각되는 것인지는 구체적인 사정 아래서 합목적적·합리적으로 고찰하여 개별적으로 판단되어야 하므로, 이와 같은 정당행위를 인정하려면 첫째, 그 행위의 동기나 목적의 정당성, 둘째, 행위의 수단이나 방법의 상당성, 셋째, 보호이익과 침해이익과의 법익 균형성, 넷째, 긴급성, 다섯째, 그 행위 외에 다른 수단이나 방법이 없다는 보충성 등의 요건을 갖추도록 하고 있다(대법원 2008.10.23. 선고 2008도6999 판결).

가정폭력사건이 아닌 경우 예컨대, 스토커나 빚쟁이들에게 시달릴 때는 민사신청사건으로 접근금지가처분신청을 할 수도 있다. 작년 오세훈 서울시장은 시장공관 앞 철거민 시위대를 상대로 100미터 접근금지명령을 얻어냈고, 2006년 황우석 교수 지지자들에게 시달리던 정운찬 서울대 총장도 접근금지를 신청해 승소하기도 했다. 위와 같은 민사신청사건은 부작위를 명하는 가처분(임시의 지위를 정하는 가처분의 일종)으로 실무상 유익하게 써먹을 수 있는 법적 수단이다. 이혼 또는 별거 중인 일방 당사자가 타방 당사자의 주거에 함부로 침입하거나 폭행하는 등 평온한 생활을 방해할 때 '인격권에 기하여 자신(또는 미성년인 딸)의 평온한 사생활을 추구할 권리'를 피보전권리로 하여 신청인의 인격권을 침해하는 행위의 금지를 청구할 수 있다(가처분 주문례: 피신청인은 신청인의 의사에 반하여 신청인에게 접근하여서는 아니 된다. 피신청인은 신청인 및 그 딸인 신청 외 ○○○에 대하여 면담을 강요하거나 폭력을 행사하는 방법으로 그 평온한 생활 및 업무를 방해하여서는 아니 된다).

헤어진 애인 등이 신청인에게 만나주기를 강요하면서 서로 깊이 사귀는 사이라는 등의 전화를 하거나 팩스를 보낼 때 "인격권에 기하여 평온한 사생활을 추구할 권리 및 자신의 의사에 반하는 행위를 강요당하지 아니할 권리"를 피보전권리로 하여 신청인의 인격권을 침해하는 행위의 금지를 구할 수 있다. 피신청인(채무자)이 부작위의무를 위배하여 계속 침해행위를 하면 간접강제도 함께 신청할 수 있다(가처분 주문례: 피신청인은 신청인의 의사에 반하여 신청인에게 접근하여서는 아니 된다. 피신청인은 신청인에 대하여 면담을 강요하거나 폭력을 행사하는 등의 방법으로 그 평온한 생활 및 업무를 방해하여서는 아니 된다. 위 명령을 위반한 피신청인은 위반행위 1회당 금 1,000,000만 원씩을 신청인에게 지급하라).

위와 같은 사건들을 접하면서 인간과 인간의 간격(거리)을 생각해 본다. 위 사례들은 서로와의 간격과 거리를 지키지 못하여 발생하는 사건들이기 때문이다. 위 언론보도의 사례를 보더라도 딸은 딸대로의 공간(Space)과 프라이버시가 필요한 것이다. 엄마라고 해서 딸의 그 영역을 침범할 때 모녀관계도 파국으로 치닫는다는 것을 보여주는 사례이다.

사람들은 고슴도치와 같이 몸을 따뜻하게 하기 위하여 서로 모였다가는 자기들의 가시에 몸을 찔리지 않기 위하여 서로 떨어져야 한

다. 너무 멀어 춥지도 않고, 너무 가까워 가시에 찔리지도 않는 중간
적 거리, 이 거리를 쇼펜하우어(Schopenhauer)는 인간의 'Höflichkeit
(禮讓)'이라고 했다.

　부부 사이에서도 서로 떨어져 있어야만 하는 거리와 간격이 있다.
사랑을 유지시키는 것도 맹목적인 껴안음이 아니라 서로를 바라보는
일정한 거리와 간격에 있다. 사랑하는 사람이라고 너무 붙어사는 경
우 그 사랑은 파열음을 내기 쉽다. 가족이나 가까운 사람들이 주는
상처가 가장 아플 수 있다.

[2009. 4. 2]

5. 成形美의 明暗

어떻게 된 것인지 요새는 나이가 들다 보니 만나는 여자마다 예쁘지 않은 여자들이 없는 세상이 되었다. 내가 지금까지 본 여자들 중 가장 멋있고 늘씬한 여자들은 러시아에서 본 여자들이었다. 러시아도 서부쪽 모스크바나 상트페테르부르크(St. Petersburg, 러시아발음으로는 빼째르부르크)에서는 여자들이 그저 그렇게 느껴졌지만 러시아 동부쪽의 여자들은 눈이 뒤집어질 정도로 그야말로 미인들이었다.

2001년 여름 블라디보스토크에서 모스크바를 거쳐 빼째르부르크까지 1만여km 시베리아횡단여행을 한 적이 있는데, 러시아 동부 블라디보스토크나 이루크추크에서는 늘씬한 미녀들이 지나는 것을 보는 것만으로도 시간이 가는 줄 몰랐다. 이런 곳에서 주위 여자만 쳐다본다는 눈치를 보이지 않으려면 짙은 선글라스를 쓰는 것이 좋다.

러시아의 3대 명물이라는 흑빵, 보드카, 여자 중에 단연 여자가 으뜸이었다. 그곳 미녀들의 모습을 정확하게 묘사하기는 어렵지만 "She is leggy, bosomy, curvacious, everything. She is gorgeous. Period!" 미끈한 다리, 빵빵한 가슴, 멋있는 곡선미 하며 다 갖췄다. 황홀할 정도로 눈이 부시다. 끝내준다! 성형미인지 자연미인지 헷갈리는 아름다움을 그곳에서 보았다.

요새 우리나라는 꽃미남과 꽃미녀가 되기 위한 성형수술이 성행하고 있다. 아름다워지기 위한 인간의 헛된 욕망을 부채질하는 각종 매체들이 넘쳐나고 있다. 한국 사람은 배고픈 것은 참아도 배 아픈 것은 못 참는 속성이 있는지 남들만 아름다운 것을 눈뜨고 보지 못한다. 그러나 이에 비례하여 성형수술을 한 뒤 부작용을 호소하는 여성들이 늘어나고 있다.

모 댄스그룹 여성 멤버가 쌍꺼풀 교정, 몽고주름 교정, 콧볼 줄이는 수술, 안면윤곽 교정술 등을 받았으나 성형수술 부작용으로 인해 육체적·정신적 손해를 입었다고 주장하며 성형외과 의사를 상대로 1억 원의 손해배상 청구소송을 제기한 예가 있었고, 성형외과 의사가 통상적으로 행해지는 수술방법이 아닌 다른 시술법을 사용, 환자에게 부작용이 발생했다면 손해를 배상할 책임이 있다는 법원의 판결도 있었다.

2006년 어떤 환자가 서울 강남의 한 성형외과에서 이마, 눈 아래, 콧등 부분 등에 자가지방이식수술을 받은 뒤 시술부위에 심한 염증이 생겨 병원에 입원해 치료를 받았으나 흉터가 사라지지 않아 성형수술을 담당한 의사를 상대로 소송을 내자 서울고등법원은 성형수술을 하기 전 환자에게 수술부작용에 대한 설명을 소홀히 한 의사에게 70%의 손해배상책임을 물어 2,700여만 원을 배상하라는 판결을 한 적도 있다.

법원은 대개 성형수술의 경우 수술 후 증상 및 부작용이 그다지 중대하지 않고 일시적인 것이라 하더라도 환자는 증상이 호전될 때까지 정신적 고통을 겪거나 외부활동에 장애를 받을 수 있으므로 의사는 환자에게 치료의 방법 및 필요성, 일반적인 부작용뿐만 아니라 일시적인 부작용 등에 관해서도 구체적이고 상세히 설명해 환자가 수술 후 증상 및 부작용을 충분히 감안해 시술 여부를 선택할 수 있도록 해야 할 의무가 있다는 입장이다.

최근(2009.3.12.) 서울남부지방법원은 쌍꺼풀 성형과 이마 주름제

거수술 등을 받은 환자 A 씨가 수술 후 부작용이 발생했다며 성형외과 원장 B 씨를 상대로 낸 손해배상청구소송에서 "의사 B 씨는 위자료 500만 원을 배상하라"고 판결했다.

재판부는 특히 환자와 상의를 거쳐 수술방법을 결정했다 하더라도 수술 후 예상되는 결과에 대한 정확한 설명과 수술 시행과정에서 기울여야 할 주의의무를 다해야 한다는 판단을 하고, 환자 자신도 B 원장이 성형외과 전문의가 아닌 사실을 알고도 비교적 저렴한 비용을 들여 성형수술을 하기 위해 피고 병원에서 두 차례에 걸쳐 수술을 받은 점, 수술을 통해 미용상의 목적을 어느 정도는 달성한 것으로 보이는 점 등에 비추어 의사의 책임을 50%로 제한하였다.

그러면 다음과 같은 사례에서 성형수술 부작용을 주장하는 환자가 의사를 상대로 손해배상청구소송을 하는 경우 판례가 취하고 있는 입장을 알아보자.

"여성인 A는 미인대회에 출전하기 위해 성형외과 의사인 B가 운영하는 병원에 찾아가서 상담을 했다. A는 턱을 높이는 수술을 하기로 하고 B로부터 수술을 받았다. 그런데 4년이 지날 무렵부터 A의 턱 부위에 넣은 실리콘이 이동하면서 입안이 일부 돌출되는 등의 부작용이 발생했다.

이에 A는 의사인 B가 성형수술의 부작용에 대해 설명을 제대로 하지 않았다면서 손해배상청구소송을 제기하려고 하고 있다. 한편 의사인 B는 성형수술은 질병에 대한 치료가 아니므로 일반 질병치료와 같은 설명의무가 적용되지 않으며, A와 같은 부작용이 나타나는 사례는 매우 희귀하다고 주장하면서 자신의 책임을 부인하고 있다."

판례는 일반적으로 의사는 환자에게 수술 등 침습을 과하는 과정 및 그 후에 나쁜 결과 발생의 개연성이 있는 의료행위를 하는 경우

또는 사망 등의 중대한 결과 발생이 예측되는 의료행위를 하는 경우
에 있어서 응급환자의 경우나 그 밖에 특단의 사정이 없는 한 진료
계약상의 의무 내지 위 침습 등에 대한 승낙을 얻기 위한 전제로서
당해 환자나 그 법정대리인에게 질병의 증상, 치료방법의 내용 및
필요성, 발생이 예상되는 위험 등에 관하여 당시의 의료수준에 비추
어 상당하다고 생각되는 사항을 설명하여 당해 환자가 그 필요성이
나 위험성을 충분히 비교해보고 그 의료행위를 받을 것인가를 선택
할 수 있도록 할 의무가 있다 할 것이고, 이와 같은 의사의 설명의
무는 그 의료행위에 따르는 후유증이나 부작용 등의 위험발생 가능
성이 희소하다는 사정만으로 면제될 수 없으며, 그 후유증이나 부작
용이 당해 치료행위에 전형적으로 발생하는 위험이거나 회복할 수
없는 중대한 것인 경우에는 그 발생 가능성의 희소성에도 불구하고
설명의 대상이 된다고 보아야 할 것이고, 의사가 설명의무를 위반한
채 수술 등을 하여 환자에게 예상치 못한 피해를 입히는 등 중대한
결과가 발생한 경우에 있어서, 그 결과로 인한 모든 손해를 청구하
는 경우에는 그 중대한 결과와 의사의 설명의무위반 내지 승낙 취득
과정에서 잘못과의 사이에 상당인과관계가 존재하여야 하며, 그 경
우 의사의 설명의무위반은 환자의 자기 결정권 내지 치료행위에 대
한 선택의 기회를 보호하기 위한 점에 비추어 환자의 생명·신체에
대한 의료적 침습과정에서 요구되는 의사의 주의의무위반과 동일시
할 정도의 것이어야 할 것이지만, 환자 측에서 선택의 기회를 잃고
자기 결정권을 행사할 수 없게 된 데 대한 위자료만을 청구하는 경
우에는 의사의 설명 결여 내지 부족으로 선택의 기회를 상실하였다
는 사실만을 입증함으로써 족하고, 설명을 받았더라면 사망 등의 결
과는 생기지 않았을 것이라는 관계까지 입증할 필요는 없다는 것으

로 요약된다(대법원 2002.10.25. 선고 2002다48443 판결).

판례는 성형수술행위도 질병의 치료행위 범주에 속하는 의료행위임이 분명하므로 이러한 성형수술과정에서 의사가 환자에게 침습을 가하는 경우에 대해서도 위와 같은 설명의무에 관한 법리가 마찬가지로 적용된다고 하고 있다.

위 사례에서 대법원은 성형수술의 경우 그 성질상 긴급을 요하지 않고 성형수술을 한다 하더라도 외관상 다소간의 호전이 기대될 뿐이며 수술 후의 상태가 환자의 주관적인 기대치와 다른 경우가 있을 수 있으므로, 의사는 환자에게 치료의 방법 및 필요성, 치료 후의 개선 상태 및 부작용 등에 관하여 구체적인 설명을 하여 환자가 그 의료행위를 받을 것인가를 선택할 수 있도록 하여야 할 의무가 있다 할 것인데, 피고가 원고에게 위와 같은 정도의 설명을 하여 원고가 수술을 결정하였음을 인정할 만한 증거가 없고, 오히려 원심의 피고 본인신문결과 등에 의하면, 피고는 위 성형수술 당시 원고에게 위 수술의 부작용으로서 출혈, 염증, 보형물의 크기가 본인이 원하는 것이 아닐 경우가 있을 수 있으며, 머리 절개 부위는 머리털이 자라서 회복이 되는데 일부 미세하게 안 자라는 부분이 있을 수 있다고 설명하였을 뿐 위 보형물이 움직일 수 있다는 점에 대해서는 충분한 설명이 없이 수술한 사실이 인정된다는 이유로, 피고는 위 수술을 함에 있어서 설명의무를 위반하여 원고가 수술을 할 것인지를 결정할 수 있는 권리를 침해하였다 할 것이고 이로 인하여 원고에게 가한 정신적 손해를 배상할 책임이 있다고 판단하였다.

결국 설명의무위반으로 인한 성형외과 의사의 위자료지급책임만 인정되었다. 환자가 중대한 결과와 의사의 설명의무위반과 사이에 상당인과관계가 존재한다는 점을 증명하기가 쉽지 않기 때문에 사실상 중대한 결과로 인한 모든 손해를 배상받기 어렵다. 대개 환자로서는 의사가 설명의무를 이행하지 아니하여 자기 결정권을 행사할 수 없게 된 데 대한 위자료만 지급받을 수 있는 데 그치는 것이 일반적이다.

근래 들어 환자의 권리의식 향상 등으로 의료분쟁이 빈발하고 있고, 그에 따른 의료소송도 증가하고 있다. 의료소송에서는 대개 진료계약불이행책임을 묻고 의사의 주의의무위반이나 설명의무위반을 문제 삼는데 하도 많은 의료 관련 판결들이 쏟아지다 보니 의사들이 엄청난 스트레스를 받고 있다.

종전에는 산부인과 영역이나 신경외과 영역의 의료분쟁이 많았으나 최근에는 시대상을 반영하여 성형외과 영역의 분쟁도 늘고 있다. 아름다워지기 위한 인간의 욕망에 편승하여 별의별 성형수술들이 횡행하고 있고 그로 인한 부작용도 속출하고 있다.

그런데 성형미나 인공미가 얼마나 오래 지속될 수 있을까를 곰곰이 생각해보면 회의적이다. 미인이 되기 위한 성형수술은 남들과의 비교에서 잉태된 것이고, 남들과 비교하지 말고 개성대로 생긴 대로 산다면 아무런 문제가 생기지 않을 것이다. 성형미든 인공미든 곧 시들어질 수밖에 없고, 이런 미의 시효는 어차피 단기시효에 걸릴 수밖에 없다. 시효에 걸리지 않는 내면의 아름다움이나 개성미, 자연미가 진정한 미가 아닐까.

이제 다시 생각해보니 아프리카에서 만났던 흑인 처녀들이 가장 아름다운 여자들이었다. 이들에게는 서양여자들에게서 풍기는 노린내 비슷한 요상한 냄새도 나지 않았고, 고무공처럼 탄력 있는 피부에 자연 그대로의 아름다움이 묻어나고 있었다.

[2009. 4. 17]

6. 원치 않은 임신, 원치 않은 출생, 원치 않은 삶

　몇 년 전에 한 산모가 서울의 모 대학병원 산부인과에서 둘째 아이 제왕절개수술과 함께 불임수술을 시행하기로 하였는데 산모의 진통이 예정보다 빨리 시작되는 바람에 퇴근한 담당의사 대신 전공의가 제왕절개수술을 하면서 불임수술을 시행하지도 않고 그러한 사정을 산모에게 설명하지도 않은 일이 있었다.

　불임수술이 된 것으로 알고 있던 산모가 그 후 셋째 아이를 임신하여 출산하고는 원치 않은 임신을 하여 아이를 낳게 되어 아이의 분만비뿐만 아니라 아이가 성년이 될 때까지의 양육비 및 유치원에서 대학졸업 시까지의 교육비 등을 지출하는 재산적 손해와 정신적 손해를 입었다고 주장하면서 병원을 상대로 손해배상청구소송을 제기하였다.

　과연 원치 않은 임신을 하여 아이를 낳고 그 부모가 아이의 양육비와 교육비 등을 부담하게 되는 것이 병원의 불임수술계약 불이행으로 인한 '손해'에 해당하는가 하는 점이 쟁점이 된 사건이었다. 과연 태어난 아이 자체를 축복이 아닌 '손해'로 볼 수 있는가? 특히 장애아를 출산한 경우에는 문제가 복잡해진다.

　여기서 먼저 관련 개념을 명백히 하고 각 경우의 사례를 중심으로 판례의 태도를 알아보기로 하자.

　의사가 피임약 대신에 위장약을 잘못 처방하여 피임의 효과를 보지 못하고 임신이 된 경우 또는 불임수술을 하였으나 그 수술이 실패하여 임신하게 된 경우를 원치 않은 임신(wrongful conception)이라고 하고, 이 경우 아이의 출생은 wrongful birth(원치 않은 출생)에 해당한다.

임산부의 질병 등에 따른 태아의 감염 내지 손상을 이유로 낙태시킬 수도 있었으나, 의사의 부주의로 그것이 이루어지지 못함에 따라 아이가 출생한 경우를 원치 않은 출생(wrongful birth)이라고 하고, 처음에는 원하는 임신이었으나 원치 않은 결과가 발생한 경우이다.

부부가 원칙적으로 아이를 원한 경우인데, 의사가 임산부를 산전 검진하여 오던 중, 부모의 유전적 질환이나 염색체의 결함으로 또는 임산부의 풍진으로 인하여 태아의 성장이 원활하지 않고, 따라서 심한 장애아로 태어날 것이 예상되어 낙태의 필요성을 임산부에게 알려 낙태 여부를 결정하도록 했어야 함에도 불구하고 그러한 설명을 하지 않음에 따라 장애아가 출산된 경우를 장애아의 입장에서 원치 않는 삶(wrongful life)이라고 한다. 이 경우 장애아는 의사의 잘못이 없었다면 세상에 태어나지 않았을 것이고 따라서 장애로 인한 고통과 괴로움을 겪지 않았을 것이라고 주장한다.

冒頭의 사례가 바로 '원치 않은 임신'에 관한 것이다. 1심 법원인 서울지방법원 북부지원은 병원은 불임수술에 관한 의료계약 불이행으로 원고 등이 입은 분만비, 양육비, 교육비 등 재산적 손해와 위자료를 배상할 책임이 있다고 하였으나, 서울고등법원(1996.10.17. 선고 96나10449 판결)은 분만비와 위자료(부모 각 1,000만 원)만 인정하고 양육비와 교육비 청구는 기각하였다(이 판결은 그대로 확정되었다).

서울고등법원은 원치 않은 임신에 의하여 출생한 자(子)라 할지라도 그 자의 생명권은 절대적으로 보호되어야 할 가치로서 부모의 재산상 이익에 우선하여야 한다고 보아야 할 뿐만 아니라 비록 원치 않은 임신에 의하여 출생한 자(子)라고 할지라도 부모는 일단 출생한

자에 대해서는 부양의무를 면할 수 없고, 따라서 자의 출생 및 그로 인한 부양의무를 '손해'로 파악할 수는 없다고 판시하였다.

생각건대 원하는 아이인지, 원치 않는 아이인지가 구별이 쉽지 않고, 아이 앞에서 원치 않은 아이라고 말하는 것 자체가 아이의 인격권에 대한 심대한 침해라 할 것이며, 부모가 아이를 원했든 원치 않았든 아이에 대한 부양의무를 포기하거나 면제받을 수도 없는 일이다. 이는 법 이전의 문제이다.

원치 않은 임신의 경우 양육비나 교육비 청구가 인정될 수 없다고 하더라도 부모가 가족계획에 반한 원치 않은 임신과 출산으로 심한 정신적 고통을 받았다면 그에 대한 위자료는 인정된다. 위자료의 보완적 기능으로 양육비나 교육비 등을 어느 정도 커버할 수 있을 것이다. 이런 면에서 보면 위 서울고등법원의 판결은 수긍이 된다.

다음에 '원치 않은 출생'의 사례를 보자.

산모 A는 산부인과 전문의 B로부터 진료를 받은 결과 임신사실을 알게 되었고, 약 10회에 걸쳐 B로부터 진료를 받았는데 당시 연령이 약 32세였던 A가 초산의 산모로서는 비교적 고령이어서 기형아 출생 가능성을 염려하여 B에게 검사를 의뢰하자 B는 산전선별검사(prenatal screening test)인 트리플마커(triple marker) 검사를 한 결과 태아에게 아무런 이상이 없다는 판정이 나왔다.

그런데 A가 제왕절개수술로 출산한 아이에게서 다운증후군(Down's syndrome, monglolism, 21 – trisomy syndrome) 증세가 나타나 치료를 받게 하였으나 아이는 한 달 만에 선행사인 백혈병, 직접사인 심장마비(추정)로 사망하였다.

A 부부는 B가 A를 진료, 검사함에 있어 태아에게 다운증후군 증상이 있음을 발견해내지 못한 것은 의료상의 과실에 해당하므로 B와

병원은 연대하여 이로 인하여 원고들이 입은 손해를 배상할 의무가 있다고 주장하면서 손해배상청구소송을 제기하였다.

1심 법원인 서울지방법원 남부지원은 B가 검사결과에 관하여 제대로 설명을 하지 아니하여 A가 좀 더 정확한 검사를 받을 것인지에 대한 자기 결정권을 침해당한 데 대한 위자료를 인정하였으나, 다운증후군에 대한 치료비용이나 장례비용청구는 B의 설명의무위반과 기형아 출생 사이에 인과관계를 인정할 없다는 이유로 기각하였다.

항소심인 서울고등법원(2000.9.28. 선고 99나51588 판결)은 다음과 같이 판시하였다.

B에게 A에 대한 트리플마커 검사를 실시하거나 그 검사 결과를 판독함에 있어 의료상의 과실이 있었다고 인정할 만한 증거가 없으나, B로서는 위와 같은 트리플마커 검사를 함에 있어 A에게 위 검사가 기형아 등에 관한 선별검사인지 확진검사인지, 위 검사로부터 알 수 있는 기형아 검출률이 얼마이며 그 의미는 무엇인지, 위 검사 이외의 보다 정확한 기형아 검사방법으로는 무엇이 있으며 그 방법의 장점과 단점은 무엇인지에 대하여 설명하여야 할 주의의무가 있음에도 불구하고 트리플마커 검사의 부정확성이나 더 정확한 검사방법의 존재에 대하여 아무런 설명을 하지 않은 의료상의 과실이 있다.

임신 중인 태아가 정상아이면 출산하고 장애아나 기형아(이하 '장애아'라고만 한다)이면 낳지 않으려고 의사에게 검진을 의뢰하였는데, 의사가 장애 여부를 제대로 진단하지 못하거나 또는 다른 정확한 검사방법이 있음에도 이를 설명함이 없이 부정확한 검사방법의 결과만을 기초로 정상이라고 말하는 등 의료상의 과실로 인하여 정상아로 생각하고 낳은 아이가 장애아인 경우에 의사는 태어난 아이의 장애로 인하여 발생한 재산적 손해(예를 들어 장애로 인하여 추가되는 양육비용 등)를 부모에게 배상할 책임이 있으나, 이는 부모가 태아의 장애사실을 알았다면 장애아를 낳지 않았을 것이 확실하다는 전제하에서만 인정되는 것이다. 따라서 만일 장애나 기형 등을 이유로 임신중절이 허용되는 것이 아니라면 의사에게 위와 같은 의료상의 과실이 있다 하여도 신생아의 장애로 인하여 발생한 재산상 손해배상청구는 인정될 수 없다.

그런데 아이에게 나타난 증세인 다운증후군은 모자보건법 제14조 제1항 및 동법시행령 제15조 제2항에서 규정하고 있는 인공임신중절 사유에 해당하지 않는바(대법원 1999.6.11. 선고 98다22857 판결 참조), 원고들로서는 좀 더 정확한 검사를 통하여 망인이 다운증후군에 걸렸음을 미리 알았다고 하더라도 적법하게 낙태할 수는 없으므로, 재산상 손해를 구하는 원고들의 위 주장은 이유 없다.

준비이익침해로 인한 위자료 청구에 관하여 태아의 장애사실을 미리 알았더라면 임신중절을 하였을 장애아를 의사의 의료상 과실로 인하여 알지 못하고 출산하게 된 부모 등은 그로 인하여 심한 정신적 고통을 받는다 할 것이다.

그러나 이 사건과 같이 임신 후 의사에게 기형 여부의 검진을 의뢰하였는데 의사의 의료상 과실로 인하여 기형아인 사실을 밝혀내지는 못하였으나 설사 이를 밝혀냈다 하더라도 그 증세가 다운증후군이어서 임신중절이 법적으로 허용되지 않는 경우에, 태아가 다운증후군의 증세를 가진 아이라는 것을 원고들이 미리 알았더라면 기형아 출산으로 인한 정신적 충격을 완화하거나 그에 대비할 수 있었을 것인데 그러한 사실을 알지 못함으로 인하여 더 큰 정신적 충격을 받는 손해를 입었다고 단정할 수는 없다. 즉 위에서 본 바와 같이 원고들로서는 다운증후군 증세를 가진 태아를 적법하게 낙태할 수 없는바, 의사가 다른 검사방법을 선택하여 태아가 다운증후군임을 알게 되었을 경우 원고들은 임신 중에는 정신적 고통을 받게 되더라도 이를 사전에 미리 알고 대비함으로써 출산 후에는 그 고통이 완화될 것이고, 반대로 이 사건에서와 같이 의사가 이를 밝혀내지 못한 경우 임신 중에는 원고들의 정신적 고통이 없는 반면, 다운증후군을 가진 아이가 출생한 후에는 심한 정신적 충격을 받게 될 것인데, 위 사실을 미리 알았을 경우 원고들이 받게 되었을 고통이 그렇지 않을 경우 받게 된 고통과 비교하여 반드시 크다고 단정할 만한 자료가 없고 따라서 원고들의 위 주장 역시 이유 없다.

설명의무위반으로 인한 위자료청구에 관하여 아이에게 나타난 다운증후군이라는 중대하고도 나쁜 결과가 B의 의료행위로 인하여 발생한 것이 아닐뿐더러 이 사건의 경우 원고들이 침해받는 자기 결정권이란 의사가 트리플마커 검사에 대한 설명뿐 아니라 보다 정확한 검사법인 양수천자 검사 등에 관한 설명을 하여 부모들로 하여금 더 정확한 검사를 받을 기회를 부여함으로써 태아가 기형아인지를 확인하고 만일 태아가 기형아라면 그 태아를 출산할 것인지 아니면 낙태할 것인지를 선택할 결정권이라 할 것이지 정확한 기형아 검사인 양수천자 검사 등을 받을 것인지에 대한 결정권은 아닌바, 다운증후군이 인공임신중절 사유에 해당하지 않음은 위에서 본 바와 같으므로, 원고들로서는 망인이 다운증후군에 걸렸음을 알았다고 하더라도 적법하게 낙태할 결정권을 가지고 있다고 할 수 없다. 따라서 위 피고의 설명의무위반으로 원고들의 자기 결정권이 침해되어 정신적 손해를 입었다는 원고들의 위 주장도 이유 없다.

위와 같이 서울고등법원은 A 부부의 청구를 전부 배척하였다. 원치 않은 출생의 경우에도 원치 않은 임신의 경우와 같이 논리상 아이 자체가 손해가 아닌 이상 그 아이가 정상아인지 장애아인지 구별하여야 할 이유는 없고, 태아의 장애가 모자보건법상 임신중절사유에 해당하지 않는 이상 양육비 상당의 손해배상청구는 문제 되지 않을 것이다.

자기 결정권 침해로 인한 위자료에 관하여 보더라도 태아의 장애가 임신중절사유에 해당하지 않는다면 그 부모로서는 아이를 낳을 수밖에 없고 어떠한 자기 결정권도 침해된 것이 없다고 보는 것이 논리상은 맞다.

그러나 판결로서는 위 고등법원과 같은 판시를 할 수밖에 없다고 하더라도 낙태가 횡행하는 현실에서 아무리 임신중절사유에 해당하지 않는다고는 하지만 태아가 다운증후군임을 안 이상 과연 보통의 부모들에게 끝까지 이런 아이를 낳아 기르기를 기대할 수 있을까? 낙태결정권 침해가 아니라도 이런 부모에게 정신적 고통으로 인한 위자료는 인정해줄 수 있어야 할 것이 아닌가?

그러면 '원치 않은 삶'의 경우는 어떠한가?

산모 A는 33세에 둘째 딸인 원고를 임신하여 11주쯤 된 때부터 출산일까지 피고 지방공사 강원도춘천의료원에서 그 소속 산부인과 의사인 피고 B로부터 정기적으로 진찰을 받았다. A는 전에 첫딸을 낳았을 때 피고 병원으로부터 첫딸이 선천성 뇌수종이라는 진단을 받고 놀랐으나 그 후 다른 병원에서 선천성 뇌수종이 아닌 것으로 판명되었고 정상아로 잘 자랐으며, 원고의 사촌언니는 수막척수류로 수술을 받았고, 원고의 고종사촌오빠는 생후 3개월 때 담도폐쇄증으로 수술을 받았으나 사망한 터였다.

A는 위와 같은 사정으로 인하여 자신이 임신한 원고가 정상아인지에 대하여 특별한 관심을 가지게 되어 1994.5.31. 정기진찰을 받

으면서 피고 B에게 위와 같은 사정을 말하면서 기형아 검사를 해줄 것을 부탁하였다. 피고 B는 초음파검사에 의하여 태아가 정상이라고 판단하였고 서울에 있는 기형아 전문검사기관에 기형아검사를 의뢰하여 A는 그곳에서 AFP검사(모체혈청 단백질 검사)를 받은 결과 정상수치 범위 내인 23.43ng/ml로 나왔다.

A는 위 검사 후에도 계속 태아의 크기가 작다느니, 태동이 없다느니 하면서 피고 B에게 정기적으로 진찰을 받았는데, 그때마다 피고 B는 A에게 태아가 정상이라고 진단하였고, 출생예정일보다 14일 전인 1994.10.28. 원고는 다운증후군의 기형아로 태어났다.

원고는 그의 다운증후군이 인공임신중절이 허용되는 질환에 해당하므로, 피고 B가 A에게 기형아 판별확률이 비교적 높은 검사법에 대하여 아무런 설명을 하지 아니하여, A로 하여금 확실한 검사방법을 택하여 태아가 기형아인지를 확인하고 만일 그 태아가 기형아라면 낙태할 수 있는 기회를 상실하게 함으로써, 기형아(다운증후군)인 원고 자신을 태어나게 하였다고 주장하면서, 원고 자신의 향후 치료비 및 양육비 상당의 손해와 위자료를 청구하였다.

서울고등법원은 원고의 청구를 기각하였고, 대법원 1999.6.11. 선고 98다22857 판결도 원고의 상고를 기각하였다. 대법원은 다운증후군은 모자보건법 수정의 인공임신중절사유에 해당하지 않음이 명백하여 원고의 부모가 원고가 다운증후군에 걸려 있음을 알았다고 하더라도 원고를 적법하게 낙태할 결정권을 가지고 있었다고 보기 어려우므로, 원고의 부모의 적법한 낙태결정권이 침해되었음을 전제로 하는 원고의 이 사건 청구는 이 점에 있어서 이미 받아들이기 어렵다고 하였다.

나아가서 원고는 자신이 출생하지 않았어야 함에도 장애를 가지고 출생한 것이 손해라는 점도 이 사건 청구원인 사실로 삼고 있으나, 인간 생명의 존엄성과 그 가치의 무한함(헌법 제10조)에 비추어 볼 때, 어떠한 인간 또는 인간이 되려고 하는 존재가 타인에 대하여 자신의 출생을 막아줄 것을 요구할 권리를 가진다고 보기 어렵고, 장애를 갖고 출생한 것 자체를 인공임신중절로 출생하지 않은 것과 비교해서 법률적으로 손해라고 단정할 수도 없으며, 그로 인하여 치료비 등 여러 가지 비용이 정상인에 비하여 더 소요된다고 하더라도 그 장애 자체가 의사나 다른 누구의 과실로 말미암은 것이 아닌 이상 이를 선천적으로 장애를 지닌 채 태어난 아이 자신이 청구할 수 있는 손해라고 할 수는 없다고 판시하였다.

이상과 같이 판례는 부모가 건강한 아이를 출산한 원치 않은 임신의 경우에는 위자료만을 인정하고, 부모가 장애아를 출산한 원치 않은 출생이거나 장애아가 직접 소송을 제기하는 원치 않은 삶의 경우에는 아무런 청구도 받아들이지 않고 있다. 다만 아이의 장애가 인공임신중절사유에 해당하는 장애인 경우에는 낙태결정권의 침해로 인한 위자료가 인정될 수 있음을 간접적으로 밝히고 있을 뿐이다.

인간의 존엄성을 최고의 가치로 삼는 헌법구조하에서 법원이 위와 같은 판결을 선고할 수밖에 없는 사정은 충분히 이해할 수 있다. 그러나 현실은 간단치 않다. 장애가 그 자체로서 소극적으로 평가되는 요소라는 것은 어느 누구도 부인할 수 없을 것이다.

특히 '원치 않은 출생'의 경우에는 산모와 의사의 이해를 조정하기 위해서도 부모의 자기 결정권 침해에 따른 위자료의 배상을 인정하는 것이 타당한 것이 아닐까? 다운증후군이 모자보건법상 적법한 임신중절사유에 해당하지 않는다는 이유만으로 산모의 자기 결정권 침해가 있을 수 없다는 논리는 현실에서 정신적 고통을 받는 산모의 입장을 외면하는 것이다.

[주]

다운증후군이란 21번 염색체에 이상이 있는 것으로 환자 중 약 95%는 염색체 수가 정상보다 1개 더 많은 경우이고, 나머지는 전위(translocation)에 의한 경우인데 납작한 얼굴, 폭이 넓고 작은 손, 짧은 손가락, 짧고 덧살이 많은 목, 선천성 심장판막증, 지능장애, 발육장애 등 특이한 용모와 증세를 나타나는 질환으로 평균 800명에 1명의 비율로 발병하고, 산모의 나이가 35세 이상일 경우 그 확률이 급격히 증가하여 75명에 1명의 비율로 발병한다고 알려져 있으며, 다운증후군을 가진 신생아는 체내저항력이 떨어져 폐감염과 백혈병으로의 이환율이 아주 높다. 위와 같은 다운증후군을 알 수 있는 산전진단방법으로는 ① 초음파나 방사선 또는 태아경(fetoscope)으로 관찰하는 sampling[임신 초기에 자궁경부(자궁경부 uterine neck, neck of uterus, 자궁의 아래에 위치한 질과 연결된 부분)나 복벽(腹壁)을 통하여 채취한 융모막{융모막, 배자체(胚自體) 최외층의 세포성막으로 수정 후 약 2주 동안에 융모를 형성하고 1주 후에는 요막(尿膜)의 혈관에 의하여 혈관을 생성하여 태반을 형성한다}의 융모를 직접 검사하거나 배양하여 검사하는 것을 말한다]과 같은 직접적 방법이 있다. 트리플마커 검사방법은 태아에게 다운증후군 증상이 있을 경우에 혈청 내 알파 태아단백질(MS-AFP, α-fetoprotein)과 미접합된 난포홀몬(MS-uE3, unconjugated estriol)이 감소하고 인간융모막 성선홀몬(Ms-hCG, B-human chorionic gonadotropin)이 증가하는 특성을 이용하여 임산부의 혈청을 뽑아 이 3가지를 검사하여 다운증후군 등의 질환에 대한 위험도를 통계적인 방법에 의하여 계산하는 것이다. 위험률의 기준을 1 : 270(신생아 출생 270명 중 1명이 다운증후군으로 출생할 확률을 의미한다)으로 보았을 때 이 검사법의 위양성률(false positive rate, 정상임부 중 선별검사에서 양성을 나타낸 환자의 비율)은 5%이고, 검출률(detection rate, 다운증후군 환자 중 선별검사에서 양성을 보이는 환자의 비율)은 60%(즉 100명의 다운증후군 환자 중 60명은 위험률이 1 : 270보다 높게 나와 이를 발견할 수 있으나, 나머지 40명은 그 위험률이 1 : 270보다 낮게 나와 발견할 수 없다)이며, 비정상소견을 보이는 임산부 중 실제 다운증후군을 지닌 태아가 태어날 확률은 2%에 불과하다(반대로 검사결과 완전 정상으로 나온 임산부 중 다운증후군 태아를 출산한 사례도 있다). 트리플마커 검사는 모체의 혈액을 이용하여 다운증후군 등의 염색체 이상 및 신경관 결손(NTD, neural tube defect)으로 인한 선천적 기형 여부를 대강 가려내는 선별검사일 뿐 기형아의 확진이 가능한 진단검사(diagnostic test)는 아니지만, 위험성이 있고 비용도 많이 드는 양수천자의 결점을 보완할 수 있으며 검사방법이 비교적 간단하고 안정성이 확보되어 있을 뿐 아니라 비용도 적게 들어 양수천자를 실시하기 전에 하는 비침습(非侵襲)적인 산전선별검사법으로 1988년경 개발된 이래 현재까지 다운증후군 등에 대한 선별검사법 중 가장 널리 이용되고 있다.

이에 반하여 양수천자를 통해 염색체 행형을 분석하는 검사법은 긴 주사바늘로 초음파 유도하에 태아막을 천자하여 양수를 약 20㎖ 채취한 다음 배양한 양수세포의 염색체를 분석하는 확진검사로서 기형 여부의 판별확률은 거의 100%이나, 주사바늘을 넣는 과정에서 임산부 또는 태아의 감염 또는 손상, 유산, 조기진통, 양막파수, 태반출혈, 동종면역, 태아사망 등 위험이 있고 그 비용도 금 500,000원 정도로 3~4만 원 정도의 비용이 소요되는 트리플마커법에 비하여 매우 비싼 단점이 있어서, 통상 ① 35세 이상 임산부, ② 원인불명의 사산아 출생경험이 있는 임산부, ③ 선천성 기형아 출산 경험이 있는 임산부, ④ 습관성 자연유산의 경험이 있는 임산부, ⑤ 염색체 이상이 있는 아이를 출산한 경험이 있는 임산부, ⑥ 초음파검사에서 태아의 이상소견을 보이는 임산부, ⑦ 임산부나 배우자 또는 근친 중에 염색체 이상이 있는 임산부, ⑧ 트리플마커 검사 결과 이상 소견을 보이는 임산부에 한하여 시행한다.

A처럼 유산한 적이 없고 가족 중에도 유전적 질환을 가진 자가 없으며 검사 당시 35세 이하인 임산부의 경우에는 트리플마커 검사를 통하여 다운증후군을 진단하는 것이 통상적이고 표준적인 방법인데, 위 트리플마커 검사 결과 A가 임신한 태아가 다운증후군에 해당할 확률이 임산부의 나이를 고려한 빈도인 1 : 700보다 훨씬 낮은 위험도인 1 : 4,800(이는 신생아 4,800명 중 1명의 빈도로 다운증후군이 발생할 위험률을 가진다는 의미이다)으로 이는 전혀 위험하지 않다고 평가할 만한 수치인데다가 산모의 나이, 체중 등을 고려할 때 이상이 없다(screening negative)는 판정결과가 나오자, B는 이를 토대로 1997.4.13.경 A에게 태아의 상태가 정상이라고 알려주었다. 그러나

B는 A에게 트리플마커 검사가 선별검사에 불과하여 검출률이 60%밖에 되지 아니하므로 기형아 여부의 확진을 위해서는 양수천자 등 좀 더 정확한 검사방법을 택하여야 한다는 점에 관해서는 아무런 설명을 하지 않았다(서울고등법원 2000.9.28. 선고 99나51588 판결에서 인용).

[2009. 4. 17]

7. 사립학교의 종교교육과 학생의 학습권

최근 2009년 4월 30일 헌법재판소는 소위 '뺑뺑이' 고교배정을 규정한 초·중등교육법시행령 제84조 제2항에 관하여 5:4로 합헌결정을 하였다. 중학생 딸을 둔 학부모가 2005년 5월 23일 "초·중등교육법 시행령의 고교 평준화 제도는 학생과 학부모의 학교 선택권과 행복추구권을 침해한다"며 낸 헌법소원심판사건에서 무려 4년여 만에 내려진 苦肉之策의 결정이다.

그러나 헌재가 뺑뺑이 고교배정을 합헌으로 결정했다고는 하지만 현행 뺑뺑이 평준화 정책이 종교의 자유 및 사학문제를 야기하고 학교선택권을 침해하는 등 위헌 소지를 안고 있음은 변함이 없다.

우리나라 공교육의 상당 부분을 사립학교가 떠맡고 있고, 그 사립학교 중 상당수학교가 미션계 학교이다. 기독교나 불교 등 종교종단에서 세운 대학에서 종교교육을 하는 것은 그 대학을 선택한 학생의 입장에서 왈가왈부할 것은 아니로되, 선택의 여지없이 어쩔 수 없이 뺑뺑이로 미션계 고등학교에 배정된 학생의 입장은 다르다.

지금은 유명인사가 되어버린 강의석 군이 2002년 3월경 기독교계 사립학교인 대광고등학교에 입학하여 재학 중 종교의 자유를 주장하며 1인 시위를 벌이다가 2004년 7월 8일 퇴학처분을 받자 이듬해 퇴학처분 무효 소송에서 승소 판결을 받아낸 뒤 학교의 종교행사 강요로 헌법에 보장된 종교·양심의 자유와 행복추구권, 평등권을 침해당했다며 대광고와 서울시(대표자 교육감)를 상대로 5,100만 원의 손해배상청구소송을 제기하였다.

그런데 이 친구의 행적이 기이하다. 1심 판결문에 의하면 강 군은 입학식 날 신입생을 대표하여 기독교교육을 받겠다고 선서도 했고, 2004년 3월 5일 학생회장으로 취임하면서도 학교의 교육방침에 따르겠다고 서약도 했으며, 교목선생의 권유로 당초의 생각을 바꾸어 서양철학을 공부한다는 생각으로 1년 정도 교회를 다니기도 하였고, 1학년 초 증조부가 돌아가신 후부터는 원칙만 세우지 말고 융통성 있게 살자는 생각으로 적극적으로 종교교육과 예배시간에 참여하여 앞장서서 손뼉치고 큰소리로 찬송가를 부르기도 하였다고 시인하고 있는데, 학생회장이 된 후 무슨 계시(?)를 받았는지 종교의 자유를 부르짖으며 단식투쟁과 1인 시위를 하게 되었는지 아리송하다.

이 사태 후 학교장이 퇴학처분을 하기 전에 강 군에게 먼저 스스로 전학을 감으로써 퇴학처분을 면할 수 있는 선택권을 부여하였음에도 강 군은 그 선택권 행사를 거부하였으며, 결국은 바로 그 고등학교를 졸업하고 서울법대에 진학하였다. 이것으로 그의 기이한 행적은 끝난 것이 아니었다. 서울법대에 입학한 뒤에도 호스트바 취업으로 매스컴을 타더니 작년인가 재작년에는 테헤란로에서 국군의 날 시가행진을 하는 탱크 앞을 가로막고 알몸 퍼포먼스를 벌이는 것이 중계되기도 했다.

어쨌든 강 군은 손해배상소송에서 기독교 신자가 아님에도 불구하고 대광고등학교에 재학 중 의사에 반하여 각종 예배 등 기독교의식이나 기타 기독교교리나 의식을 주입하는 내용의 각종 행사에 참가할 수밖에 없었고, 이는 원고의 기본권인 신앙의 자유나 학습권 등을 침해한 불법행위에 해당하므로, 대광학원은 위와 같은 기본권침해로 인하여 원고가 입은 정신적 손해에 대하여 위자료를 지급할 의무가 있다고 주장하였다. 아울러 자신에 대한 퇴학처분은 징계사유가 존재하지 않거나 징계권을 남용한 것이 명백하여 불법행위에 해당하므로, 대광학원은 그로 인한 정신적 손해에 대해서도 위자료를 지급할 의무가 있다고 주장하였다.

1심인 서울중앙지방법원 민사 90단독 배기열 부장판사는 2007년 10월 5일 대광고는 선교를 이유로 개인의 종교의 자유와 학습권을 침해했다는 이유로 대광학원은 원고에게 1,500만 원의 위자료를 지급하라는 판결을 선고하였고, 서울특별시에 대한 청구는 기각하였다(2005가단305176 판결).

배 부장판사는 예지가 돋보이는 장문의 판결을 통해 사립학교의 종교교육과 학생의 학습권에 관하여 자세히 설시를 하고 있는데 주된 논지는 다음과 같다.

> 일정한 종교단체가 선교 등을 목적으로 학교를 설립하였다 하더라도, 그것이 공교육 시스템 속의 학교로 존재하는 한 선교보다는 교육을 1차적인 기능으로 삼아야 하고, 선교를 이유로 학생들이 평등하고 공정하게 누려야 할 교육권 내지는 학습권을 부당하게 침해하여서는 아니 되며, 나아가 비록 학생들의 올바른 심성과 가치관을 심어주는 데에 도움이 된다고 판단한다 하더라도 공교육 시스템 내에서는 종교에 관한 객관적인 지식과 이해를 높여 스스로 사고하고 판단하여 선택할 수 있는 능력을 기를 수 있도록 하는 데에 그쳐야지, 특정 교리와 의식을 주입하거나 강요하는 것이어서는 아니 된다.
> 또한, 종교의 자유는 무엇보다도 종교를 믿고 안 믿을 자유, 신앙고백을 강요당하지 않을 자유, 신앙·불신앙으로 인하여 불이익을 받지 않을 자유 등을 포함하는 신앙의 자유를 본질적 요소로 하는데, 종교교육의 자유가 학교라는 교육기관의 형태를 취할 때에는 그 학교에서 수학하는 학생들의 기본권인 이러한 신앙의 자유 등과 충돌할 가능성이 많고, 특히 현재의 주요 대도시의 경우와 같이 고등학교 평준화 정책에 의하여 본인이 신앙하는 종교와는 무관하게 학교가 강제로 배정되는 제도 아래에서는 더욱 그러하다. 이러한 경우 원

직적으로 학생의 신앙의 자유는 학교를 설립한 종교단체의 선교나 신앙실행의 자유보다 더 본질적이며 인격적 가치를 지닌 상위의 기본권에 해당한다고 보아야 하므로 이러한 학생의 기본권이 보다 더 존중되지 않으면 안 된다. 대광고등학교가 매일 아침 담임교사가 입회한 가운데 5분 정도 학급 부회장인 종교부장 등의 인도 아래 '찬송 — 묵도 — 성경구절 낭독 — 기도'를 하는 방식으로 진행되는 '경건회 시간'과 학생들 전부를 학교 강당에 집합시켜 1시간가량 '묵도 — 찬송 — 사도신경 낭독 — 대표자 기도 — 성경 봉독 — 찬송 — 목사 설교 — 축도'의 순으로 진행하는 이른바 '수요예배'는 원고를 비롯한 기독교를 신앙하지 않는 학생들에게도 본인의 진정한 의사에 관계없이 사실상 참석이 강제되어 왔고, 이러한 '경건회 시간'이나 '수요예배'는 어느 학교나 시행하는 통상적인 학교의 행사라기보다는 그 내용상 특정 교리와 의식을 주입하는 종교적인 색채가 강한 것이므로, 피고 대광학원의 선교나 신앙실행의 자유보다 더 본질적이며 인격적 가치를 지닌 상위의 기본권에 해당하는 원고의 신앙의 자유를 침해한 것으로 볼 수 있다.

위 판결은 비록 하급심 판결이라고는 하나 학생의 학습권은 학교를 설립한 종교 재단의 신앙 실행의 자유보다 우선돼야 한다는 우리나라 법원의 최초의 중요한 판결이었다. 그런데 이 판결이 항소심인 서울고등법원에 뒤집히고 만다.

서울고등법원 민사17부(재판장 곽종훈 부장판사)는 2008.5.8. "사립학교는 특정 종교 교육이 폭넓게 허용돼야 하고, 강 씨가 교사 지도에 반발하고 불손한 태도를 보인 점은 퇴학처분까지 가능한 징계 사유"라며 대광학원이 "사회 통념상 용인되기 힘들 만큼 재량권을 남용했다고 볼 수 없다"고 밝혔다. 이 판결은 학교 선택의 자유가 없는 청소년들의 '종교의 자유'보다 사립학교의 '교육 재량권'을 우선시한 판결이다.

항소심 재판장은 나도 개인적으로 잘 아는 분인데 아주 독실한 기독교 신자이다. 치밀한 재판준비와 기록검토로 재판을 잘 진행하는 분이기도 하다. 곽 부장님은 오로지 주먹만을 믿고 사는 유신론자도 아니고 무신론자도 아닌 나에게 교회에 한번 나와 보라고 선교를 했지만 나를 교회로 인도하지는 못하였다. 그분의 입장에서는 종교계 학교에서 종교교육을 하는 것이 그 학교의 설립목적에 부합하는 것으로 볼 수도 있을 것이다.

이 사건은 이제 대법원으로 공이 넘어갔다. 이 글을 쓰는 2009년 5월 13일 현재 대법원 2008다38288호 사건으로 대법원 1부(주심 김영란 대법관)에 계류 중이다. 대광학원의 대리인으로는 법무법인 로고스가 맡고 있지만(로고스 구성원은 전원 기독교신자로 구성되어 있는 대표적인 기독교 법무법인이다) 강의석은 개인 변호사 25명과 무려 18개 법무법인(법무법인 바른, 한울, 덕수, 한결, 홍익 등이 포함되어 있음)이 대리를 맡고 있다. 강의석이 돈이 많아 이들에게 수임료를 주었을 리는 만무하고 이들 변호사들이 공익소송 차원에서 맡고 있을지도 모른다.

과연 대법원에서는 어떠한 판결을 내릴까? 1부 대법관 4명(김영란, 이홍훈, 김능환, 차한성 대법관)의 의견이 일치되지 않으면 공은 다시 대법원장 포함 대법관 13인의 전원합의체로 넘어갈 수도 있다. 내가 보기에는 항소심 판결이 파기되어 원심에 환송될 여지가 많은 것으로 보인다.

어찌 보더라도 현행 뺑뺑이 제도하에서 종교교육은 분명히 문제가 있다. 내가 군대생활을 하던 25년 전에는 일요일에 교회를 가면 작업을 하지 않아도 되고 고참들 눈치를 보지 않아도 되어 교회에 나가 졸다 오기도 했다. 교회나 신앙의 문제는 누가 시키거나 강요할 수는 없는 노릇이다.

그런데 나이가 들다 보니 산을 다니면서 들르게 되는 산사나 시골

의 성당 같은데 가면 왠지 평온하다는 느낌을 갖게 된다. 머리가 띵
할 정도로 시끌벅적한 도심의 교회나 절간이 아니라면, 복잡한 교리
가 아니라면 내 자의로 이런 곳에서 며칠 머물고 싶을 때도 있다.

[2009. 5. 13]

[주]

대법원 2010.4.22. 선고 2008다38288 전원합의체판결은 피고 대
광학원에 관한 원심 판결을 파기하고 사건을 서울고등법원에 환송하
였다. 판결요지는 다음과 같다.

[1] 헌법상의 기본권은 제1차적으로 개인의 자유로운 영역을 공권력의 침해
로부터 보호하기 위한 방어적 권리이지만 다른 한편으로 헌법의 기본적
인 결단인 객관적인 가치질서를 구체화한 것으로서, 사법을 포함한 모든
법 영역에 그 영향을 미치는 것이므로 사인간의 사적인 법률관계도 헌법
상의 기본권 규정에 적합하게 규율되어야 한다. 다만 기본권 규정은 그
성질상 사법관계에 직접 적용될 수 있는 예외적인 것을 제외하고는 사법
상의 일반원칙을 규정한 민법 제2조, 제103조, 제750조, 제751조 등의
내용을 형성하고 그 해석 기준이 되어 간접적으로 사법관계에 효력을 미
치게 된다. 종교의 자유라는 기본권의 침해와 관련한 불법행위의 성립
여부도 위와 같은 일반규정을 통하여 사법상으로 보호되는 종교에 관한
인격적 법익침해 등의 형태로 구체화되어 논하여져야 한다.

[2] 공교육체계의 헌법적 도입과 우리의 고등학교 교육 현실 및 평준화정책
이 고등학교 입시의 과열과 그로 인한 부작용을 막기 위하여 도입된 사
정, 그로 인한 기본권의 제한 정도 등을 모두 고려한다면, 고등학교 평
준화정책에 따른 학교 강제배정제도에 의하여 학생이나 학교법인의 기본
권에 일부 제한이 가하여진다고 하더라도 그것만으로는 위 제도가 학생
이나 학교법인의 기본권을 본질적으로 침해하는 위헌적인 것이라고까지

할 수는 없다.

[3] 고등학교 평준화정책에 따른 학교 강제배정제도가 위헌이 아니라고 하더
라도 여전히 종립학교(종교단체가 설립한 사립학교)가 가지는 종교교육의
자유 및 운영의 자유와 학생들이 가지는 소극적 종교행위의 자유 및 소
극적 신앙고백의 자유 사이에 충돌이 생기게 되는데, 이와 같이 하나의
법률관계를 둘러싸고 두 기본권이 충돌하는 경우에는 구체적인 사안에서
의 사정을 종합적으로 고려한 이익형량과 함께 양 기본권 사이의 실제적
인 조화를 꾀하는 해석 등을 통하여 이를 해결하여야 하고, 그 결과에
따라 정해지는 양 기본권 행사의 한계 등을 감안하여 그 행위의 최종적
인 위법성 여부를 판단하여야 한다.

[4] 고등학교 평준화정책 및 교육 내지 사립학교의 공공성, 학교법인의 종교
의 자유 및 운영의 자유가 학생들의 기본권이나 다른 헌법적 가치 앞에
서 가지는 한계를 고려하고, 종립학교에서의 종교교육은 필요하고 또한
순기능을 가진다는 것을 간과하여서는 아니 되나 한편으로 종교교육으로
인하여 학생들이 입을 수 있는 피해는 그 정도가 가볍지 아니하며 그 구
제수단이 별달리 없음에 반하여 학교법인은 제한된 범위 내에서 종교의
자유 및 운영의 자유를 실현할 가능성이 있다는 점을 감안하면, 비록 종
립학교의 학교법인이 국·공립학교의 경우와는 달리 종교교육을 할 자
유와 운영의 자유를 가진다고 하더라도, 그 종립학교가 공교육체계에 편
입되어 있는 이상 원칙적으로 학생의 종교의 자유, 교육을 받을 권리를
고려한 대책을 마련하는 등의 조치를 취하는 속에서 그러한 자유를 누린
다고 해석하여야 한다.

[5] [다수의견] 종립학교가 고등학교 평준화정책에 따라 학생 자신의 신앙과
무관하게 입학하게 된 학생들을 상대로 종교적 중립성이 유지된 보편적
인 교양으로서의 종교교육의 범위를 넘어서서 학교의 설립이념이 된 특
정의 종교교리를 전파하는 종파교육 형태의 종교교육을 실시하는 경우에
는 그 종교교육의 구체적인 내용과 정도, 종교교육이 일시적인 것인지
아니면 계속적인 것인지, 학생들에게 그러한 종교교육에 관하여 사전에
충분한 설명을 하고 동의를 구하였는지, 종교교육에 대한 학생들의 태도
나 학생들이 불이익이 있을 것을 염려하지 아니하고 자유롭게 대체과목
을 선택하거나 종교교육에 참여를 거부할 수 있었는지 등의 구체적인 사

정을 종합적으로 고려하여 사회공동체의 건전한 상식과 법감정에 비추어
볼 때 용인될 수 있는 한계를 초과한 종교교육이라고 보이는 경우에는
위법성을 인정할 수 있다.

[대법관 안대희, 양창수, 신영철의 반대의견] 종립학교의 종교교육이 그
허용되는 한계를 벗어나서 위법하다고 평가되어 불법행위가 성립된다고
볼 수 있으려면, 그 종교교육이 보편적이고 건전한 사회인의 양성이라는
교육목적에 전혀 어울리지 아니하는 것이 아닌 한, 학생이 자신의 종교
적 신념이나 확신에 기초하여 종립학교의 종교교육을 거부한다는 의사를
명시적으로 표시하거나 또는 이와 동일하게 평가될 수 있는 행동을 하였
음에도 그러한 학생에게 전학의 기회를 부여하는 등 보완책을 제시하지
아니한 채 종교의 자유를 가지는 학생의 인격적 가치를 무시하여 일방적
으로 종교교육을 강제한 것임이 인정되어야 한다. 그리고 위와 같은 종
교교육 거부의 의사가 학생 자신의 종교적 신념이나 확신에 기초한 것인
지를 판단함에 있어서는 고등학생이라는 그 연령대가 아직 감정의 기복
이 심하고 인격적으로 미성숙의 성장단계임을 감안한다면 학생 본인의
의사표현만 가지고 판단할 것이 아니라 부모의 태도 등을 충분히 고려하
여 본인의 진지한 성찰을 거친 것임이 명확히 확증될 수 있어야 하고,
나아가 부모도 이에 동의한 경우라야 한다.

[6] 종립학교가 고등학교 평준화정책에 따라 강제배정된 학생들을 상대로 특
정 종교의 교리를 전파하는 종파적인 종교행사와 종교과목 수업을 실시
하면서 참가 거부가 사실상 불가능한 분위기를 조성하고 대체과목을 개
설하지 않는 등 신앙을 갖지 않거나 학교와 다른 신앙을 가진 학생의 기
본권을 고려하지 않은 것은, 우리 사회의 건전한 상식과 법감정에 비추
어 용인될 수 있는 한계를 벗어나 학생의 종교에 관한 인격적 법익을 침
해하는 위법한 행위이고, 그로 인하여 인격적 법익을 침해받는 학생이
있을 것임이 충분히 예견가능하고 그 침해가 회피가능하므로 과실 역시
인정된다고 한 사례.

[7] [다수의견] (가) 학생에 대한 징계가 징계대상자의 소행, 평소의 학업 태
도, 개전의 정 등을 참작하여 학칙에 정한 징계절차에 따라서 징계위원
들이나 징계권자의 자율적인 판단에 따라 행하여진 것이고, 실제로 인정
되는 징계사유에 비추어 그 정도의 징계를 하는 것도 무리가 아니라고

인정되는 경우라면, 비록 그 징계양정이 결과적으로 재량권을 일탈한 것으로 인정된다고 하더라도 이는 특별한 사정이 없는 한 법률전문가가 아닌 징계위원들이나 징계권자가 징계의 경중에 관한 법령의 해석을 잘못한 데 기인하는 것이라고 보아야 하므로, 이러한 경우에는 징계의 양정을 잘못한 것을 이유로 불법행위책임을 물을 수 있는 과실이 없다. 그러나 학교가 그 징계의 이유로 된 사실이 퇴학 등의 징계처분의 사유에 해당한다고 볼 수 없음이 객관적으로 명백하고 조금만 주의를 기울이면 이와 같은 사정을 쉽게 알아볼 수 있는데도 징계에 나아간 경우와 같이 징계권의 행사가 우리의 건전한 사회통념이나 사회상규에 비추어 용인될 수 없음이 분명한 경우에 그 징계는 그 효력이 부정됨에 그치지 아니하고 위법하게 상대방에게 정신적 고통을 가하는 것이 되어 그 학생에 대한 관계에서 불법행위를 구성하게 된다.

(나) 갑에 대한 퇴학처분은 그 징계의 이유로 된 사실이 퇴학처분에 해당한다고 볼 수 없음이 객관적으로 명백하고 징계권자 또는 징계위원들이 조금만 주의를 기울이면 이와 같은 사정을 쉽게 알아볼 수 있음에도 징계에 나아간 것으로, 그 징계권의 행사가 우리의 건전한 사회통념이나 사회상규에 비추어 용인될 수 없음이 분명하여 갑에 대하여 불법행위가 된다고 본 사례.

[대법관 양승태, 안대희, 차한성, 양창수, 신영철의 반대의견] (가) 징계처분에서 징계사유로 되지 아니한 비위사실이나 피징계자의 평소의 소행 등도 징계양정의 참작자료로 삼을 수 있으므로, 징계처분의 이유가 된 사실이 징계처분의 사유에 해당한다고 볼 수 없음이 객관적으로 명백하고 징계권자 또는 징계위원들이 조금만 주의를 기울이면 이러한 사정을 쉽게 알아볼 수 있음에도 징계를 한 것으로서 징계권의 행사가 우리의 건전한 사회통념이나 사회상규에 비추어 용인될 수 없음이 분명한 경우에 해당하는지를 판단함에 있어서는 징계사유뿐만 아니라 그 징계양정에 참작한 비위사실 등도 종합적으로 고려하여야 한다.

(나) 갑에 대한 퇴학처분은 교사에게 불손하게 반항하였다는 징계사유와 아울러 징계양정의 자료로 삼을 수 있는 비위사실들을 감안하면, 그 징계처분의 이유로 된 사실만으로 징계대상이 된 학생이 개전의 가망이 없다고 단정하기에는 부족하여 퇴학처분이라는 징계양정이 과하다고 볼 수

는 있을지라도, 그 징계에서 인정된 사실이 퇴학처분을 할 정도의 사유에 해당하지 아니함이 객관적으로 명백하였거나 징계권자 또는 징계위원들이 조금만 주의를 기울였더라면 이를 쉽게 알 수 있었던 경우에 해당한다고 보기는 어려워, 학교법인에게 징계의 양정을 잘못한 것을 이유로 불법행위책임을 물을 수 있는 과실이 있다고 볼 수 없다고 한 사례.

[8] [다수의견] 초·중등교육법은 제6조에서 사립학교는 교육감의 지도·감독을 받는다고 규정하고, 제7조에서 교육감은 학교에 대하여 교육과정운영 및 교수·학습방법에 대한 장학지도를 실시할 수 있도록 규정하고 있다. 또한 제63조 제1항에서 "관할청은 학교가 시설·설비·수업·학사 및 기타 사항에 관하여 교육관계 법령 또는 이에 의한 명령이나 학칙을 위반한 경우에는 학교의 설립·경영자 또는 학교의 장에게 기간을 정하여 그 시정 또는 변경을 명할 수 있다"고 규정하고 있다. 이러한 규정은 교육의 공공성을 고려하여 사립학교 교육에 있어서도 국가 교육이념을 실현하고 그 운영의 적정성을 확보하기 위한 것일 뿐 아니라 나아가 그러한 학교 운영을 통하여 학생 개개인의 균형 있는 정신적·육체적 발달을 도모하려는 취지라고 봄이 상당하다. 그러나 교육감이 위 법률의 규정에서 정하여진 직무상의 의무를 게을리하여 그 의무를 위반한 것으로 위법하다고 하기 위해서는 그 의무위반이 직무에 충실한 보통 일반의 공무원을 표준으로 할 때 객관적 정당성을 상실하였다고 인정될 정도에 이르러야 한다. 또한 교육감의 장학지도나 시정·변경명령 권한의 행사 등이 교육감의 재량에 맡겨져 있는 위 법률의 규정 형식과 교육감에게 그러한 권한을 부여한 취지와 목적에 비추어 볼 때 구체적인 상황 아래에서 교육감이 그 권한을 행사하지 않은 것이 현저하게 합리성을 잃어 사회적 타당성이 없는 경우에 해당하여야만 교육감의 직무상 의무를 위반한 것으로서 위법하게 된다.

[대법관 박시환, 이홍훈, 전수안의 반대의견] 대법원은 종래 공무원의 부작위의 경우에도 공무원의 작위로 인한 국가배상책임을 인정하는 경우와 마찬가지로 '공무원이 직무를 집행하면서 고의 또는 과실로 법령을 위반하여 타인에게 손해를 입힌 때'라고 하는 국가배상법 제2조 제1항의 요건을 충족하면 국가배상책임이 인정됨을 밝혀 왔다. 여기서 '법령을 위반하여'라고 하는 것이 엄격하게 형식적 의미의 법령에 명시적으로 공무원

의 작위의무가 규정되어 있는데도 이를 위반하는 경우만을 의미하는 것은 아니고, 국민의 생명, 신체, 재산 등에 대하여 절박하고 중대한 위험상태가 발생하였거나 발생할 우려가 있어서 국민의 생명, 신체, 재산 등을 보호하는 것을 본래적 사명으로 하는 국가가 초법규적, 일차적으로 그 위험 배제에 나서지 아니하면 국민의 생명, 신체, 재산 등을 보호할 수 없는 경우에는 형식적 의미의 법령에 근거가 없더라도 국가나 관련 공무원에 대하여 그러한 위험을 배제할 작위의무를 인정할 수 있는 것이며, 이를 위반하는 경우도 포함하는 것이다. 이러한 경우 위법성 판단의 전제가 되는 작위의무는 공무원의 부작위로 인하여 침해된 국민의 법익 또는 국민에게 발생한 손해가 어느 정도 심각하고 절박한 것인지, 관련 공무원이 그와 같은 결과를 예견하여 그 결과를 회피하기 위한 조치를 취할 수 있는 가능성이 있는지 등을 종합적으로 고려하여 판단하여야 한다. 이와 같이 국가배상법에서의 위법이라는 개념은 법령에 명문으로 정해진 작위의무의 위반뿐만 아니라 관련 법규 및 조리를 종합적으로 고려할 때 인정되는 공무원의 직무상 손해방지의무에 대한 위반을 포함하는 것이다. 또한 위와 같은 사정 아래에서 작위의무를 인정하는 결과, 그 작위의무의 판단 자체에 공무원의 예견가능성이나 회피가능성이라는 과실 요소에 관한 판단이 포함되게 되므로 위와 같이 인정되는 작위의무를 위반한 경우에는 특별한 사정이 없는 한 과실은 당연히 인정된다고 보아야 한다.

[9] 서울특별시 교육감과 담당 공무원이 취한 일부 시정조치들만으로는 종립학교의 위법한 종교교육이나 퇴학처분을 막기에는 부족하여 결과적으로 학생의 인격적 법익에 대한 침해가 발생하였다고 하더라도, 교육감이 더 이상의 시정·변경명령 권한 등을 행사하지 아니한 것이 객관적 정당성을 상실하였다거나 현저하게 합리성을 잃어 사회적 타당성이 없다고 볼 수 있는 정도에까지 이르렀다고 하기는 어렵다고 한 사례.

8. 조위금의 귀속

서울생활 30여 년을 마감하고 인생 2모작을 위해 제주에 내려와 제주를 생활의 터전을 삼은 지도 2년 반이 지났다. 오랜만에 고향에 내려오니 지인들의 경조사에 참여할 일이 많이 생겼다. 서울에서는 그냥 모른 척하고 지나쳐도 됐으나, 여기서는 그게 안 된다. 당사자 본인의 부모상뿐만 아니라 처 부모상까지도 챙겨야 한다.

그런데 상가(喪家)에 가서는 서울에서처럼 부조금을 영안실의 부조함에 넣고 있는데 이곳에서 문상객들이 직접 상주에게 부조금을 주는 것을 목도하고 혼란에 빠지는 일이 있다. 상주의 상복 소매 깃이 부조봉투를 넣을 수 있게 만들어진 것을 보고 특별히 자기가 아는 상주에게 주어야 할 사정이 있는가 의아해하면서도 그 뜻을 헤아려보게 되었다.

오래전에 한 육군항공대의 대위가 공무수행 중 사망하였는데, 미망인이 육군본부 항공감실, 항공사령부, 소속부대 등으로부터 부조금소로 시급받은 1,500만 원을 둘러싸고 시부모와 분쟁이 생긴 일이 있다. 위 조위금은 소속부대대장이 망인의 안장식 때 대전 국립현충원에서 망인의 배우자에게 조위금의 명목으로 금 700,000원을 지급하고, 육군항공학교장이 같은 날 같은 장소에서 육군항공사령부가 모금한 조위금 3,500,000원을 망인의 부와 처가 함께 선 자리에서 유족대표에게 전달하였으며, 육군본부 항공감실에서는 무통장예입의 방법에 의하여 금 11,550,000원을 조위금으로 망인의 배우자에게 송금한 것이었다.

망인의 부모는 부조금의 성질과 경험칙에 비추어 위 부조금에 대해서는 망인의 부모와 처가 각 1/3씩의 지분을 가지고 있으므로, 망인의 처에게 각자의 지분에 해당하는 돈의 지급을 구하는 소송을 제기하였다.

이에 대해 대구고등법원은 부조금의 성질상 그것이 반드시 재산상속인이 되는 유족들의 공유에 속하는 것이라고 볼 수는 없고, 오히려 같은 목적으로 출연되는 군인연금법 등의 규정에 의한 사망조위금의 수령권자를 다른 연금의 경우와는 달리 망인의 배우자로만 지정하고 있고 배우자가 없는 경우에 한하여 장제를 행하는 자가 일정한 순위에 따라 이를 수령하도록 규정한 취지에 비추어 보아 위 부조금에 대한 수령권자 또한 마찬가지로 망인의 배우자로 봄이 상당하다는 이유로, 망인의 부모의 주장을 배척하였다.

그런데 대법원은 사람이 사망한 경우에 부조금 또는 조위금 등의 명목으로 보내는 부의금은 상호상부의 정신에서 유족의 정신적 고통을 위로하고 장례에 따르는 유족의 경제적 부담을 덜어줌과 아울러 유족의 생활안정에 기여함을 목적으로 증여되는 것으로서, 장례비용에 충당하고 남는 것에 관해서는 특별한 다른 사정이 없는 한 사망한 사람의 공동상속인들이 각자의 상속분에 응하여 권리를 취득하는 것으로 봄이 우리의 윤리감정이나 경험칙에 합치된다고 할 것이므로, 군인연금법에 군인이 사망한 때에는 그 배우자에게 사망조위금을 지급하도록 규정되어 있다고 하여, 망인의 소속부대나 그 상급부대인 육군본부 항공감실 및 항공사령부에서 보낸 부조금이나 조위금을 지급받을 권리가 망인의 배우자 한 사람에게만 귀속된다고 볼 수는 없다고 판시하여 원심을 파기환송하였다.

대법원은 위와 같이 부조금이나 조위금의 명목으로 돈을 보낸 사람들이 망인의 처 한 사람을 위하여 그에게 지급한 것인지, 그렇지 않고 망인의 처를 망인의 다른 상속인들을 포함한 유족의 대표자로 보아 망인의 처에게 지급한 것인지에 관하여, 돈을 보낸 사람들의 의사를 밝혀보지 아니하고는 그 돈을 지급받을 권리가 망인의 처 한 사람에게만 귀속된다고 단정할 수는 없을 것이고, 이 사건 부조금을 지급받을 권리가 망인의 처 한 사람에게 귀속되는 것으로 판단한 원심 판결에는 부의금의 귀속 주체에 관한 법리를 오해하였거나 심리를 제대로 하지 아니한 위법이 있다고 판시하였다(대법원 1992.8.18. 선고 92다2998 판결).

망인을 둘러싸고 시댁과 며느리 사이에 부조금을 두고 소송까지 벌이는 세태가 야속하기도 하지만 과연 망인의 부모와 망인의 처 중 누가 망인의 죽음을 더 슬퍼하고 애통해할까?

그러고 보니 제주에서는 조위금을 지급하는 문상객들이 위와 같은 대법원판례의 취지를 알고 조위금의 수령 주체를 명백히 하여 직접 자기가 아는 상주에게 조위금을 주는 것인지는 모르나, 어찌 보면 이런 관행은 조위금의 귀속을 둘러싼 당사자들의 분쟁을 사전예방하고 있다. 사실 그 부조금이라는 것도 일종의 부채이다. 언젠가는 다시 갚아야 할 돈이라면 그 귀속 주체를 분명히 해두는 것도 지혜일지 모른다.

언젠가 한 사법연수원 동기생이 암으로 고인이 되었을 때 동기생들은 십시일반 거둔 부조금을 고인의 부인에게 직접 주지 않고 고인의 어린 아들을 위해 신탁하는 것을 보고 참으로 법을 배운, 법이 없으면 살 수 없는 사람들이라 다르다는 생각을 하면서도 뒷맛은 개운치 못했다. 고인의 부인을 보기가 난처한 것은 나만이 아니었을 것이다.

[2009. 9. 16]

9. 들킨 죄

혼인빙자간음죄가 헌재의 위헌판결로 역사의 뒤안길로 사라졌으나, 간통죄는 가까스로 합헌을 유지하고 있다. 그러나 형법 제241조(간통죄)는 사실상 '식물 형벌'이 돼 가고 있다. 2008년 서울중앙지방법원에 간통으로 기소된 32건 가운데 15건은 고소 취소 등으로 공소 기각됐고, 나머지 17건 중 16건에 대해 집행유예가 선고되었으며, 실형을 선고받은 단 한 사람뿐이었다.

이제 형법개정 작업을 하면서 간통죄는 삭제될 운명을 맞고 있다. 그동안 간통죄 폐지에 반대하던 여성단체들도 간통죄 폐지에 적극적인 입장을 보이고 있다. 그러나 동성동본금혼제도가 폐지되었다고 하여 동성동본혼인을 장려하는 것이 아닌 것처럼 간통죄가 폐지된다고 하여 간통을 장려하는 것이 아님은 물론이다.

숨겨둔 정부(情婦) 하나
있으면 좋겠다
몰래 나 홀로 찾아드는
외진 골목길 끝, 그 집
불 밝은 창문
그리운 우리 둘 사이
숨막히는 암호 하나 가졌으면 좋겠다.

아무도 눈치 못 채는
비밀 사랑

― 이수익, "그리운 악마"

예전에 이 시를 읽고 내 속마음을 들킨 듯이 놀랐던 적이 있다. 지금은 아니지만(?) 예전에 나도 이 시와 같이 '악마'를 그리던 때가 있었다. 많은 중년 남자들이 이 시와 같은 생각을 누구나 한 번쯤은 품어보았을 것이다. 누구나 한 번쯤은 삶에 활력을 주는 악마 같은 여자를 그려보았을 것이다. 남자뿐만이 아니고 여자도 마찬가지다. 여류시인 문정희도 정부(政府)보다 정부(情夫)를 갖고 싶다고 했다. 악마가 있고 죄가 있는⋯ 위험하지 않은 삶은 삶이 아니라고 하면서. 그러나 들키면 큰일 난다. 간통죄는 말 그대로 '들킨 죄'이다.

지금은 국내 유수의 모 대형 로펌의 대표로 있는 盧 모 변호사가 어느 지원의 부장판사 시절 이혼사건을 심리하고 있었다. 그런데 부인이 원고였고, 피고는 간통죄로 구속되어 있는 남편이었다. 부인이 남편을 상대로 이혼소송을 제기하고 남편을 간통죄로 고소하여 남편이 구속된 것이었다(형사소송법 제229조 제1항은 간통죄는 혼인이 해소되거나 이혼소송을 제기한 후가 아니면 고소할 수 없도록 하고 있다). 교도관의 호송을 받고 피고석에 선 남편은 일장 연설로 자신의 입장을 피력하기 시작하였다.

"재판장님! 세상에 남자가 바람 한번 피웠다고 이렇게 무고한 사람을 구속하는 나라가 세상에 어디 있습니까? 저는 도대체 이해할 수가 없습니다. 개인의 사생활인 성적 역역에 이렇게 국가권력이 개입해도 되는 것입니까? 이거 개인의 행복추구권을 침해하는 '위헌' 아닙니까? 개인의 '성적 자기 결정권'을 침해하는 것이 아닙니까?"

피고(형사사건에서는 피고인이지만 민사나 가사사건에서는 피고)는 구치소에서 공부깨나 했는지 장황하게 썰을 풀어가다가 재판장에게도 한마디 던진다.

"재판장님! 이 법정 방청석에 앉아 있는 사람들에게 살다가 바람 한번 안 피워본 사람이 있으면 손 한번 들라고 해 보십시오. 재판장님! 재판장님은 바람 한번 안 피워 보셨습니까?"

손을 드는 방청객도 없었고, 재판장도 할 말이 없었다. 법정의 분위기는 완전히 피고가 주도하고 있었다. 이때 피고에게 던진 재판장의 한마디가 피고인을 침묵으로 몰아넣었다.

"이봐! 피고!! 자네는 '들킨 죄'야!!!"

성적 자기 결정권이니 위헌이니 뭐니 하며 떠들던 피고도 더 이상 할 말을 잊었고, 법정의 주도권은 다시 재판장에게 돌아갔다. 재판장은 원고에게 자식들이 어떻게 되느냐고 물어보자 유치원 다니는 딸이 하나 있다고 대답하였다. 재판장은 피고에게 원고가 용서해주면 다시는 바람피우지 않고 가정으로 돌아가겠느냐고 묻자 피고는 자신의 잘못으로 원고에게 미안하다고 대답하였다. 재판장이 원고에게 어린아이도 있고 하니 혹시 피고와 합의할 생각이 없느냐고 물어보자, 원고는 펄펄 뛰었다.

"저 자식(피고)은 혼이 나 봐야 합니다. 저로서는 합의할 생각이 추호도 없습니다."

젊은 판사였다면 바로 결심(結審)을 하고 판결선고기일을 지정했을 터인데 노련한 재판장은 이런저런 인생사 이야기를 하면서 원고를 설득하기 시작하였다. 결국 원고는 재판장의 집요한 합의요구에 지쳐 합의는 하되 한 가지 조건을 덧붙였다.

"좋습니다. 재판장님이 정 그러시다면 합의는 하겠지만 재판장님께 한 가지 요구가 있습니다. 재판장님이 앞으로 피고가 바람을 피우지 않을 것에 대한 보증을 해주시면 합의하겠습니다."

재판장은 난감했다. 요새 보증사고도 많이 나는데 보증 같은 거 하지 말고 서로 믿고 합의하도록 종용했으나, 원고는 재판장의 보증이 없으면 죽어도 합의하지 않겠다고 잘라 말했다. 재판장은 다른 사건 심리할 것도 많은데 이 사건으로 많은 시간을 소비하고 있어 다른 사건 재판을 마치고 판사실에서 만나서 다시 이야기해보자고 하고 이 사건의 심리를 마쳤다. 교도관에게는 재판이 끝나는 대로 피고를 데리고 판사실로 오도록 하였다.

다른 사건 재판을 마치고 판사실에서는 재판장의 보증문제에 걸려 더 이상 합의가 진전되지 않고 있었다. 이제는 재판장이 원고의 요구에 지쳐서 피고가 바람피우지 않을 것을 보증해주고 말았다. 재판장이 각서를 썼다.

"앞으로 피고 아무개는 절대 바람을 피우지 않을 것을 보증하고 이에 각서함. 재판장 판사 노 아무개" 하고 도장을 찍어주었다. 원고는 이 각서를 받아들고는 소를 취하하였고 재판장은 사건을 뗐다. 이 정도면 젊은 판사는 감히 흉내를 내지 못하는 명판사 소리를 들을 만하다.

이런저런 재판으로 시간이 흘러가는데 좌우배석 판사들이 궁금해서 미칠 지경이었다. 부장에게 혹시 그때 그 여자로부터 보증책임 지라는 연락을 받지 않으셨냐고 집요하게 물어보았으나 재판장은 침묵으로 일관할 뿐 더 이상 말이 없었다. 배석들의 의문은 증폭되어 갔고, 배석들이 시도 때도 없이 계속 보증 이야기를 물어보자, 그 재판장은 다음 한마디로 배석판사들에게 침묵을 명하였다.

"보증이야기 같은 거 없어! 요새 그 친구 안 들키나 봐!!"

임제(林悌: 1549~1587)라는 사람이 있었다. 임제의 호는 백호(白湖). 조선 선조 9년에 알성문과(謁聖文科)에 급제하여 벼슬길에 올랐으나 동서 양당의 싸움을 개탄하고 낙향하여 명산을 찾아다니며 여생을 마쳤다는 사람이다. 들리는 말에 의하면 백호는 당대의 명문장가로 이름을 날렸으며 詩에도 능했고, 절세의 미남으로 천하에 그 이름을 모르는 사람이 없을 정도였다.

백호가 28세 때 춘 3월 어느 날 한양에서 술에 만취하여 수원 어느 주막까지 갔는데, 그 집 주모와 눈이 맞아 하룻밤을 자게 되었다. 그런데 그만 주모의 남편에게 들키고 말았다. 그 남편이 칼을 들고 들어와 임제를 죽이려고 하자, 이왕 죽을 바에야 詩나 한 수 짓고 죽겠으니 허락해달라고 하였다. 주모의 남편이 허락하므로 백호는 즉석에서 詩 한 수를 지었다.

昨夜長安醉酒來(작야장안취주래): 어젯밤 장안에서 술에 취해 여기 오니

　　백호는 詩를 다 적은 후에 이제 죽이라고 목을 내밀었다. 주모의 남편은 이 詩를 보고 요염한 복숭아꽃의 유혹, 그리고 꽃(마누라)을 쉽게 꺾을 수 있는 곳, 뭇 남자와 격의 없이 접촉할 수 있는 술집에 둔 자신의 잘못도 있음을 꼬집은 글귀에 감복했고, 그는 임제의 호탕한 성품과 출중한 인품에 매료되어 술상을 들여와서 융숭한 대접을 하였다. 그리고 자신의 잘못도 있음을 인정하고 백호의 죄를 용서하였다는 구라 같은 이야기.

　　지난 시절에 Y 모라는 유명한 야당 거물 정치인이 있었다. 그분의 아들도 국회의원을 지냈다. Y 모가 그분의 지역구의 경찰서장 관사에서 서장 부인과 정을 통하고 있는 순간 서장에게 들키고 말았다. 서장이 권총을 빼들고 Y를 겨누었다. 이때 Y는 이 한마디로 위기를 돌파하였다. 그는 과연 무슨 말을 하고 위기를 벗어날 수 있었을까를 상상해보라.

　　나는 이 이야기를 신민당 총재권한대행, 최고의원 등을 역임한 이충환 씨로부터 직접 들었다. 이충환 씨는 일제시대 고등문관시험에 합격한 사람으로 말년에는 변호사를 하고 있었는데 2005년쯤 작고한 것으로 알고 있다. 서울중앙지방법원의 변호사 공실에서 이런 분들의 이야기를 들으면서 시간을 보낼 수 있었는데 이제는 법원에 그런 공실이 없어지고 말았다.

[2010. 3. 8]

10. 유골 다툼을 하는 세상

세상에 살다 살다 보니 자식들이 부모 유골을 갖고 소송을 하는 꼴을 본다.

문화일보 인터넷판 2010년 7월 14일자에는 다음과 같은 기사가 실렸다.

이복형제 상속 욕심에 "아버지 유골은 내 거야"

정우천 기자 goodpen@munhwa.com | 기사 게재 일자: 2010.07.14. 11:48

이복형제 간 재산권 다툼이 부친의 유골 소유권 분쟁으로 비화돼 관심을 끌고 있다. 14일 충남 당진군에 따르면 대전에 사는 A 씨는 지난해 4월 부친이 사망하자 한 군립 납골당에 유골을 봉안하면서 '다른 형제가 찾아오더라도 유골을 절대로 내주지 말라'는 단서조항을 넣은 계약을 맺었다. 그러나 올 2월 서울에 거주하는 A 씨의 이복동생 B 씨가 납골당을 찾아와 유골 인도를 요구, 납골당 측이 A 씨와의 계약에 따라 인도를 거부하자 B 씨는 대전지법 서산지원에 민사소송을 제기했다.

당진군 관계자는 "사망자가 당진군 내 산업단지 개발 과정에서 수십억 원의 보상을 받게 돼 보상금 상속에서 유리한 위치를 차지하기 위해 유골 소유권 분쟁을 벌인다는 소문이 나돌고 있어 법원 판결에 따라 유골을 내어줄지를 결정할 계획"이라고 말했다.

당진＝고광일 기자 kik@munhwa.com

지난번에 고 최진실의 유골이 도난당한 일이 있는데 이제 유골이 돌아다니는 세상이 되었고, 유골을 두고 법정 다툼을 해야 하는 세상이 되었다.

우리 판례는 유골이나 유체의 소유권은 제사주재자에게 귀속된다고 하고 있으므로 위 사례에서 이복동생이 유골 인도를 요구하더라도 형에게 정상적으로 제사를 주재할 의사나 능력이 없다고 인정되는 경우가 아닌 한 승소판결을 받을 수는 없을 것이다.

아버지의 유언이 없는 한 이복형제끼리도 법정상속분은 동일하다. 이복동생이 아버지에 의하여 인지되지 않았다면 이복동생은 아버지 사후 2년 내에 검사를 피고로 하여 인지청구를 하여 승소판결을 받아야 상속분을 인정받을 수 있음은 물론이다.

그러면 여기서 유골이나 유체의 소유권 귀속을 둘러싼 대법원전원합의체 판결을 살펴보자.

사안은 다음과 같다.

원고는 망인(A) 및 그와 법률혼 관계에 있는 B 사이에서 출생한 3남 3녀 중 장남이고, 피고들은 망인 및 그와 사실혼관계에 있는 C 사이에서 출생한 자녀들(1남 2녀)이다. 망인은 1947년 B와 혼인하였다가, 1961년경부터 B와 떨어져 C와 동거에 들어간 이래 2006년 1월 8일 사망할 때까지 약 44년간 C와 함께 살면서 그 사이에 피고들을 두었다. 피고들은 망인이 사망하자 망인이 유체를 공원묘지에 안장하였는데, 원고는 망인의 유체를 선산에 미리 준비해놓은 묏자리에 모셔야 한다면서 이장을 요구하였고, 피고들이 이를 거부하자 피고들을 상대로 망인의 유체 인도를 구하는 소송을 제기하였다.

원고는 망인의 유체·유골에 대한 소유권은 제사주재자에게 있고, 망인의 장남이자 호주승계인인 원고가 망인의 제사주재자이므로, 피고들은 원고에게 망인의 유체를 인도해야 한다고 주장하였다. 이에 대하여 피고들은 망인의 생전 의사에 따라 망인의 유체를 이 사건 분묘에 안장한 것이므로 원고도 이에 따라야 하고, 원고와 망인이 망인의 생전에 40여 년 동안 절연해 왔는데, 양자 사이의 왕래, 부모로서의 자식 양육, 자식으로서의 부모 부양 등 가족구성원으로서의 최소한의 가족애조차 없었으므로, 원고에게는 제사주재자의 지위를 유지할 수 없는 특별한 사정이 있다고 주장하였다.

이 소송은 1, 2, 3심 모두 원고의 승소로 귀결되었다. 대법원 2008.11.20. 선고 2007다27670 전원합의체 판결은 제사주재자는 (1) 우선적으로 망인의 공동상속인들 사이의 협의에 의해 정해져야 하되, (2) 협의가 이루어지지 않는 경우에는 제사주재자의 지위를 유지할 수 없는 특별한 사정이 있지 않은 한 망인의 장남(장남이 이미 사망한 경우에는 장남의 아들, 즉 장손자)이 제사주재자가 되고, (3) 공동상속인들 중 아들이 없는 경우에는 망인의 장녀가 제사주재자가 됨을 밝히면서 사람의 유체·유골은 매장·관리·제사·공양의 대상이 될 수 있는 유체물로서, 분묘에 안치되어 있는 선조의 유체·유골은 민법 제1008조의 3 소정의 제사용 재산인 분묘와 함께 그 제사주재자에게 승계된다고 판시하였다.

망인이 생전에 자신의 유체·유골의 매장장소를 지정한 경우에도 선량한 풍속 기타 사회질서에 반하지 않는 이상 그 의사는 존중되어야 하고 이는 제사주재자로서도 마찬가지라 할 것이지만, 피상속인의 의사를 존중해야 하는 의무는 도의적인 것에 그치고, 제사주재자가 무조건 이에 구속되어야 하는 법률적 의무까지 부담한다고 볼 수는 없다고 밝혔다.

한편, 대법원은 제사제도가 관습에 바탕을 둔 것이므로 관습을 고려하되, 여기에서의 관습은 과거의 관습이 아니라 사회의 변화에 따라 새롭게 형성되어 계속되고 있는 현재의 관습을 말하므로 우리 사회를 지배하는 기본적 이념이나 사회질서의 변화와 그에 따라 새롭게 형성되는 관습을 고려해야 할 것인바, 중대한 질병, 심한 낭비와 방탕한 생활, 장기간의 외국 거주, 생계가 곤란할 정도의 심각한 경제적 궁핍, 평소 부모를 학대하거나 심한 모욕 또는 위해를 가하는 행위, 선조의 분묘에 대한 수호, 관리를 하지 않거나 제사를 거부하는 행위, 합리적인 이유 없이 부모의 유지(遺志) 내지 유훈(遺訓)에 현저히 반하는 행위 등으로 인하여 정상적으로 제사를 주재할 의사나 능력이 없다고 인정되는 경우가 이에 해당하는 것으로 봄이 상당한데, 원고가 망인의 생존 시 망인에 대한 부양을 거부하거나 사후 제사를 거부하겠다는 등의 의사를 표시하였음을 인정할 증거가 없는 이상, 피고들의 주장사실만으로는 원고에게 제사주재자로서의 지위를 유지할 수 없는 특별한 사정이 있다고 볼 수 없다는 것이다.

그러나 과연 공원묘지를 손수 구입하고 그곳에 묻히기를 바랐던 망인의 생전 의사를 무시하면서까지 공원묘지에 안장된 유골을 파내어 돌려주는 것이 과연 합당한 것일까? 물론 이러한 망인의 의사가 법정 유언사항이 아니므로 법률적으로 구속된다고는 할 수 없다고 하더라도 과연 40여 년이나 절연하고 살았던 아버지의 유골을 단지 선산에 모신다는 이유만으로 그 인도를 허용하는 것이 옳은 일일까?

이제 공원묘지에 안장된 유체나 납골당에 봉안된 유골이 망자 본인의 의지와 관계없이 이리저리 떠도는 세상이 되었다. 유체나 유골의 인도를 요구하는 속내가 그리 순수하지는 않을 것이다. 이런 사건을 재판해야 하는 법관으로서도 곤혹스러울 것이다.

[2010. 7. 14]

11. 배우자의 사망, 이혼과 상속― 재산분할

연합뉴스 2010년 8월 8일자에 다음과 같은 기사가 실렸다.

법원 '前배우자 사망해도 재산분할청구 가능'

이혼 후 어느 한쪽이 사망했다면 남은 상대방은 사망한 전 배우자의 상속인 등을 상대로도 재산분할을 청구할 수 있다는 법원의 판단이 나왔다.

이는 이혼 후 상대방이 살아있지 않더라도 재산분할 청구권은 여전히 인정될 수 있다고 판단한 첫 사례다.

서울가정법원 가사2부(임채웅 부장판사)는 A(75.여) 씨가 '이혼 후 재산분할을 협의하지 못한 상태에서 전남편이 사망했다'며 재산을 상속받은 전 배우자의 자녀들을 상대로 낸 재산분할 심판 청구 사건에서 "상속인들은 A 씨에게 총 8,900만 원을 지급하라"고 결정했다고 8일 밝혔다.

재판부는 "A 씨는 26년에 이르는 혼인기간 가정주부로서의 역할뿐 아니라 전남편의 일을 돕다가 교통사고를 당하기도 했으며 이 때문에 받은 보험금이 부동산을 마련하는 데 큰 보탬이 된 것으로 보인다"며 "A 씨와 사망한 전 배우자의 재산분할 비율은 각각 50%로 정한다"고 밝혔다. 또 "재산을 상속받은 전남편과 그의 전처 사이 자녀들은 A 씨에게 재산분할로 총 8,900만 원을 지급할 의무가 있다"고 덧붙였다.

재판부는 "이 사건의 쟁점은 이혼을 이유로 하는 재산분할청구의 경우 상대방이 생존해 있을 때만 이뤄져야 하는지인데, 전 배우자가 사망했다는 우연한 사정만으로 이 권리를 박탈당하는 것은 부당한 것으로 보인다"며 이같이 판단했다.

A 씨는 2007년 12월 남편 B 씨와 26년간의 혼인생활을 정리하고 협의 이

혼했다. A 씨는 이혼한 이듬해에 B 씨가 사망해 재산이 B 씨와 전처 사이
자녀들에게 공동상속되자 상속인들을 상대로 재산분할을 청구했다.

김윤정 서울가정법원 공보판사는 "이혼 후 어느 한쪽이 사망한 경우 재산분
할청구권을 인정할 것인지 학설상 논란이 있었는데, 전 배우자가 사망했더라
도 재산분할을 청구할 수 있다고 인정한 첫 사례"라고 설명했다. (연합뉴스)
2010.08.08. 09:04 입력

부부 사이는 백년해로하는 것이 바람직한 것이 두말할 나위가 없
지만 세상일은 원하는 대로만 되는 것이 아니어서 부부 사이가 이혼
으로 파탄되거나 배우자와 뜻하지 않게 사별하는 경우도 생긴다. 통
계청의 이혼사건분석통계에 의하면 2009년 1년 동안 우리나라에서
310,000쌍이 혼인신고를 하였고, 124,000쌍이 이혼으로 갈라섰다.

남녀 사이의 혼인관계가 사망이나 이혼으로 해소되는 경우 어떤 식으
로 법적으로 뒤처리가 되는지에 대하여 누구나 관심을 가지고 있다.

우선 배우자가 사망하면 상속문제가 생긴다. 상속이라고 하는 것
은 피상속인이 사망한 시점에 피상속인의 재산상 권리의무가 상속인
에게 포괄적으로 승계되는 것을 말한다. 상속은 사망으로 인하여 개
시되고, 사람이 살아 있을 때에는 상속이 있을 수 없다.

부부 일방이 상대방을 상대로 이혼소송을 제기하였으나, 소송계속
중에 어느 일방이 사망한 경우 소송은 종료하고, 상대방인 생존 배
우자는 비록 그가 유책이라고 하여도 유효하게 상속권을 취득한다.
이혼청구권은 일신전속권으로 상속대상이 아니나, 위자료청구권은 재
산상의 권리이므로 상속대상이 된다.

그러나 재산분할청구권은 이혼소송에 부대하는 소송으로 이혼소송
이 종료되면 재산분할의 문제도 생기지 않는다. 이 경우에는 상속으

로 재산분할까지 커버하게 된다. 대법원도 이혼소송과 재산분할청구가 병합된 경우, 배우자 일방이 사망하면 이혼의 성립을 전제로 하여 이혼소송에 부대한 재산분할청구 역시 이를 유지할 이익이 상실되어 이혼소송의 종료와 동시에 종료된다고 판시하고 있다(대법원 1994.10.28. 선고 94므246, 94므253 판결).

통상 협의이혼을 하면서 위자료문제와 재산분할문제도 같이 협의하는 경우가 많고, 이혼청구소송을 제기하면서 위자료청구와 재산분할청구를 병합하는 예가 많지만 협의이혼을 하면서 위자료나 재산분할문제를 협의하지 않거나 이혼소송만을 제기하여 이혼판결을 얻었는데 후에 일방이 사망한 경우에는 어떻게 될 것인가?

민법은 이혼한 날로부터 2년이 경과하면 재산분할을 청구할 수 없도록 하고 있으나(민법 제839조의 2 제3항), 위자료는 이혼 후 3년 내에 청구할 수 있다. 혼인파탄에 책임이 있는 유책배우자도 혼인 중 재산의 형성, 유지에 기여한 정도를 따져 재산분할청구를 할 수 있다.

재산분할문제를 합의하지 못하고 먼저 이혼한 배우자는 2년 내에 상대방을 상대로 재산분할청구를 할 수 있고, 이 기간 중에 상대방이 사망한 경우 재산분할채무는 이혼으로 확정된 재산상의 권리의무에 해당하여 상속인에게 승계된다고 할 것이다. 이 경우에는 상속을 받은 전 배우자의 상속인 결국은 자신의 아들, 딸로부터 재산분할을 받는 결과가 될 것이다. 아마도 지금까지 이혼 후 사망한 전 배우자를 상대로 재산분할청구를 제기하지 않는 내면에는 이런 이유가 있을 것이다.

법리상 별다른 쟁점이 없는 당연한 것인데 언론은 최초의 판례니 뭐니 하면서 호들갑을 떨고 있다.

[2010. 8. 8]

# 12. 배우자의 사망, 이혼과 상속―간통 피해자의 사망

　　상대방 배우자가 제3자와 간통죄를 저질렀으나 피해자가 고소를 제기하지 못하고 있는 동안 피해자인 배우자가 사망한 경우 상대방 배우자와 제3자의 간통은 어떻게 되는가? 이 경우 간통죄를 저지른 배우자에게도 상속권이나 재산분할청구권이 인정되는가?

　　연전에 다음과 같은 사건이 언론에 보도된 바 있다.

A 남과 B 녀는 혼인신고를 마친 신혼부부이다. A 남은 전도유망한 청년이고, B 녀는 전문직 여성이다. A 남이 해외출장 중 부인인 B가 남자친구 C와 A·B 부부가 사는 집에서 간통을 한 사실이 어떤 경위인지는 모르지만 A에게 알려지고 말았다. A는 믿었던 부인이 남자친구를 밖에서 만난 것도 아니고 자기들이 사는 집에까지 데려다가 간통을 하리라고는 상상도 못 했다. A는 이 사실을 알고 해결방안을 놓고 고심하다가 우선 C를 주거침입으로 검찰에 고소하였다. 주거침입죄의 보호법익은 주거의 공동의 평온을 유지하는 죄이므로 부인의 승낙을 얻어 주거에 들어갔다고 하더라도 남편의 (묵시적) 동의나 승낙이 없는 이상 당연히 주거침입죄가 성립된다. 세상에 어느 남편이 부인의 남자친구가 부인하고 간통하러 들어오는 것을 동의하거나 승낙할 사람이 있겠는가?

A는 마음을 잡지 못하고 간통 고소장과 이혼소장 초안을 컴퓨터 파일에 작성해놓고 제출하지 못한 상태에서 고민에 고민을 거듭하면서 불면증, 소화불량, 만성기관지염에 시달리다가 어느 날 새벽 마시지도 못하는 술을 마시고 술에 취하여 길을 가다가 그만 빗길에 교통사고로 사망하는 사고가 발생하였다. B와 C의 간통은 어떻게 되는가? 간통죄는 친고죄로 피해자의 고소가 없으면 논할 수 없는 범죄인데 피해자인 A의 사망으로 고소권자가 사라져버린

상황이 되었다.

A의 부모가 아들 A가 죽은 후 컴퓨터파일을 정리하다 보니 A가 간통 고소 장과 이혼소장을 써놓고 죽은 사실을 알고 B와 C의 간통사실도 알게 되었으며, 자식의 죽음이 며느리인 B와 C의 불륜에서 비롯된 것임을 알게 되었다. 그리고 혹시 B와 C가 짜고 자신의 아들인 A를 상해한 것은 아닌지 의심까지 하게 되었다.

A의 부모는 B와 C를 간통으로 검찰에 고소하였다. 간통죄는 친고죄라 피해자의 고소가 없으면 논할 수 없는 범죄이고 이 사건 간통의 피해자인 A가 사망하였으므로 피해자가 고소를 할 수 없고 결국 B와 C의 간통을 처벌할 수 없을 것처럼 보이나, 형사소송법 제222조 제2항은 "피해자가 사망한 때에는 그 배우자, 직계친족 또는 형제자매는 고소할 수 있다. 단, 피해자의 명시한 의사에 반하지 못한다"고 규정하고 있으므로 피해자인 A의 부모가 피해자의 직계친족으로 B와 C를 고소할 수 있다.

형사소송법 제229조 제1항은 "형법 제241조(간통)의 경우에는 혼인이 해소되거나 이혼소송을 제기한 후가 아니면 고소할 수 없다"고 규정되어 있고 배우자의 사망으로도 혼인이 해소되는 것이므로 A가 B를 상대로 이혼소송을 제기하지 아니하였다고 하여도 간통죄로 고소를 함에는 지장이 없는 결과가 된다.

검찰은 B를 간통, C를 간통 및 주거침입으로 기소하였고, 법원은 공소사실을 전부 유죄로 인정하고 피고인 B, C에게 각 징역 6월의 실형을 선고하였고 이 판결은 확정되었다. B와 C는 서울구치소에서 형집행을 마치고 출소하였다.

A의 부모는 A의 B, C에 대한 위자료청구권을 상속받았다는 이유로 서울지방법원에 B, C를 상대로 3억 원의 손해배상청구소송을 제기하였다. B와 C는 A의 부모가 무고한 자신들을 살인자로 모는 바람에 정신적 고통을 당하고 있으므로 이 부분이 참작되어야 한다고 주장하였다.

서울지방법원 2003.6.4. 선고 2002가합36780 판결은 A는 B와 C의 간통행위로 입은 정신적 고통에 대한 위자료청구권 3억 5,000만 원이 인정되고 이 위자료청구권은 A의 상속인들의 상속분에 따라 귀속되는데 A의 부모에게 각 1억 원(3억 5,000만 원×2/7)씩을 배상하라는 판결을 선고하였다. B가 상속받게 되는 1억 5,000만 원(3억 5,000만 원×3/7)은 채권과 채무의 혼동으로 더 이상 논할 가치가 없다고 판시하였다. B는 A에 대한 상속권자이 간통죄가 헌법재판소에서 가까스로 합헌을 유지하고 있고 법무부가 간통죄 폐지를 내용으로 하는 형법개정작업을 하고 있지만 어쨌든 2010년 현재에는 간통죄가 살아 있다. 따라서 간통 피해자가 사망한 경우에도 피해자의 직계친족이나 형제자매는 피해자의 명시한 의사에 반하지 않는 범위 내에서 간통죄로 고소를 제기할 수 있으므로 간통죄를 저지른 자는 피해자가 사라졌다고 마냥 좋아할 일은 아니다.

위 사례에서 B는 A와의 혼인생활 중 이룩한 재산에 대한 분할청구를 할 수 있는가? 민법상 재산분할청구권은 협의상 또는 재판상 이혼한 자의 일방이 다른 일방에 대하여 재산분할을 청구하는 것이므로(민법 제839조의 2 제1항, 제843조) 부부 사이의 혼인관계가 이혼이 아닌 사망에 의하여 해소된 경우에는 재산분할청구권이 인정될 여지가 없다.

[2010. 8. 10]

13. 밀폐된 공간에서 에어컨을 켜놓고 자다가 사망할 수 있을까?

2010년 11월 4일 목요일 저녁 7시부터 9시까지 제주칼호텔 19층 중식당에서 제주지방변호사회가 주최하는 의무연수의 강사로 초빙되어 변호사들을 상대로 특강을 할 기회가 있었다. 이 연수는 서울에서 열리는 변호사연수에 참가하지 못한 회원들을 위해 대한변협의 위탁으로 제주회에서 준비한 연수이다.

변호사들은 변호사윤리 1시간을 포함하여 연간 8시간 이상 반드시 연수를 받도록 되어 있고, 이 연수를 받지 않으면 징계의 대상이 된다. 앞으로 이러한 변호사연수를 우리 법전원에서 위탁받아 상설화하는 방안을 모색 중이다.

마침 이날 오후에 제주대 법전원을 방문한 대한변협 법학전문대학원 평가지원단 김주덕 단장과 대한변협 장현우 교육이사도 이러한 변호사 연수가 좋은 프로그램이 될 수 있을 것이라고 하면서 제주의 환경을 잘 이용하여 제주지역 변호사뿐만 아니라 서울 등 육지부의 변호사들까지 제주로 유치하여 심신의 피로도 풀고 이곳에서 연수를 받을 수 있도록 하면 좋을 것이라는 의견도 제시해주었다.

작년에는 변호사연수에서 '유언법의 쟁점과 판례'라는 주제로 강의를 했었고, 올해는 변호사를 위한 실무에 필요한 주제를 고르다가 '최신 보험판례의 검토'라는 주제로 2010년에 대법원에서 선고된 모든 보험관련 판례들을 분석·검토하는 시간을 가졌다. 고지의무 및 통지의무, 보험자대위권, 인보험, 자동차보험 등에 관한 판례를 검토하면서 강의안 작성 후 받아본 2010년 11월 1일자 판례공보에서 눈에 띄는 상해보험 관련 판결(대법원 2010.9.30. 선고 2010다12241, 12258 판결)도 곁들였다.

대법원은 피보험자가 원룸에서 에어컨을 켜고 자다 사망한 사안에서, 최근의 의학적 연구와 실험 결과 등에 비추어 망인의 사망원인이 '에어컨에 의한 저체온증'이라거나 '망인이 에어컨을 켜둔 채 잠이 든 것'과 '사망' 사이에 상당한 인과관계가 있다고 볼 수 없다고 판시한 내용이다. 우리들이 선풍기나 에어컨을 켜놓고 문을 닫은 상태에서 잠을 자다가 사망하면 산소 부족이나 저체온증으로 죽었다고 단정하는 예가 많은데 대법원에서 사람은 에어컨 바람이나 선풍기 바람으로 결코 죽을 수 없다는 과학적 상식을 드디어 채용하였다.

나도 예전에 보험회사 고문변호사를 하면서 비슷한 사건을 경험한 바가 있다. 컨테이너박스에서 살고 있던 어떤 중년남자가 밀폐된 컨테이너박스 안에서 죽은 채로 발견되었다. 동네 사람들이 이 사람이 보이지 아니하여 컨테이너 박스의 문을 연 순간 이 남자는 죽어 있었고, 방 안에는 술병이 주위에 어지럽게 놓여 있었으며, 선풍기는 아침까지 윙윙거리며 돌아가고 있었다. 이 남자는 같이 사는 가족도 없이 거의 술로 생활하는 사람이었다. 동네사람들이나 경찰이나 모두 이 사람이 선풍기 바람으로 질식사했거나 저체온증으로 죽었다고 믿어 의심치 않았다.

망인의 유족이 보험회사를 상대로 망인의 사망으로 인한 보험금을 청구했다. 나는 망인의 사망이 급격하고도 우연한 외래의 사고 중 '외래의 사고'에 해당할 수 없으므로 보험금지급의무가 없다고 다투었다. 그리고 사람이 선풍기 바람으로 사망한다는 것은 근거 없는 속설에 불과함을 강력히 개진하였다.

다 알다시피 상해보험이 담보하는 '외래의 사고'라는 것은 상해 또는 사망의 원인이 피보험자의 신체적 결함 즉 질병이나 체질적 요인 등에 기인한 것이 아닌 외부적 요인에 의해 초래된 모든 것을 의미하고, 이러한 사고의 외래성 및 상해 또는 사망이라는 결과와 사이의 인과관계에 관해서는 보험금청구자에게 그 증명책임이 있는 것이다(대법원 1998.10.13. 선고 98다28114 판결, 대법원 2001.8.21. 선고 2001다27579 판결 등 참조).

재판부는 망인의 사망원인에 대해 아리송해졌고, 반신반의하다가 드디어 나의 견해에 동조하는 느낌을 받았다. 조정기일에서는 재판부가 망인의 유족들에게 합의를 권고하면서 보험금액의 반으로라도 조정에 응하는 것이 유리할 것이고 조정에 불복하는 경우 어쩌면 한 푼도 보험금을 받을 수 없을지 장담할 수 없다는 낌새를 보이자 방방 뜨던 유족들은 금세 기세가 수그러들었고, 결국 조정으로 사건을 종결했던 경험이 있다. 그때 내가 극구 판결을 원하면서 대법원까지 갔더라면 어떤 결과가 나왔을지는 지금도 알 수 없다. 당시는 판사나 많은 의사들도 밀폐된 공간에서 에어컨이나 선풍기 바람에 질식사 내지는 저체온증으로 사망하리라는 예단을 가지고 있던 때이다.

그러면 여기서 이번 대법원판결의 사실관계와 판시를 잠시 살펴보자.

35세의 젊은 여자(이하 '망인'이라 함)가 공주 자신의 거주지에서 사망한 채로 망인의 친구에 의하여 발견되었다. 당시 망인의 변사사건을 담당한 공주경찰서 경찰관은 사체에 대한 검시를 실시한 후 망인이 저체온증으로 사망한 것으로 추정되고 달리 타살 혐의점이 발견되지 않는다는 이유로 내사 종결하고 망인의 사체를 유족인 남편에게 인도하였다. 망인의 사망 당시 그 사망 장소는 원룸으로 내부에서 시정장치가 되어 있었고, 에어컨이 켜져 있었으며, 망인의 사체를 최초로 발견한 친구는 경찰 조사에서 당시 위 방실 내부가 매우 썰렁하였다고 진술하였다. 위 방실에는 외부에서 침입한 흔적이 전혀 없었고, 망인의 사체에 외상의 흔적이 전혀 발견되지 아니하였으며, 망인은 침구가 가지런히 정돈되어 있는 침대 위에 반듯하게 누운 채로 발견되었고, 망인이 소지하고 있던 귀금속이나 지갑 속의 현금 등이 그대로 있었다. 망인의 남편은 망인이 평소에도 콜레스테롤 수치가 높았고 간이 안 좋아 병원에 다녔다고 진술한 바 있고, 망인은 공주의원에서 요추 척추증, 위장염, 좌측 부비동염, 알코올성 급성 간염 등으로 치료를 받은 사실이 있으나, 위와 같은 질병은 모두 사망 당시 만 35세의 젊은 여성인 망인이 사망에 이를 정도의 중증 질환은 아니어서, 망인이 위와 같은 질병 때문에 사망한 것으로는 볼 수 없었다.

망인이 특히 자살하였다고 볼 만한 사정이나 자살을 결심할 만한 동기가 전혀 보이지 아니하였다.

망인의 사망으로 인한 상해보험금의 귀속을 둘러싸고 보험회사와 수익자로 지정된 망인의 아들 사이 분쟁에서 대전지방법원 항소부(원심)는 망인이 질병으로 사망하였다거나 타인에 의하여 살해되거나 자살한 것이 아니라는 점을 알 수 있어 결국 망인은 에어컨으로 인한 저체온증 등과 같은 신체 외부에서 발생한 급격하고도 우연한 사고로 인하여 사망하였다는 점이 충분히 증명되므로 보험금지급의무가 있다고 판단하였다.

원심은, 제1심 법원의 한국배상의학회에 대한 사실조회 결과에 의하면 '망인이 에어컨을 켜놓고 자다가 급사하였다고 증명할 만한 과학적인 근거가 없고, 선풍기나 에어컨을 밀폐된 방 안에서 켜놓고

자면 사망한다는 믿음은 근거 없는 속설이다'라고 하나, 밀폐된 공간
에서 에어컨을 장시간 켜놓으면 사람의 체온이 저하될 수 있음은 경
험칙상 충분히 인정할 수 있고, 여기에 저체온증은 중심체온이 35℃
이하인 경우로 정의되는데, 저체온증이 지속되어 중심체온이 계속하
여 저하되면 의식을 잃게 되고, 나아가 혼수·무반사·동공반사의
결핍 등 증상을 보이다가 심하면 심장이 정지하여 사망에 이를 수도
있는 점 등에 비추어, 망인이 밤새 에어컨을 켜놓고 잠을 자다가 체
온이 저하되어 사망하였을 가능성도 배제할 수 없다는 이유로 위 사
실조회 결과를 배척하였다.

그러나 대법원은 원심의 위와 같은 판단을 받아들이지 않았다.

한국배상의학회에 대한 사실조회 결과에서 알 수 있는 최근의 의
학적 연구와 실험 결과에 의하면, 저체온증이란 인체의 심부 체온이
35℃ 이하로 낮아지는 증상을 말하고 저체온증으로 사람이 사망에
이르기 위해서는 적어도 심부체온이 8~10°이상씩 낮아져야 하는데,
건강한 사람의 경우 단지 선풍기나 에어컨 작동에 따른 표면냉각만
으로는 인체의 심부체온을 위와 같이 사망에 이를 정도로 낮출 수는
없으며(선풍기의 경우 사람이 시원하게 느끼게 되는 것은 선풍기의
작동에 의해 사람의 체온이 저하되기 때문이 아니라 신체 주변부의
공기 대류가 원활해지거나 일부 잠재적인 땀이 기화되기 때문에 생
기는 현상일 뿐이다), 또 선풍기나 에어컨은 산소를 소모하지도 않고
선풍기나 에어컨 바람이 사람의 코와 입에 직접 맞닿더라도 호흡은
가능하기 때문에 폐쇄된 공간에서 선풍기나 에어컨을 켜놓았다고 하
더라도 사람이 산소 부족이나 호흡곤란 등으로 질식사할 가능성도
없다는 것이다. 이러한 최근의 의학적 연구와 실험 결과를 담은 위
사실조회 결과는 전문가가 전문지식에 기초하여 의학적·과학적 소

견을 밝힌 것으로서 합리적인 이유 없이 쉽게 배척할 수 있는 성질의 증거가 아님을 천명하였다.

기록에 의하면 공주의료원 의사가 망인을 검안한 후 사망 종류는 '기타 및 불상'으로, 사망원인은 직접사인, 중간선행사인, 선행사인 등을 모두 '미상'으로 하여 사체검안서를 작성하였으나, 경찰은 망인의 사망원인에 관해 '공주의료원 의사의 검안에 의하면 사인은 미상이나, 현장 상황으로 보아 저체온증으로 사망 추정됨'이라는 내용의 검시조서를 작성하였고, 유족인 남편이 망인에 대한 부검을 원하지 않자, 경찰은 다시 '최초 목격자인 망인의 친구의 진술에 의하면, 변사자 발견 당시 방 안은 에어컨 바람으로 추웠고 문은 모두 닫혀 있었으며 망인은 침대에 누워 사망해 있었다는 것이므로, 망인이 문을 모두 닫은 채 에어컨을 작동시키고 자던 중 저체온증으로 사망한 것으로 추정되고, 타살 혐의점 발견치 못하여 내사종결 하고자 한다'는 내용의 변사사건 처리결과 보고 및 지휘건의서를 작성하여 검사의 지휘를 받아 망인에 대한 변사사건을 내사종결 처리하였다.

그런데 친구는 경찰에서 "망인에게 전화를 해도 받지 않아 이상하게 여겨져 열쇠수리공을 불러 망인이 거주하는 집의 문을 열고 방에 들어갔다. 당시 망인이 침대에 가로질러 누워 있었고 발은 방바닥에 닿아 있는 상태였으며, 상의는 검정색 티를 입고 히의는 팬티를 입고 있었는데, 입술은 퍼렇게 변해 있었고, 손톱은 검정색이었으며, 몸을 만져보니 굳어 있었고 몸이 매우 차가웠다. 처음 방으로 들어갈 때 방이 매우 썰렁해서 제가 보니까 방 안의 에어컨이 켜져 있었고 방 안의 창문은 모두 다 닫혀 있었다. 외상은 없었다. 창문을 다 열고 에어컨을 끄고 망인의 몸을 손으로 부비기 시작했으나 그래도 깨어나지 않아 침대 위로 올리려고 하다가 너무 뻣뻣해서 올려놓지

못했고 팬티만 입고 있기에 이불을 덮어주었다"라고 진술하였음을
알 수 있다.

친구의 진술 등을 기초로 망인이 사망한 채로 발견될 당시의 상황
을 구성해보면, 문과 창문이 닫힌 폐쇄된 공간에서 에어컨이 작동하
고 있었고, 실내온도가 차가웠으며, 망인은 침대에 뉘어 사망한 채로
있었고 몸은 강직된 채 차가웠다는 것이다. 이를 근거로 경찰은 망
인의 사망원인을 검안의사의 의견과는 다르게 '에어컨에 의한 저체
온증'으로 추정한 것으로 보인다.

대법원의 설시는 다음과 같이 이어지고 있다.

그러나 사람이 사망하게 되면 생체 항상성의 파괴로 체온조절기능
을 상실하게 되어 체온이 실온상태로 낮아지므로 사망 후 망인의 몸
이 차가웠다는 점과 저체온증은 무관한 것으로 보이고, 앞서 본 사
고의 외래성 및 인과관계에 관한 법리와 위 의학적 연구와 실험 결
과에 비추어 볼 때, 그 외에 문과 창문이 닫힌 채 방 안에 에어컨이
켜져 있었고 실내온도가 차가웠다는 사정만으로 망인의 사망 종류
및 사인을 알 수 없다는 검안의사의 의견과 달리 망인의 사망원인이
'에어컨에 의한 저체온증'이라거나 '망인이 에어컨을 켜둔 채 잠이
든 것'과 이 사건 사망 사이에 상당한 인과관계가 있다고 볼 수 없
다. 여기에 원심이 인정한 바와 같은 사실관계, 즉 위 방실에는 외부
에서 침입한 흔적이 전혀 없었고, 망인의 사체에 외상의 흔적이 발
견되지 않은 점, 평소 망인에게 사망에 이를 정도의 중증 질환은 없
었던 점, 망인이 자살하였다고 볼 만한 사정이나 자살을 결심할 만
한 동기가 없는 점 등 사정들을 고려하더라도, 망인이 심혈관계 질
병이나 기타 원인불명의 질병으로 돌연사하였을 가능성을 배제할 수
없는 이상 마찬가지이고, 기록상 달리 망인이 급격하고도 우연한 외

래의 사고로 사망하였다고 볼 만한 자료도 없다.

또 위 사실조회 결과에 의하면, 망인과 같이 높은 콜레스테롤 수치 등 심혈관계 질병 등의 소인을 갖고 있는 사람은 에어컨 작동에 따른 표면냉각에 의한 신체적 보상 기전에 의해 원래 가지고 있던 질병으로 사망하게 될 가능성이 있으나, 그러한 경우에도 표면냉각 자체의 영향에 대한 정확한 측정을 할 수 없어 표면냉각이 사망에 얼마만큼 기여했는지를 알기 어려워 망인이 기왕의 질병 때문이 아니라 에어컨 때문에 사망한 것이라고 볼 수도 없다는 것이다.

나아가 사망원인이 분명하지 않아 사망원인을 둘러싼 다툼이 생길 것으로 예견되는 경우에 망인의 유족이 보험회사 등 상대방에게 사망과 관련한 법적 책임을 묻기 위해서는 먼저 부검을 통해 사망원인을 명확하게 밝히는 것이 가장 기본적인 증명과정 중의 하나가 되어야 한다. 그런데 이 사건에서 의사의 사체검안만으로 망인의 사망원인을 밝힐 수 없었음에도 유족인 소외 1의 반대로 부검이 이루어지지 않았다. 우리나라에서 유족들이 죽은 자에 대한 예우 등 여러 가지 이유로 부검을 꺼리는 경향이 있긴 하나, 그렇다고 하여 사망원인을 밝히려는 증명책임을 다하지 못한 유족에게 부검을 통해 사망원인이 명확히 밝혀진 경우보다 더 유리하게 사망원인을 추정할 수는 없으므로, 부검을 하지 않음으로써 생긴 불이익은 유족들이 감수하여야 한다.

그럼에도 불구하고, 원심은 망인이 에어컨으로 인한 저체온증 등과 같은 급격하고도 우연한 외래의 사고로 사망하였다고 판단하고, 나아가 에어컨 바람이 어떠한 기전에서 심부 체온을 얼마만큼 떨어뜨려 저체온증에 따른 사망을 유발하는지에 관해서는 별다른 근거를 밝히지 않은 채 '밀폐된 공간에서 에어컨을 장시간 켜놓으면 사람의

체온이 저하될 수 있음은 경험칙상 충분히 인정할 수 있다'라거나 '저체온증이 지속되어 중심체온이 계속하여 하락하게 되면 의식을 잃고 사망에 이를 수도 있다'라는 이유만으로 위 사실조회 결과를 만연히 배척하고 말았으니, 원심 판결에는 '급격하고도 우연한 외래의 사고'의 해석이나 사고와 사망 사이의 인과관계 증명의 정도 등에 관한 법리를 오해하거나 논리와 경험의 법칙에 위배하여 자유심증주의의 한계를 벗어나 사실을 인정한 위법이 있다.

결국 원심 판결은 파기되어 환송되었다. 환송 후 원심에서 다시 어떠한 사실인정을 바탕으로 판단할 것인지는 지켜보아야 할 것이나, 위와 같은 대법원의 판단이 유지될 것임은 경험칙상 현저하다.

서울대 법의학교수 이윤성은 누차 선풍기가 작동하는 데 산소를 소모하지 않으며, 문을 닫아도 공기는 소통한다. 따라서 선풍기 때문에 질식하는 일은 없다. 더워서 문을 열어둘지언정 선풍기 때문에 산소가 부족해질까 걱정해서 문을 열어둘 필요는 없다고 강조해왔다. 선풍기는 바람을 일으키는 기구일 뿐 공기의 화학적 성질이나 농도를 바꿀 수 있는 장치가 아니라는 이야기이다.

선풍기 때문에 질식하지는 않지만 저체온증(低體溫症)으로 사망할 수 있다고 주장하는 사람들에 대해서는 사람은 항온동물이므로 체온이 섭씨 26도 이하로 낮아지면 생존하기 어렵다. 선풍기 바람이 체온을 낮추기 때문에 이런 일이 전혀 생기지 않는다고 단정할 수는 없으나, 시원하게 느끼는 체온 강하는 체표 온도이고, 저체온증은 몸속 온도(심부 체온)가 낮아졌을 때에 생긴다. 보통의 경우 선풍기를 켜놓아도 체표 온도는 낮아지되 몸속 온도는 별로 낮아지지 않는다. 몸속 온도가 낮아지면 웅크리거나 몸을 떨어야 하므로 잠을 깰 수밖에 없다. 따라서 선풍기 저체온증 사망도 가능성이 거의 없다는 것이다.

그리고 사람이 하룻밤 사이 체온이 떨어져 죽음에 이르려면 최소 5~6도의 체온 감소가 있어야 한다고 하는데 아무리 선풍기 앞에서 자더라도 더운 여름철에 그 정도로 체온이 떨어지기는 의학적으로 불가능하다는 것이다.

그렇다면 선풍기를 켜놓고 자다가 사망하였다는 것을 어떻게 설명할 것인가? 대부분은 기왕증인 심장질환이나 뇌혈관 질환 또는 급성 알코올 중독 등으로 사망했는데 우연히 선풍기나 에어컨이 켜져 있었을 뿐이다. 사망원인은 그런 기왕증이다. 법의학자들에 의하면 "'선풍기 사망자'를 부검해보면 거의 모두 심근경색증이나 뇌출혈 등 감춰진 질병이 발견된다"며 "이들 질병이 수면 중 악화돼 발생한 돌연사로 보는 것이 맞다"고 설명하고 있다.

밀폐된 공간에서 선풍기나 에어컨 바람으로 사망한다는 의학적 근거가 없는 '선풍기 사망설'이 우리 사회 일각에서 계속 회자되다 보니, 세계인이 즐겨 찾는 인터넷 백과사전 '위키피디아'에서는 이를 '한국인들이 믿는 잘못된 미신'이라고까지 소개하는 지경에 이르고 말았다.

이번 대법원판결이 그런 잘못된 미신을 버리고 과학적이고 합리적인 근거에 의한 사실인정을 할 수 있는 토대를 마련했다는 점에서 자못 의미 있는 판결이라고 평할 수 있다. 자유심증주의라는 것은 형식적·법률적인 증거규칙으로부터의 해방을 뜻할 뿐 법관의 恣意的인 판단을 용인한다는 것이 아니므로, 적법한 증거조사절차를 거친 증거능력 있는 적법한 증거에 의하여 사회정의와 형평의 이념에 입각하여 논리와 경험의 법칙에 따라 사실주장의 진실 여부를 판단하여야 할 것이며, 비록 사실의 인정이 사실심의 전권에 속한다고 하더라도 이와 같은 제약에서 벗어날 수 없는 것이다(대법원 2010.7.15.

선고 2006다28430 판결).

이 글을 읽은 분 중에서 도저히 대법원판결을 이해하지 못하겠다는 사람도 있을 것이다. 강의를 듣는 변호사 중에도 그런 사람이 있었다. 심지어는 대법원이 보험회사의 로비에 넘어갔다는 평을 하는 변호사도 있었다. 정 의심스러우면 방문을 닫고 선풍기나 에어컨을 켜두고 하룻밤 잠을 자보시라.

감기에 걸릴 수는 있겠지만 저체온증이나 질식사 염려는 없다. 물론 죽는 사람도 있을 것이나 그러한 사람들은 평소 자신이 알지 못하고 있던 기왕증이 있을 것이다. 죄 없는 선풍기나 에어컨 탓을 해봐야 선풍기 바람에 죽고 사는 것도 다 팔자이다.

[2010. 11. 7]

14. 형부와 처제, 형수와 시동생의 혼인?

　　최근 형부와 사실혼관계로 15년 동안 살아온 처제도 유족연금을 받을 수 있다는 대법원판결이 나왔다. 대법원 특별2부(주심 양창수 대법관)는 친언니가 사망한 뒤 형부와 부부로 살아온 김 모(61) 씨가 공무원연금공단을 상대로 낸 유족연금승계 불승인결정취소소송 상고심에서 원고승소 판결한 원심을 최근 확정했다.

　　김 씨는 친언니가 1992년 지병으로 사망하자 조카들을 돌봐주며 지내다 1995년부터 형부와 사실혼관계로 동거해왔다. 이후 부부동반 모임에도 함께 나가는 등 주변에서도 둘 사이를 부부로 인정했다. 그러다 2009년 형부가 사망하자 김 씨는 유족연금신청을 했으나 공무원연금공단이 "망인이 공무원으로 재직할 당시 민법은 형부와 처제의 결혼을 혼인무효로 규정했다"며 연금신청을 거절하자 김 씨는 소송을 냈다. 1·2심은 모두 "김 씨와 망인의 근친혼적 사실혼관계는 반윤리적·반공익성 등 공공의 요청보다는 유족의 생활안정과 복지향상에 기여하는 공무원연금법의 목석을 달성하는 것이 더 중요하다"며 원고승소 판결을 내렸고, 대법원은 이를 확정한 것이다.

　　형부와 처제, 형수와 시동생 사이에는 윤리적·법적으로 묘한 관계에 있다. 이제 그들 사의의 묘한 긴장관계를 대법원판결에서 엿보기로 하자.

1. 공무원연금법(이하 '법'이라고 한다)은 유족연금을 지급받을 수 있는 유족
인 배우자에 관하여 공무원 또는 공무원이었던 자(이하 '공무원'이라고만
한다)의 사망 당시 그에 의하여 부양되고 있던 사람으로서 '재직 당시 사
실상 혼인관계에 있던 자'가 이에 포함된다고 규정하고 있다(제3조 제1항
제3호 가목. 2009.12.31. 법률 제9905호로 개정되기 전의 구 공무원연
금법 제3조 제1항 제2호 가목과 같다).

법이 이와 같이 유족연금을 지급받을 수 있는 지위를 '사실상 혼인관계에
있던 자'에게도 인정하는 이유는, 유족의 생활안정과 복리향상에 이바지한
다는 유족연금제도의 목적에 비추어 유족연금의 수급권자인 배우자는 반
드시 민법상의 배우자 개념과 동일할 필요는 없고 오히려 공무원과의 관
계에 있어서 사회통념상 부부로서의 공동생활을 현실적으로 영위한 사람
에게 유족연금을 지급하는 것이 유족연금의 사회보장적 성격이나 그 제도
의 취지에 부합하기 때문이라고 할 것이다.

한편 공무원연금제도는 정부가 관장하는 공적연금제도이고(법 제2조), 공
무원의 의사와 관계없이 강제적으로 징수되는 기여금과 국가 또는 지방자
치단체가 부담하는 재원에 의하여 조달된다는 점(법 제65조, 제66조) 등
공익적 요청을 무시할 수 없는 점을 종합하면, 민법이 정하는 혼인법질서
에 본질적으로 반하는 사실혼관계에 있는 사람은 유족연금 수급권자인 배
우자에 해당한다고 할 수 없다. 그리고 혼인할 경우 그 혼인이 무효로 되
는 근친자 사이의 사실혼관계라면 원칙적으로 혼인법질서에 본질적으로
반하는 사실혼관계라고 추단할 수 있을 것이다.

그러나 비록 민법에 의하여 혼인이 무효로 되는 근친자 사이의 사실혼관
계라고 하더라도, 그 근친자 사이의 혼인이 금지된 역사적·사회적 배경,
그 사실혼관계가 형성된 경위, 당사자의 가족과 친인척을 포함한 주변 사
회의 수용 여부, 공동생활의 기간, 자녀의 유무, 부부생활의 안정성과 신
뢰성 등을 종합하여 그 반윤리성·반공익성이 혼인법질서 유지 등의 관
점에서 현저하게 낮다고 인정되는 경우에는 근친자 사이의 혼인을 금지하
는 공익적 요청보다는 유족의 생활안정과 복리향상이라는 유족연금제도의
목적을 우선할 특별한 사정이 있다고 할 것이고, 이와 같은 특별한 사정
이 인정되는 경우에는 그 사실혼관계가 혼인무효인 근친자 사이의 관계라

는 사정만으로 유족연금의지급을 거부할 수 없다고 할 것이다.

2. 이 사건에서 문제된 형부와 처제와의 혼인에 관하여 보면, 형부와 처제의 혼인은 구관습법상으로 금지되는 것이 아니었다. 또한 1960년 시행의 원시 민법 아래에서도 관련 규정상 그 혼인이 금지되는지 및 금지되는 경우 그 혼인이 무효인지 취소사유인지에 관하여 견해의 대립이 있었고, 유력한 학설은 오히려 그 혼인이 애초 금지되지 아니한다는 견해를 취하였었다. 그런데 1990.1.13. 법률 제4199호로 개정된 민법(이하 '1990년 민법'이라고 한다)이 친족의 범위에 관한 제777조를 개정하여 처족 인척의 범위를 '처의 부모'에서 '4촌 이내'로 확대하면서도 근친혼의 제한 및 혼인무효에 관한 제809조 및 제815조의 규정을 그대로 둔 결과, 형부와 처제 사이의 혼인이 금지되고 또한 그것은 무효인 혼인에 해당하게 되었다. 이러한 개정 결과에 대해서는 입법론적으로 부당하다는 비판이 적지 않았고, 결국 2005.3.31. 법률 제7427호로 개정된 민법(이하 '2005년 민법'이라고 한다)이 근친혼의 제한, 혼인무효 및 혼인취소의 사유에 관한 제809조, 제815조, 제816조를 개정한 결과 <u>형부와 처제 사이의 혼인은 금지되지만 그 위반의 효과는 그 혼인을 취소할 수 있는 데에 그치는 것으로 변경되었다.</u>

그런데 2005년 민법은 부칙 제4조에서 혼인의 무효·취소에 관한 경과조치로 "이 법시행 전의 혼인에 종전의 규정에 의하여 혼인의 무효 또는 취소의 원인이 되는 사유가 있는 경우에도 이 법의 규정에 의하여 혼인의 무효 또는 취소의 원인이 되지 아니하는 경우에는 이 법 시행 후에는 혼인의 무효를 주장하거나 취소를 청구하지 못한다"고 정하고 있고, 이 경과규정의 취지는 특별한 사정이 없는 한 사실혼관계에 대해서도 미친다고 할 것이다. 따라서 2005년 민법 시행 이후에는 1990년 민법이 시행되던 당시의 형부와 처제 사이의 사실혼관계에 대하여 이를 무효사유 있는 사실혼관계라고 주장할 수 없다고 봄이 상당하다.

3. 원심 판결 이유 및 기록에 의하면 이 사건 처분에 이른 경위는 다음과 같다. 1965년 혼인신고를 한 소외 1과 소외 2는 2남 1녀의 자녀를 두고 서울에서 거주하고 있었으나 1982년 소외 1이 ○○대학교 교수로 임용되면서 주말부부로 살게 되었고, 그러던 중 소외 2가 1992.1.13. 병으로 사망하였다. 그러자 소외 2의 동생으로 당시 42세의 미혼이던 원고는 서울 집에 남아

있는 소외 1의 미혼인 두 아들(원고의 조카들. 딸은 이미 출가하였다)을 돌보게 되었고 1993년 4월경부터는 위 집에 들어와 조카들과 함께 살기 시작하였다. 이후 1995년 소외 1의 장남이 결혼하면서 위 집에서 살림을 차리게 되자 소외 1은 주소지를 위 집에서 ○○으로 옮겼고 원고도 위 집에서 나와 소외 1의 ○○ 주소지로 이사를 하여 그때부터 소외 1과 원고는 동거를 시작하였다.

소외 1과 원고는 부부동반 모임이나 여행 등에 참가하는 등 부부로서 생활하였고, 소외 1은 원고에게 배우자용 가족신용카드를 발급해 주는 한편 원고의 국민연금 및 건강보험료를 납부하는 등 공동생활을 영위하였다. 이와 같은 소외 1과 원고의 사실적 생활관계는 소외 1의 자녀들을 포함한 친인척과 주변 지인들로부터 부부로서 인정되었다. 소외 1은 2003.8.31. ○○대학교에서 퇴직하였고, 그에 따라 퇴직연금을 받아오던 중 2009.1.6. 사망하였다. 소외 1의 사망 당시까지 소외 1과 원고는 혼인신고를 마치지 아니하였다. 원고의 유족연금신청에 대하여 피고는, 구 공무원연금법 제3조 제1항 제2호 가목에 의하면 유족연금을 받을 수 있는 배우자는 공무원 재직 당시 혼인신고를 마친 법률상의 배우자이거나 사실상 혼인관계에 있던 자이어야 하는데, 소외 1이 공무원으로 재직할 당시 시행되던 앞서 본 1990년 민법의 규정상 형부와 처제 사이의 혼인은 무효이었고 혼인무효에 해당하는 사실혼관계는 구 공무원연금법 제3조 제1항 제2호 가목의 사실상 혼인관계로 인정될 수 없다는 이유를 들어 그 신청을 거부하는 이 사건 처분을 하였다.

4. 앞서 본 형부와 처제 사이의 혼인에 관한 구관습법의 태도, 민법의 개정 경과 및 그 내용, 소외 1과 원고의 사실혼관계의 형성경위, 그 사실혼관계가 가족과 친인척을 포함한 주변 사회에서 받아들여진 점, 약 15년간의 공동생활로 부부생활의 안정성과 신뢰성이 형성되었다고 보이는 점 등을 종합하면, 비록 소외 1이 공무원으로 재직할 당시 시행되던 1990년 민법상 형부와 처제 사이의 혼인이 무효이었다고 하더라도 소외1과 원고의 사실혼관계는 그 반윤리성·반공익성이 혼인법질서에 본질적으로 반할 정도라고 할 수는 없다고 할 것이다. 더욱이 앞서 본 대로 2005년 민법 부칙 제4조에 비추어 피고로서는 2005년 민법이 시행된 이후에는 소외 1과 원고의 사실혼관계가 무효사유 있는 사실혼관계에 해당한다는 주장을 할 수도 없다고 할 것이다.

그렇다면 소외 1과 원고 사이의 사실혼관계는 구 공무원연금법 제3조 제
1항 제2호 가목의 '사실상 혼인관계'에 해당하고, 원고는 같은 법규정에
의한 유족연금 수급권자인 배우자라고 할 것이다. 원심의 판단은 위와 같
은 법리에 따른 것으로 정당하여 이를 수긍할 수 있다. 거기에 상고이유
의 주장과 같은 법리 오해 등의 위법으로 인하여 판결 결과에 영향을 미
친 위법이 있다고 할 수 없다.

[2010. 12. 11]

15. 애완견과 관련된 판결들

최근 들어 애완견을 키우는 사람들이 늘면서 개와 관련된 판결들이 심심찮게 보도되고 있다. 우리 민법상 권리의무의 주체가 될 수 있는 자는 (자연)인(사람)과 법인뿐이다. 개는 자연인(사람)도 아니고, 법인도 아니므로 민사상의 권리의무 주체가 될 수 없고, 민사소송법상의 당사자능력도 없음은 자명한 일이다.

개는 법적으로는 '물건'일 뿐이다. 자동차를 운전하다가 개를 치여 죽이거나 부상을 입힌 경우 고의가 있다면 손괴죄(損壞罪, 형법 제366조)가 성립될 것이나, 과실로 개를 죽이거나 부상을 입힌 경우에는 손괴죄로 처벌할 수 없다. 형법상 손괴죄는 고의범만 처벌하도록 되어 있다. 물론 가해자는 민사상의 불법행위책임을 지고 개주인에게 손해를 배상해주어야 한다.

다만, 도로교통법 제151조는 차의 운전자가 업무상 필요한 주의를 게을리 하거나 중대한 과실로 다른 사람의 건조물이나 그 밖의 '재물'을 손괴한 때에는 2년 이하의 금고나 500만 원 이하의 벌금에 처하도록 되어 있다. 그러나 이 죄는 반의사불벌죄(피해자의 명시한 의사에 반하여 공소를 제기할 수 없는 범죄)로 되어 있고, 보험이나 공제에 가입된 경우에는 당해 운전자에 대해서는 공소를 제기할 수 없도록 되어 있다(교통사고처리특례법 제3조 제2항, 제4조 제1항). 이런 경우에는 대부분 개주인과 보험회사 사이의 손해배상문제로 귀결된다.

지난 해 8월 이 모 씨(31. 여)는 공터 주차장에서 9년째 키우던 강아지(시추)를 데리고 거닐다가 안 모 씨가 몰던 렉스턴 승용차에 치여 애완견의 오른쪽 다리가 부러지는 사고가 발생했다. 안 씨가 가입한 삼성화재 측에서 이 씨에게 시추 분양가에 해당하는 30~40만 원 선의 배상액을 제시했으나, 이 씨는 이를 거부하고 삼성화재를 상대로 치료비와 위자료 등 1,000여만 원의 지급을 구하는 손해배상청구소송을 제기하였다.

서울중앙지법 단독판사는 "보험사는 자동차 사고로 인한 물적 손해배상이 교환가치(시가)를 넘을 수 없다고 주장하나, 애완견은 물건과는 달리 소유자가 정신적 유대와 애정을 나누고 생명을 가진 동물이라는 점 등에 비춰 치료비가 교환가치보다 높게 지출됐더라도 배상하는 것이 사회통념에 비추어 인정될 수 있다"고 판시하고, 또 대인사고가 아닌 물적 손해에는 위자료가 인정되지 않는다는 보험사의 주장에 대해서도 "애완견이 교통사고로 다리가 부러졌을 때 소유자에게 재산피해 외에 정신적 고통이 있음은 사고를 낸 당사자도 알 수 있다"며 위자료도 일부 인정했다.

재판부는 다만 사고 당시 이 씨가 강아지 목에 줄을 걸지 않은 과실이 있음을 인정해 책임비율을 50%만 인정, 삼성화재는 전체 치료비 322만 원 가운데 절반인 161만 원과 위자료 20만 원을 지급하도록 판시했다. 개 값보다 개 치료비가 훨씬 많이 들이긴 사긴이다. 법원은 애완견은 동물이기는 하지만 순수한 물건 이상의 취급을 하고 있다.

기르던 개가 우리를 뛰쳐나와 등산객을 무는 바람에 개주인이 소형차 한 대 값을 물어준 사례도 있다. 양 모 씨(41. 여)는 성남시계에 있는 불곡산에서 내려오다가 김 모 씨가 기르던 세퍼드 1마리와 리틀머리 3마리가 양 씨를 공격하는 바람에 양 씨는 35일간의 치료를 요하는 중상을 입었다. 이 개들은 개 우리의 출입문이 열려 있는 상태에서 우리를 뛰쳐나와 양 씨의 종아리를 물어뜯은 것이었다. 이 경우 개주인은 가해견의 소유·점유자로서 피해자가 입은 재산적·정신적 손해를 배상할 책임이 있다(민법 제759조). 지난 5월 24일 수원지방법원 민사합의부는 개주인은 양 씨에게 치료비와 위자료 300만 원 등 모두 1,390만 원을 지급하라고 판결했다.

요새 아파트 등 공동주택에서 애완견을 키우는 문제로 입주민들 사이에 갈등이 생기고 있다. 최근 부자들이 산다고 하는 타워팰리스 주민 김 모 씨가 이웃 강 모 씨를 상대로 덩치가 큰 애완견 골든리트리버 때문에 공포스럽다며 낸 개 사육금지 가처분 신청사건에서 서울중앙지법 신청부는 김 씨의 신청을 기각했다. 문제의 애완견이 체중 35kg의 골든리트리버이지만 이웃을 공격할 가능성이 낮다는 이유를 들었다. 재판부는 "타워팰리스 관리규약상 15kg 이상 애완견을 기를 수 없다고 규정돼 있으나, 입주자인 김 씨가 이를 근거로 다른 거주자들의 애완견 사육을 막아달라고 청구할 권리는 없다"고 판시했다. 아마도 이 판사는 애완견을 기르는 판사였을지도 모른다. 35kg 나가는 개라면 거의 송아지 수준일 것이다. 아무리 유순한 개라고 하지만 이런 송아지만 한 개에 겁을 먹지 않을 사람이 있을까? 개주인이나 이웃집 중 어느 집이 개 때문에 타워팰리스에서 이사를 가야 할 상황이다.

고속도로에는 다른 사람이나 동물들이 들어오지 못하도록 펜스가 쳐져 있는데 개새끼가 이 펜스를 뚫고 고속도로에 출현하는 바람에 이 개를 피하려던 운전자가 중앙분리대나 가드레일을 들이받는 사고가 종종 발생한다. 판례는 고속도로 상에 들어온 개를 피하려다 사고가 난 경우 사고의 원인이 된 고속도로의 보존상 하자가 한국도로공사의 고속도로 유지 관리책임의 범위 내에 속한다고 보고 있다(대법원 1992.10.27. 선고 92다27164 판결). 도로공사로서는 피해자의 손해(물론 피해자의 과실이 있으면 상계한다)를 배상해주고 개 주인을 찾아내어 구상권을 행사할 수 있지만 그 개가 가출한 개로 종적을 찾을 수 없다면 그 손해는 도로공사가 고스란히 감수할 수밖에 없다.

외국의 사례들을 보면 부자 주인으로부터 어마어마한 재산을 물려받아 '개팔자'가 아닌 '상팔자'로 여생을 보내는 개들이 적지 않다. 최근의 보도에 의하면 2007년 숨진 미국 부동산 재벌 레오나 헴슬리(Leona Helmsley, 87세: 모델 출신으로 1972년 미국의 억만장자 해리 헴슬리와 결혼했으며 남편이 사망하자 전 재산을 상속받았다)로부터 21억의 유산을 상속받았던 애완견 트러블이 지난해 12월 숨졌다고 한다. 레오나 헴슬리가 생전에 세운 동물보호재단인 '레오나 앤드 해리 헴슬리 채리터블 트러스트'에 따르면 헴슬리는 세상을 떠날 때 유언으로 암컷 몰티즈종인 트러블에게 약 1,200만 달러(약 130억 원)를 물려줬으나, 헴슬리의 유족들은 이에 항의하며 뉴욕 법원에 소송을 제기했고 법원은 트러블의 유산을 대폭 삭감했다. 하지만 그래도 트러블에게는 200만 달러(약 21억 원)가 주어졌다. 이후 트러블은 플로리다 사라소타에 있는 헴슬리 호텔에서 경호원의 보호를 받으며 사람으로 치면 80세가 넘는 나이인 12살에 죽었다. 트러블을 보호하는 데는 매년 10만 달러(약 1억 원), 미용에만 약 8,000달러(약 860만 원), 사료에 1,200달러(약 130만 원)가 들었다. 납치 위협에 대비한 경호비에도 상당한 액수가 지출됐다. 트러블은 다이아몬드가 박힌 목걸이를 착용했고 매일 호텔 주방장이 요리한 신선한 닭고기와 야채를 은식기에 먹었다.

생전에 개를 무지 좋아했던 헴슬리는 정작 인간에게는 인정이 없었다고 한다. 다른 사람들이 트러블을 절대로 '개'라고 부르지 못하게 했고, 허용되는 명칭은 '공주'였다. 그녀는 손자 4명 중 2명에게는 한 푼도 남기지 않았다. 헴슬리는 엄청난 재산을 보유하고 있으면서도 지난 1988년 조세 포탈 혐의로 재판을 받으면서 "오직 힘없는 자들만이 세금을 낼 뿐"이라고 말해 '치사한 여왕' 내지는 '비천한 여왕'(Queen of Mean)이라는 조롱을 받기도 했다.

거액을 상속받은 애완동물은 트러블 이전에도 있었다. 1992년 카롤레타 리벤슈타인 백작부인의 유산 6,000만 달러를 물려받은 독일 셰퍼드 '군터 3세'다. 현재는 아들 개 '군터 4세'가 재산을 불려 1억 8,000만 달러에 이르는 부(富)를 축적하고 있다고 알려져 있다.

침팬지 칼루의 소유 재산은 8,000만 달러에 이른다. 켄모어 백작부인의 딸인 패트리샤 오닐이 아프리카에서 나무에 묶여 있는 칼루를 발견해 집에 데려가 키우기 시작했다. 칼루의 강력한 라이벌은 다름 아닌 오닐의 남편. 호주 출신 수영 선수였던 남편 프랭크가 2000년 시드니올림픽 출전을 위해 집을 비운 사이, 오닐은 유언장에서 남편의 이름을 지우고 상속인으로 칼루를 지정했다.

부자들만 애완동물에게 유산을 물려주는 것은 아니다. 미국 ABA(변호사협회)는 미국 내 애완동물 소유주의 4분의 1 정도가 일정 유산을 남기는 것으로 추산한다. 1999년 사망한 가수 더스티 스프링필드도 고양이 니콜라스에게 재산을 물려주며 "반드시 수입산 유아용 음식을 먹이고 잠이 들 때 내 노래를 틀어주라"고 유언을 남겼다. 오프라 윈프리도 자신의 애견이 평생 호사스럽게 지낼 수 있는 재산을 물려줄 예정인 것으로 알려졌다.

그들에게 애완견은 단순한 '동물'이 아니다. 특히 나이 든 사람들에게 애완견은 중요한 반려자이고 자식과 같다. 애완견을 애지중지하는 이들의 가장 큰 걱정은 '내가 죽고 나면 누가 개를 돌봐줄 것인가' 하는 것. 법적으로 동물은 주인의 '자산'으로 분류되기 때문에 직접 개의 이름으로 재산을 물려받을 수 없다. 따라서 주인은 애완견을 돌봐줄 신탁 기금을 신설해 지정 수탁인을 두고 돌보게 한다. 개나 고양이들이 물려받은 재산은 수탁인이 관리하며, 일상을 돌보는 관리인을 따로 두고 수탁인과 관리인이 서로 감시하게 만들기도 한다. 현재 미국 39개 주에서 애완동물 상속 신탁 관련법이 시행되고 있다.

대체로 사람에 정을 붙이지 못하는 사람들이 개에 정을 붙이는 경우가 많다. 특히 돈 많은 노인들의 경우, 호시탐탐 재산을 노리는 자식들이나 사업 경쟁자들에 지쳐, 애완견에게 애정을 쏟는 경우가 많다. 그들은 애완견에게 보통 사람들의 상상을 뛰어넘는 돈을 쓴다. 우리말에서 '개새끼'는 쌍욕이지만, 개팔자가 상팔자인 개들이 많은 세상이다. 그러나 한편 그 애지중지하던 애완견들이 어느 날 갑자기 버려져 졸지에 '遺棄犬'이 되기도 하고 안락사되기도 한다. 개보다 못한 인간들에 의해 키워지던 개들이다.

[2011. 8. 11]

16. 사기당하는 법원

　어수룩한('어리숙한'이 아님) 사람만 속는 것이 아니라 검찰과 법원도 속는 세상이다. 세상이 어수선하다 보니 검찰이나 법원을 속여 범인을 바꿔 치기 하기도 하고, 다른 사람 행세를 하고 판결을 받아 남의 재산을 가로채기도 한다. 법원을 기망하는 소송사기의 예는 많고, 동생이 음주운전을 한 형을 대신해 자신이 음주운전을 했다고 거짓 자백하여 구속됐다가 진실을 털어놓기도 한다. 인간들이 사는 세상은 요지경 세상이다.

　최근에 부장판사 출신의 K 모 변호사가 범인도피 방조로 기소되었다는 보도가 있었다. K 변호사는 올해 초 휴대전화 문자메시지 발송 사기혐의로 기소된 강 모 씨의 변호인으로 선임되었다. 그런데 불구속 상태로 재판을 받던 강 씨가 지난 4월 1심에서 예상외로 징역 1년 6월의 실형을 선고받고 법정 구속되자 심경의 변화를 일으키면서 K 변호사를 곤혹으로 몰아넣었다. 강 씨는 진범은 따로 있고 자신은 가짜범인이라는 내용의 항소이유서를 제출하고 검찰에도 진정서를 제출하면서 사건은 소용돌이 속으로 빠져든다. 강 씨는 K 변호사에게 진범인 신 모 씨로부터 1년간 매달 200~300만 원의 용돈을 받아왔다고 하면서 진범 신 씨와의 '부당거래'에 대해 낱낱이 털어놓았다. K 변호가 받은 변호사 보수도 신 씨가 입금한 것이었다.

　강 씨가 진술을 번복하자 신 씨는 K 변호사에게 강 씨의 주장이 사실이라는 것을 말한 뒤 다시 강 씨에게 진술을 번복하라고 설득할 것을 요청하자, K 변호사 중재로 강 씨는 신 씨로부터 '범행을 다시 인정하는 조건으로 5,000만 원을 받고 1심대로 항소심이 끝나면 5,000만 원을 추가로 받는다'는 내용의 확인서를 받고 진술을 다시 뒤집기로 약속했다. 그러나 강 씨의 자백 내용에 의심을 품은 검찰이 사건을 재수사하여 사건 전모가 밝혀지는 바람에 K 변호사는 범인도피 방조 혐의로 법정에 서야 하는 신세가 되고 말았다.

변호사는 업무상 알게 된 의뢰인의 비밀을 공개해서는 안 되지만 이와 같이 범인 바꿔 치기에 적극 가담하는 것은 별개의 문제이다. 변호사가 의뢰인의 범법행위를 알았을 때는 사임계를 내고 사건에서 손을 떼는 게 정도이다. 잘못하다가는 범죄의 수렁으로 말려 들어가게 된다. 부장판사까지 한 변호사가 그것을 모르고 있었다. 강 씨가 집행유예만 받았으면 검찰이나 법원은 꼼짝없이 확실하게 사기당하는 꼴이 되었을 것이다. 미상불 1심에서 검찰이나 법원은 강 씨를 범인으로 단정했다. 실제로 이런 식으로 엉뚱하게 파묻히는 사건들이 꽤 있을 것이다.

또 다른 사건이다. A 씨는 두바이에 장기체류 중인 회사원이었다. 그런데 국내에 있던 A 씨의 부인 B 씨가 가짜 남편인 C와 함께 가정법원에 출석하여 협의이혼의사확인을 받은 뒤 A의 재산을 가로챈 사고가 있었다. A가 귀국하여 보니 전셋집에 다른 사람이 살고 있어 어찌된 일인가 하고 처가에 가 보았더니 장인은 사위와 딸이 협의이혼한 것으로 알고 있었다. 가족관계등록부에는 이미 이혼신고가 되어 있었다. 다른 곳도 아닌 법원에서 이런 황당하고 어처구니없는 일이 벌어진 것이다. 법원이 감쪽같이 B와 C에게 속아 넘어간 것이다.

A가 법원과 이곳저곳을 돌아다니며 알아보니 부인 B가 A의 주민등록증과 인감도장을 가지고 가짜 남편을 데리고 법원에 가서 협의

이혼의사확인을 받으면서 A가 B에게 위자료 13억 원을 주고 생활비로 매달 300만 원을 주며, 딸의 양육권은 A에게 있다는 내용으로 합의를 한 것으로 되어 있었다. 전셋집 보증금은 이미 B가 찾아가버린 상태였다.

A는 가정법원에 가서 본인확인을 제대로 하지 않은 잘못을 따졌으나, 법원으로서도 달리 뾰족한 수가 없었다. B는 위 합의를 근거로 A를 상대로 13억 원의 지급명령을 신청하자 법원은 A에게 지급명령까지 발령한 상태였다.

A로서는 달리 방도가 없었다. 지급명령에 대한 이의를 신청하고 B를 상대로 협의이혼무효확인소송을 제기하였다. 법원은 이혼절차에 중대한 하자가 있다는 이유로 이혼무효판결을 선고하였다. B는 위 판결에 불복 항소하면서 위와 같이 협의이혼을 한 것은 남편인 A가 시키는 대로 한 것이기 때문에 이혼의사가 있는 것이라는 주장을 하였다.

A는 도저히 참을 수 없어 B와 C를 사문서위조 등 혐의로 형사고소를 하였다. 검찰은 B의 주장을 믿을 수 없다고 판단하고 B와 C를 공무집행방해, 사문서위조, 동행사 등으로 기소하였다. 이제 A는 다시 B를 상대로 이혼소송을 내야 하는 형편이 되었다. A로서는 만사가 기가 막힐 뿐이었다.

A가 법원을 상대로 본인확인을 제대로 하지 못한 과실로 A가 입은 정신적 고통을 위자해달라는 손해배상청구소송을 제기하면 어떻게 될까?

[2011. 8. 23]

17. 뜻대로 되지 않는 死後

어떤 사람이 유언으로 "내 죽으면 내 시신을 화장하여 한강에 뿌려다오"라는 유지를 남겼을 때 자식들이 반드시 망인의 유언대로 화장을 하여야 하는가? 대부분 유족들은 망자의 유언을 존중하겠지만, 유감스럽게도 이러한 유언은 법률적 구속력이 있는 유언이 아니므로 자식들이 화장이 아닌 매장을 하였다고 하여도 법적으로 아무런 문제가 되지 않는다.

이런 일이 있었다. 어떤 남자가 전처인 법률상 배우자와 3남 3녀를 낳고 집을 나와 사망할 때까지 44년간 절연한 채 다른 여자와 함께 살면서 2남 1녀를 낳고 살았다. 그가 죽을 때가 다가오자 직접 공원묘지의 묏자리를 사놓고 자신이 죽으면 그곳에 묻어달라고 유언을 하였고, 후처의 자식들이 아버지의 유언에 따라 아버지를 공원묘지에 안장하였다. 그런데 본처의 자식 중 장남이 망인의 유체를 선산에 미리 준비해놓은 묏자리에 모셔야 한다면서 이장을 요구하였고, 후처의 자식들이 이를 거부하자 후처의 자식들을 상대로 유체의 인도를 구하는 소송을 제기하였다. 이름하여 유체인도소송이다. 이제 세상은 유골을 두고 다투는 세상이 되었다. 수많은 소송을 해 보았지만 이런 이름의 소송은 이 사건 대법원판결을 통해 처음으로 들어 보았다.

1심과 2심에 이어 대법원은 원고의 손을 들어주었다(대법원 2008.11.20. 선고 2007다27670 전원합의체판결).

대법원은 사람의 유체·유골은 매장·관리·제사·공양의 대상이 될 수 있는 유체물로서, 분묘에 안치되어 있는 선조의 유체·유골은 민법 제1008조의 3 소정의 제사용 재산인 분묘와 함께 그 제사주재자에게 승계되고, 망인이 생전에 자신의 유체나 유골의 매장장소를 지정한 경우 선량한 풍속 기타 사회질서에 반하지 않는 이상 망인의 의사는 존중되어야 하고 이는 제사주재자로서도 마찬가지라 할 것이지만, 피상속인의 의사를 존중해야 하는 의무는 도의적인 것에 그치고, 제사주재자가 무조건 이에 구속되어야 하는 법률적 의무까지 부담한다고 볼 수는 없다고 판시하였다. 즉 망인의 장남에게 제사주재자로서의 지위를 유지하지 못할 사정이 없는 한 망인의 유체는 장남에게 인도하라는 판결이다.

결국 망자는 자기 사후의 세계를 자기 뜻대로 가져갈 수가 없다.

북한을 철권으로 통치하던 김정일이 죽었다. 그런데 아버지 김일성에 이어 김정일의 시신도 방부처리되어 영구보존할 것이라고 하는데 이것이 김정일의 뜻이었을까? 김일성을 미라로 만든 것은 김정일의 뜻이었을 것이고, 김정일을 미라로 만드는 것도 김정은 옹위세력일 것이다.

옛 소련의 레닌은 유언으로 어머니 묘 옆에 묻어달라고 했지만 본인의 뜻과 상관없이 1924년 방부처리되어 모스크바의 크레믈린의 묘에 전시되고 있다. 중국의 모택동은 1976년 화장 후 산골(散骨)을 조국 산하에 뿌려달라고 유언했지만 역시 본인의 뜻과 상관없이 북경의 천안문광장 내 기념관에 안치돼 있다. 베트남의 호치민도 마찬가지다. 사회주의국가 최고지도자들은 본인의 유언에 상관없이 체제유지를 위하여 시신을 매장하거나 화장하지 않고 방부처리하여 유훈통치용으로 활용한다. 참으로 희한한 나라들이다. 다만, 등소평만은 1997년 그의 유언대로 무덤조차 남기지 않고 화장되어 홍콩 앞바다 등에 뿌려졌다.

10년 전인 2001년 8월 시베리아횡단 여행을 하면서 모스크바의 크레믈린 궁에서 방부처리된 레닌의 모습을 직접 본 적이 있다. 당시의 여행기 중 관련 부분을 다시 들추어본다.

재수가 좋아야 레닌 묘를 볼 수 있다고 하는데 개관시간인 10시가 가까워지면서 줄을 서서 기다리는 사람들이 많다. 줄을 서서 들어가는데 우리는 레닌을 추모하는 것이 아니라 단순한 관람임에도 군인들이 모자를 벗도록 한다. 군인들이 박제된 밀랍인형처럼 서 있는 곳을 따라 들어가 보니 과연 유리막 안에 살아있을 때의 모습 그대로 넥타이를 맨 채 누워있는 레닌이 은은한 조명을 받고 있다. 그리 크지 않은 키로 보인다. 이 자가 세계의 역사를 진동시키고 우리들의 삶의 일부에까지 영향을 미쳤단 말인가.
레닌 사후 80여 년 동안 계속 누워 있으면서 조금씩 몸이 수축되어 알코올을 주입하여 원형을 유지시킨다고 한다. 공산주의 붕괴 후 레닌을 매장하자는 논의가 있었으나 푸틴이 살아 있는 교육을 위하여 그대로 두도록 하였다고도 한다. 사람은 죽으면 땅으로 돌아가야 하는 것이 자연의 섭리인데도 어떻게 된 것인지 공산주의자들은 모택동, 호치민, 김일성 등과 같이 살아 있는 모습으로 사체를 전시하는 것인지 도무지 알려야 알 수가 없다. 러시아의 우수한 인간복제팀이 레닌을 복제하기로 하는 연구에 들어갔다는데 다시 그런 사람을 만들어 무엇을 하겠다는 것인지 모르겠다.
레닌 묘를 나와 크레믈린 궁 벽을 따라 나오니 스탈린, 브레즈네프 등 역대 소련의 최고지도자 묘와 흉상들이 차례로 세워져 있다. 구소련의 최고지도자 중 유일하게 후르시쵸프만은 이곳에 묻히지 못하고 노보데비치수도원에 따로 묻혀 있다. 아마도 수정주의라는 비판을 받고 현직에서 실각된 후르시쵸프에 대한 대접의 일면으로 볼 수 있다. 앞으로 고르바초프나 옐친이 죽으면 이곳에 묻힐지 어떨지는 두고 볼 일이다.

푸틴(러시아 현지에서는 '뿌찐'이라고 발음하고 있었다)에게 러시아 대통령 자리를 물려주고 2007년 사망한 보리스 옐친은 노보데비치 수도원 공동묘지에 묻혀 있다. 이 묘지에는 정치가뿐만 아니라 고골, 체호프 등 유명한 문인들도 잠들어 있다.

사후세계는 자신의 뜻대로 되지 않는다. 사후세계는 법도 관여할 수 없다.

살아생전에 범사에 감사하면서 사는 것이 평안한 사후세계로 인도하는 첩경이다.

[2011. 12. 22]

18. 부부 사이에 작성된 각서의 효력

부부 사이에 각서를 쓰는 것은 정상적인 부부생활을 하는 경우에는 가능한 일이 아니다. 옛날 어떤 부부가 부부싸움 끝에 재산에 관하여 합의를 하고 각서를 썼다. 각서의 끝에는 다음과 같이 되어 있었다.

"이 재산에 관한 합의는 부부싸움이 있는 경우를 대비함이며 그 실효는 인정하지 아니한다."

그런데 그 부부는 끝내 화합을 이루지 못하고 이혼법정에 서게 되었다. 그런데 위 각서의 '실효'의 의미를 두고 다투고 있었다. 남자는 그 재산 합의 각서의 '실효'가 '實效'라고 주장하고 있었고, 여자는 '失效'라고 주장하고 있었다.

혼인생활 중 남편이 바람을 피우고 술만 마셔대는 바람에 부부 사이가 파탄지경에 이르렀을 때 남편이 후에 이런 일이 다시 생기면 이혼을 하고 양육비를 지급하겠다, 모든 재산을 포기하겠다고 하는 등 부부 사이에 이혼을 대비하여 재산분할 등의 각서를 작성한 경우 그 각서의 효력을 인정받을 수 있는가?

甲 녀와 乙 남이 협의이혼을 하기로 합의하면서 乙이 재산분할 명목으로 甲에게 돈 5,000만 원을 지급하기로 약정하였다. 甲이 위 약정 후에 乙을 상대로 이혼 및 위자료 금 3,000만 원과 재산분할 금 5,000만 원의 지급을 구하는 소를 제기하였다가 이를 취하하였고,

이에 乙이 甲을 상대로 이혼청구의 소를 제기하여 승소판결을 받고
그 판결이 확정되었다. 甲이 乙을 상대로 위 약정에 따른 약정금청
구의 소를 제기한 사례에서 대법원은 다음과 같이 판시하였다.

> "재산분할에 관한 협의는 혼인 중 당사자 쌍방의 협력으로 이룩한 재산의 분
> 할에 관하여 이미 이혼을 마친 당사자 또는 아직 이혼하지 않은 당사자 사이
> 에 행하여지는 협의를 가리키는 것인바, 그중 아직 이혼하지 않은 당사자가
> 장차 협의상 이혼할 것을 약정하면서 이를 전제로 하여 위 재산분할에 관한
> 협의를 하는 경우에 있어서는, 특별한 사정이 없는 한, 장차 당사자 사이에
> 협의상 이혼이 이루어질 것을 조건으로 하여 조건부 의사표시가 행하여지는
> 것이라 할 것이므로, 그 협의 후 당사자가 약정한 대로 협의상 이혼이 이루
> 어진 경우에 한하여 그 협의의 효력이 발생하는 것이지, 어떠한 원인으로든
> 지 협의상 이혼이 이루어지지 아니하고 혼인관계가 존속하게 되거나 당사자
> 일방이 제기한 이혼청구의 소에 의하여 재판상 이혼(화해 또는 조정에 의한
> 이혼을 포함한다)이 이루어진 경우에는, 그 협의는 조건의 불성취로 인하여
> 효력이 발생하지 않는다. 따라서 협의이혼을 전제로 재산분할의 약정을 한
> 후 재판상 이혼이 이루어진 경우, 재판상 이혼 후 또는 재판상 이혼과 함께
> 재산분할을 원하는 당사자로서는, 이혼성립 후 새로운 협의가 이루어지지 아
> 니하는 한, 이혼소송과 별도의 절차로 또는 이혼소송 절차에 병합하여 가정
> 법원에 재산분할에 관한 심판을 청구하여야 하는 것이지(이에 따라 가정법원
> 이 재산분할의 액수와 방법을 정함에 있어서는 그 협의의 내용과 협의가 이
> 루어진 경위 등을 민법 제839조의 2 제2항 소정 '기타 사정'의 하나로서
> 참작하게 될 것이다), 당초의 재산분할에 관한 협의의 효력이 유지됨을 전제
> 로 하여 민사소송으로써 그 협의 내용 자체의 이행을 구할 수는 없다."(대법
> 원 1995.10.12. 선고 95다23156 판결)

위와 같이 판례는 아직 이혼하지 않은 당사자가 장차 협의상 이혼
할 것을 약정하면서 이를 전제로 하여 위 재산분할에 관한 협의를
하는 경우에 있어서는 그 협의 후 당사자가 약정한 대로 협의상 이

혼이 이루어진 경우에 그 협의의 효력이 발생하는 것으로 보고 있다. 따라서 재판상 이혼이나 조정 또는 화해에 의한 이혼을 하는 경우에는 위 각서의 효력을 그대로 인정받을 수 없다.

甲 남과 乙 녀가 재산분할약정을 하면서 당시 "거주하고 있던 아파트는 이혼하는 乙에게 소유권을 이전하고 기타 재산권은 甲 소유로 한다"고 약정한 후 기존에 乙 녀 명의로 등기되어 있던 실제 甲 소유 토지를 돌려주지 않자 甲이 전 부인인 乙을 상대로 소유권이전등기청구소송을 제기한 사례에서 대법원은 '이혼합의각서'의 문구 해석과 관련하여 "처분문서의 진정성립이 인정되는 이상 그 해석은 원칙적으로 처분문서에 기재된 문언대로 의사표시의 존재와 내용을 인정한다는 전제하에 甲과 乙 간의 재산분할협의 당시 거주하던 아파트를 아내인 乙의 소유로, 그 이외에 기타 재산을 남편인 甲 소유로 분할하기로 한 재산분할협의각서상 '기타 재산권'은 그 문언대로 아파트를 제외한 甲과 乙의 나머지 공동재산을 의미하고 따라서 이 사건 각 부동산도 '기타 재산권'에 포함되는 것으로 해석할 여지가 충분하다"고 판시한 사례가 있다.

부부 사이에 작성된 재산분할각서는 법원이 재산분할심판을 함에 있어서 재산분할의 액수와 방법을 정하면서 그 협의의 내용과 협의가 이루어진 경위 등을 민법 제839조의 2 제2항 소정 '기타 사정'의 하나로서 참작하게 된다. 아무리 부부 사이라고 하더라도 위와 같이 재산분할각서를 작성하는 경우에는 문구를 정확히 작성해야 그 각서대로 효력을 인정받을 수 있다. 그보다는 부부 사이에 각서를 써야 하는 상황이 오지 않도록 하는 지혜가 필요할 것이다.

[2012. 1. 30]

19. 부러진 인격

　최근 도하 일간지에는 2002년 여대생 하 모 양 청부살인사건에 연루됐던 하 모 양의 이종사촌 김 모 판사(39·사법연수원 29기)가 임관 10년째 재임용 대상이 되어 적격 심사 대상으로 통보받자 사건 10년 만에 사표를 냈다는 보도가 있었다(경향신문 2012.2.6.자 등). 김 모 판사의 사직으로 사람들의 뇌리를 떠났던 옛 여대생 하 모 양 청부살인사건이 다시 인구에 회자되고 있다.

　엄상익 변호사의 블로그에 나와 있는 '판사여자 살인사건(1)(2)'을 보면 이 사건의 전모를 자세하게 알 수 있다. 엄 변호사는 김 모 판사의 장모인 윤 모 씨로부터 살인교사를 받고 실행에 옮긴 윤 모 씨의 조카를 변호했던 변호인이었다. 엄 변호사는 대한변협의 공보이사로 있으면서 대한변호사협회에서 발간하는 신문에 법정소설도 연재하고 칼럼도 쓰면서 필력을 인정받고 있는 변호사이다.

　어제와 오늘 아침 2편으로 되어 있는 장문의 이 글을 숨 가쁘게 읽으면서 일그러진 인간 군상들의 모습들이 어지러이 내 머리를 떠돌았다. '부러진 화살'이 아니라 '부러진 인격'으로 영화화하면 훌륭한 법정영화가 될 것 같다. 사실 사법부가 불신을 받고 있다 보니 <부러진 화살>이 관객들의 호응을 받은 것에 불과하지 이 영화의 소재는 별로 좋은 것이 아니다.

　우리나라에는 미국의 존 그리샴과 같은 작가가 쓴 법정소설이나 법정영화가 거의 없다고 해도 과언이 아닐 정도로 법정을 영화의 소재로 삼을 만한 것들이 별로 없다. 그러나 이 '여대생 청부살인사건'은 인격이라는 가면을 쓴 인간들이 벌이는 일탈의 현장을 생생하게 보여줄 수 있을 것 같은 생각이 든다. 엄 변호사의 글에는 청부살인의 주범 윤 모 씨와 살인에 가담한 조카와 조카친구 등 피고인들뿐 아니라 하 모 양과 하 모 양의 아버지, 윤 모 씨의 남편인 재벌 회장, 김 모 판사, 김 모 판사의 부모, 윤 모 씨 조카의 부인과 변호사 등 돈에 따라 춤을 추는 인간 군상들의 모습이 적나라하게 그려져 있다.

엄 변호사의 글과 그간의 보도를 종합하여 이 사건을 간단하게 재구성한 후 이 사건 관련자들의 인간심리를 풀어보기로 하자. 재벌 부인이 판사 사위와 사귄다는 여대생을 청부살해했다는 뉴스는 세인들의 관심을 끌기에 좋은 조건을 갖고 있었다.

'청부살해' 또는 '청부폭행'할 때의 '청부'라는 말은 우리 법에는 없는 말이고 일본법에는 '請負(청부)'라는 것이 있다. 이 청부와 비슷한 것으로 우리 법에는 都給(도급)이 있다. 일본에서 쓰는 下請(하청)도 우리법상 下都給(하도급)이다. 그러나 시중에서는 '청부'라는 말을 많이 쓰고 있다.

'여대생 공기총 청부살해사건'은 1999년 1월 "사위가 결혼 전부터 이종사촌동생인 하 모(당시 이대 법학과 재학) 씨와 불륜관계에 있다"고 중견 Y제분 회장 부인인 윤 씨에게 걸려온 한 통의 전화가 발단이 됐다. 2000년 3월 사위 김 판사의 휴대폰에 걸려온 여자 목소리를 들은 윤 씨는 "누구냐?"고 캐물었다. 김 판사는 대수롭지 않게 "이종사촌 동생(하 씨)"이라고 답했다. 윤 씨는 이때부터 집요하게 하 씨를 추적했다. 조카와 현직 경찰관, 심부름센터 직원 등 20여 명을 동원했으며 윤 씨 자신도 직접 승복(僧服)으로 갈아입고 미행했다. 윤 씨의 이런 행동은 1년 전 "결혼한 사위에게 다른 여자가 있다”는 괴전화를 받았던 데서 비롯됐다.

윤 씨는 전화를 받은 뒤 2년 가까이 조카 윤 씨를 시켜 사위와 하 씨를 미행했으나 불륜현장을 잡아내지 못했고, 윤 씨의 미행을 알게 된 하 씨 가족은 2001년 4월 윤 씨를 고소했다. 같은 해 10월 법원은 윤 씨에게 접근금지 명령을 내렸다. 이에 화가 치민 윤 씨는 하 씨를 납치해 살해하기로 결심한 뒤 2001년 10월 8일 조카 윤 씨와 그의 고교동창인 김 씨에게 1억 7,500만 원을 주겠다며 하 씨를 살해하도록 교사했다. 3일 뒤인 10월 11일에는 조카에게 착수금으로 현금 5,000만 원을 전달했다.

이에 따라 조카와 김 씨는 2002년 3월 6일 새벽 5시 30분 수영장을 가기 위하여 삼성동 집을 나서던 하 씨를 납치해 검단산으로 납치해 공기총으로 살해했고 시신을 그곳에 암매장했다. 조카와 김 씨는 사건 발생 직후 베트남과 홍콩으로 각각 도피했다.

그러나 같은 달 16일 등산객에 의해 하 씨의 시신이 발견되고 하 씨의 아버지는 죽은 딸의 복수를 위하여 직장도 팽개치고 법인들을 집요하게 추적해나갔다. 하 씨 아버지의 눈물겨운 노력 끝에 외국으로 도주했던 윤 씨의 조카와 김 씨가 1년 후 중국에서 검거된 후 국내로 송환되었다. 이들이 경찰에서 “윤 씨로부터 살해 대가를 받기로 하고 청부살인을 한 것”이라고 진술함에 따라 이들은 구속되어 1심에서 각 징역 20년씩을 선고받았다. 윤 씨는 “하 씨를 미행하라고 했지 죽이라고 지시하진 않았다”는 주장을 계속했지만 법원은 이를 인정하지 않았다. 검사와 피고인 쌍방이 항소한 항소심에서 피고인들에게 각 무기징역이 선고되었다.

그런데 “윤 씨의 돈을 받아 하 씨를 미행하다 납치해 살해했다”고 진술했던 윤 씨의 조카가 대법원 상고이유서에서 “둘 사이를 떼어놓으려다가 엉겁결에 살해했다"고 진술을 번복했다. 대법원은 이 주장을 받아들이지 않고 윤 씨 등 피고인 3명에게 무기징역을 선고한 원심을 확정했다.

청주교도소에 수감된 윤 씨는 2006년부터 "살인을 지시한 적이 없다"며 검찰에 조카의 진술 번복을 내세워 조카와 김 씨를 위증죄로 고소했다. 자신이 살인을 지시했다고 증언한 공범들이 수사 및 재판 과정에서 위증했다는 이유에서였다. 이것은 이들의 모종 음모에 의한 것이었다. 이들은 이 위증판결을 갖고 무기징역이 확정된 판결에 대해 재심을 청구할 계획이었다.

검찰은 윤 씨의 항고, 재항고까지 기각하여 사건이 종결되는 것 같았으나, 2008년 형사소송법이 개정되면서 윤 씨에게 지푸라기라도 잡아야 하는 마지막 기회가 더 주어졌다. 개정 형소법은 검찰이 무혐의 처분한 사건에 대해 법원에 이의(異議)를 제기하는 재정신청 제도를 모든 고소사건으로 확대한 것이다. 윤 씨는 대전고법에 재정신청을 냈고 대전고법은 2008년 7월 검찰 처분을 뒤집고 "살인교사 시점에 의문이 든다"며 재정신청을 수용하였다. 검찰은 공소 사실을 입증하는 증언을 했던 조카 윤 씨와 김 씨 등 두 명을 기소할 수밖에 없었다. 형사소송법상 고등법원이 검찰의 불기소 처분에 대한 재정신청을 받아들이면 검찰은 무조건 기소를 해야 하기 때문이다.

위증 혐의에 대한 이번 재판은 피고인인 조카와 김 씨가 위증 혐의를 인정한 반면 검찰은 죄가 없다고 무죄를 구형하는, 입장이 뒤집어진 듯한 고약한 상황이 연출되었다. 윤 씨의 공범들은 2004년 1월 항소심 재판에서 무기징역을 선고받은 이후 대법원 상고 단계에서부터 현재까지 "윤 씨가 살인을 지시하지 않았다"고 진술을 번복했으나 검찰은 "위증죄가 추가된다 해도 잃을 게 없다는 판단에서 조카와 김 씨가 윤 씨를 돕는 것으로 보인다”며 일관되게 무죄를 주장했다.

과거 재정신청 사건의 경우 법원이 지정한 공소유지변호사가 공소권을 갖고 있었으나 2007년 형사소송법이 개정되면서 불기소 처분을 내린 검찰이 사건을 맡도록 바뀐 탓에 검찰이 울며 겨자 먹기 식으로 피고인에게 무죄를 구형하는 ‘촌극’이 벌어진 것이다.

청주지법이 조카와 김 씨의 위증 혐의에 대해 무죄를 선고함에 따라 8년간 세상을 시끄럽게 했던 이 사건은 사실상 종결됐다. 조카와 김 씨가 유죄를 인정하기는 했으나 무죄 선고에 대한 ‘항소의 이익’이 없다는 점에서 항소가 법률적으로 불가능했고, 사건은 종결된 것이다.

윤 씨는 2004년 무기징역 확정 판결을 받고 Y제분 회장과 이혼했다. Y제분 회장은 세컨드에게서 아이까지 있었다. 무기징역으로 교도소에서 썩고 있을 마누라와 같이 살 남자가 아니었다. 이 사건의 최대 수혜자는 결국 Y제분 회장의 세컨드였다. 이 사건 발생의 원인을 제공한 셈이 됐던 김 판사는 당시의 아내와 그대로 살면서 수도권 법원에서 근무하고 있다가 판사 임관 10년이 되어 판사연임을 위한 재임용 대상이 되면서 사람들의 기억을 되살리게 만들었다.

이상이 겉으로 드러난 사건의 요약이고, 이 사건의 내면을 보노라면 부러진 인격들이 벌이는 인간행태들을 볼 수 있다. 이제 이 사건의 내막을 통해 그 부러진 인격들이 사는 이 세상의 단면을 보기로 하자.

여대생 청부살인사건과 관련하여 변호사들의 행태를 어떻게 보아야 할 것인지도 논란거리다. 여대생 하 모 양을 죽음에 이르게 한 사람은 김 판사의 장모 윤 모 씨였지만, 1심에서 징역 20년을 받은 윤 씨를 항소심에서 무기징역으로 끌고 간 원인 중의 하나는 변호인들이 아니었을까? 항소심에서 윤 씨에게 말도 안 되는 공소사실의

무조건 부인이 아니라 공소사실을 인정하고(기록상 피고인의 범죄
사실은 너무나 명백하다) 반성의 빛을 보이도록 변론을 유도했다면
최소한 1심의 징역 20년은 유지되었을지도 모른다.

　대형 로펌의 법원장 출신의 거물급 변호사들이 이에 아랑곳없이
피고인들과 말을 맞추며 공범들의 진술을 유도하고 공범들의 진술을
번복하도록 유도하는 것이 과연 피고인을 위한 것인가? 공범이 있는
사건은 사건 조작이 말처럼 쉽지 않다. 아무리 변호인을 피고인에게
'고용된 총잡이'라고 하더라도 이 사건의 변호사들을 보니 머리가 설
레설레 흔들어진다.

　변호사를 오래 하다 보면 변호사라는 직업에 환멸을 느낄 때가 많
다. 변호사라는 사람들이 거의 돈에 놀아난다. 속칭 거물 변호사들은
돈은 많고 겁이 많은 재벌 회장 등의 사건을 맡는다. 전에 H 자동차
J 회장은 수임료로 김앤장에게 100억 원을 주었다는 말이 파다했다.
돈이 많은 재벌들은 돈으로 변호사들을 머슴 부리듯 한다. 한 변호
사가 어느 법원의 화장실에서 고위법관 출신 변호사가 무식한 재벌
회장에게 쩔쩔 매는 것을 보고 앞으로 형사사건을 맡지 않기로 결심
한 이야기도 나돈다. 돈도 많고 겁도 없는 피고인들은 변호인을 선
임하는 데 눈치를 보고, 돈도 없고 겁도 없는 피고인들은 국선변호
인을 서임한다.

　억울하게 피고인이 된 사람이 없는 것은 아니지만 나의 개인적 경
험에 비추어 형사피고인 중에 선하거나 착한 사람은 많지 않았다.
대부분 벌을 받을 만한, 아니 벌을 반드시 받아야만 할 사람들이었
다. 참으로 악랄한 피고인들도 많았다. 어느 날 서울구치소에 국선변
호인 접견을 갔는데 피고인이 어디선가 많이 본 사람이었다. 피고인
도 나를 어디선가 봤다고 했다. 몇 년 전의 기억을 쓸어 담다 보니

옛날에 맡았던 사건의 피고인이었다. 상습범, 재범으로 다시 구치소에 취직한 사람이었다. 과연 이런 사람들을 위해 변호한다는 것이 꺼림칙하게 느껴진 것이 한두 번이 아니었다. 피고인을 위한 최후변론을 하면서도 "엄벌에 처해 달라"는 말이 나올 뻔한 적도 있었다. 나중에 알고 보니 변호인들이 "피고에 대한 관대한 처벌을 바란다"는 변론은 '법대로 처벌해 달라'는 비진의표시임을 알게 되었다.

전에 조폭사건을 맡았던 동부지원의 부장판사 출신 유 모 변호사가 어느 날 갑자기 실종되었다. 몇 년 후 유 변호사의 변호사신분증 등 유품만이 청계산 자락에서 발견되었고 아직도 그 행방을 모른다. 여러 해 전 제주의 이 모 변호사가 살해되었는데 아직도 이 사건은 오리무중이다. 변호사가 사건 한 번 잘못 맡았다가 어느 날 갑자기 사라질 수도 있는 직업이라는 사실에 아연해진다.

[2012. 2. 9]

20. 정치인 출판기념회 유감

　정치인들의 출판기념회가 어제오늘의 일이 아니지만, 최근 공직선거법상 4월 11일 총선을 앞둔 출마자들이 출판기념회를 열 수 있는 마지막 날(90일 전)인 1월 11일에는 30여 곳에서 기념회가 열렸다. 정치인이나 정치지망생들로서는 출판기념회가 놓칠 수 없는 대목이다. 본선에 나서지도 못할 예비후보자들까지 너나없이 출판기념회를 한답시고 설쳐대는 모습들이 참으로 가관이다.

　출판기념회장에 어떤 유력인사 또는 몇천 명을 동원했느냐가 그 정치인의 세를 보여주다 보니, 제주도에서 열리는 정치지망생들의 출판기념회만 보더라도 전, 현직 지사, 도의원들이 이런 자리에 빠지지 않고 얼굴을 내밀고 있다. 이런 자리가 잊혔던 인물들이 흘러간 강물을 거슬러 오르는 자리인 것으로 비춰지는 것 같은 느낌도 든다. 바쁘디 바쁜 사람들과 추억의 옛 인물들이 책의 출판을 기념하기 위하여 이 자리에 간 것은 아닐 것이다.

　지난 히반기에 국회의원의 90%가 출반기념회를 열었다. 어떤 정치인은 출판기념회 한 번으로 묻지마 헌금으로 10억 원은 거뜬하게 거둬들인다고 한다. 2004년 명 오세훈법으로 불리는 정치자금법 개정으로 기업 후원금이 대폭 제한되면서 정치자금 모금의 활로로 출판기념회가 극성하게 된 연유이기도 하다.

　헌법상 국민은 누구나 언론출판의 자유가 있고, 자기 돈으로 책을 내는 것을 누가 탓하랴만 쓰레기 같은 책을 내면서 사람을 모으고 정치자금을 모으고 세를 과시하는 수단으로 출판기념회가 거창하게 열리는 것을 보노라면 역겨움이 가시지 않는다.

아무리 정치가 돈과 세싸움이라고는 하지만 역시 이런 식으로 정치 초년병들이 정치를 시작하다 보니 제대로 된 정치가 있을 수 없겠구나 하는 생각이 든다. 정치를 하려면 돈이 많이 드는 것은 불문가지이고, 그 돈을 충당하기 위해 요리조리 꼼수를 쓰지 않을 수 없다 보니 이런 식 출판기념회가 성행하게 되는 것이다.

이런 출판기념회에 초청을 받은 개인이나 기업은 죽을 맛일 것이다. 정치인들의 출판기념회장은 엄청난 정치후원금을 공공연히 끌어모으는 블랙홀이다. 여기에 들어오는 돈들은 대부분 현금이고 자금 추적도 받을 일이 없다. 책값으로 얼마를 내는지 아는 사람은 돈을 낸 사람과 받은 사람밖에 아무도 모른다.

정치자금법상 정치인들의 출판기념회에 대한 규제는 사실상 없고 선관위에 회계 보고를 해야 하는 의무도 없다. 정치인들이 이런 것을 모를 리 없다. 국회의원들이 모금할 수 있는 법정 후원금을 제한하면서 출판기념회에서 사실상 음성적 정치자금을 모금하는 것을 방치하는 것은 눈 가리고 아웅 하는 격이다.

정치자금법상 국회의원의 법정 후원금의 연간 한도액은 1억 5,000만 원(선거가 있는 해는 3억 원)이다(정치자금법 제13조). 국회의원들은 이 한도의 돈에 대해서는 열심히 영수증도 끊어주고 중앙선관위에 보고도 한다. 후원인이 후원회에 기부할 수 있는 후원금은 연간 2천만 원을 초과할 수 없도록 되어 있으나(정치자금법 제11조 제1항) 출판기념회에서 모금한 돈에 대해서는 정치자금법상 아무런 규제가 없다. 개인이나 단체가 출판기념회에서 책을 아무리 많이 사가거나 또는 책 한 권 값으로 수백만 원, 수천만 원을 내도 법적으로는 아무런 문제가 되지 않게 되어 있다.

그러나 돈이라는 것이 묘해서 세상에 공짜는 없는 법이다. 소액후원금이 아닌 책 같지 않은 책값으로 수백만 원, 수천만 원을 내고 책을 사가는 사람들은 순수한 후원이라기보다는 언젠가는 그 정치인들을 로비의 대상으로 삼고 옭아맬 수 있는 거미줄이 될 수 있다. 세상은 이런 식으로 물고 물리며 돌아간다. 최근의 한나라당 대표경선을 둘러싼 돈봉투 사건도 그렇고, 전남의 모 지자체장이 지난 2007년 선거 브로커에게 인사권과 이권을 약속한 '노예 각서'를 써준 사실이 뒤늦게 밝혀진 이면에는 역시 돈이 있다.

제대로 된 책을 내는 사람들은 출판기념회 같은 것을 열지 않는 법이다. 대학교수가 출판기념회를 연다면 그는 교수라기보다는 정치인이다. 오직 정치인만이 본인이 쓴 것인지도 의문스러운 엉터리 책을 냈다는 핑계를 대고 출판기념회를 여는 것은 이제 우리 정치문화의 한 단면이 되고 말았다. 과연 이런 식 출판기념회를 계속 방치해야 할 것인가?

[2012. 1. 13]

오창수

경희대학교 법과대학 및 동 대학원 졸업(법학석사)
경희대학교 대학원 박사과정 수료

제25회 사법시험 합격
제16기 사법연수원 수료
서울지방변호사회 소속 변호사(동아합동법률사무소)
대한변호사협회 법제위원
서울지방경찰청 행정심판위원
경희대학교 법과대학 강사
숙명여자대학교 강사
한국소비자원 소비자분쟁조정위원회 전문위원
제주지방검찰청 수사심의위원
제주특별자치도 인재개발원 강사
한국금융연수원 강사
변호사시험 출제위원
현) 제주대학교 법학전문대학원 교수
　　제주특별자치도 행정심판위원
　　제주도 선거관리위원회 선거방송토론위원회 위원
　　제주일보 논설위원
　　『법조』 편집위원

『민사실무의 주요 쟁점』
『로스쿨 민사소송법－사례와 판례－』
『로스쿨 민사집행법－이론과 실무－』
『금융거래와 법』
『각종사고와 손해배상』
『민사거래와 법』
『가족생활과 법』
『시민생활의 법률지식』
『민사분쟁해결의 법률지식』
『소비자피해구제의 법률지식』
외 논문 다수

개인홈페이지: http://cafe.naver.com/homoviator

법의 그물망 ②

법창(法窓)으로 세상 엿보기

초 판 인 쇄 | 2012년 8월 27일
초 판 발 행 | 2012년 8월 27일

지 은 이 | 오창수
펴 낸 이 | 채종준
펴 낸 곳 | 한국학술정보㈜
주   소 | 경기도 파주시 문발동 파주출판문화정보산업단지 513-5
전   화 | 031) 908-3181(대표)
팩   스 | 031) 908-3189
홈 페 이 지 | http://ebook.kstudy.com
E - m a i l | 출판사업부 publish@kstudy.com
등   록 | 제일산-115호(2000. 6. 19)

ISBN   978-89-268-3733-7 04360 (Paper Book)
          978-89-268-3734-4 05360 (e-Book)
          978-89-268-3729-0 04360 (Paper Book Set)
          978-89-268-3730-6 05360 (e-Book Set)